フィールドから読み解く観光文化学

「体験」を「研究」にする16章

西川克之・岡本亮輔・奈良雅史 ［編著］

ミネルヴァ書房

はじめに

　観光学は、浅くやろうとすればいくらでも浅くなるし、深めようと思えばきりがない。多くの学問がそうだろうが、とりわけ観光学は独立した学問分野としては比較的歴史が浅く、単に観光を扱ったレポート作成は簡単だが、面白い研究として深めるのは容易ではない。その理由の1つは、観光はほとんどの人が体験して一家言もっている一方で、誰もが共有するお決まりの研究方法や理論があまりないからである。

　編者たちの限られた視野から従来の観光研究の大きな問題点を挙げるとすれば、それはしばしば学問的な問題意識に欠けることだ。故郷ににぎわいを取り戻したい、地域住民と観光客の軋轢をなくしたい、箱物行政を廃して持続性のある観光開発を導きたい、新しい観光の形を模索したい。大学で観光を冠する学部や研究科にいれば、教員からも学生からも、こうした言葉をよく耳にするだろう。しかし、これらは実存的理由にはなるが、学問的理由にはならない。

　例えば、観光コンサルタントのような人びとは、ある場所で成功した手法を他の地域にも適用することを推奨する。「○○町型町おこし」「△△村地域振興モデル」といったものが無数にある。しかし、A町とB村では産業構造や歴史や地理的条件が異なるだろうし、C国とD国がどちらも近代化を果たしていたとしても、その経緯は異なる。したがって、これらを一括して扱えないはずなのだが、こと観光については身近であるからこそ、往々にして安易な比較や一般化が行われる。必要なのは、観光学という輪郭の曖昧な学問領域の独自性や新奇性を無理に主張することではなく、他分野の研究蓄積と接続することだ。

　こうした研究上および教育上の問題意識から編まれた本書には大きく2つの特徴がある。まず、観光に対するさまざまなアプローチを試みるため、執筆者は文化人類学・経営学・都市計画・社会学・文学・文化研究・宗教学など、観光研究を支えてきた多様な隣接分野の研究者から構成されている。従来の地域

研究・経営学・社会学・文化人類学・地理学などの特定分野の研究者だけを中心に編まれたものとは大きく異なる。旅行会社や観光系シンクタンクでの実務経験者、バックパッカー、自身は旅や冒険にはあまり興味がない者など、執筆陣の観光との距離感も実にさまざまである。

　本書のもう1つの特徴が叙述スタイルである。従来の論集や教科書では、観光学のキーワードを説明した後、そのキーワードが当てはまりそうな事例を紹介するといった形式が多い。それに対して本書では、まず各執筆者がフィールドで体験したエピソードを味読してもらう。フィールド調査をしていれば、誰でも忘れられない出来事や人と出会う。そうした強度ある体験を、どのように研究対象として問題化したのかを続く考察で示す形になっている。フィールドに入り、その後、それを観光研究へと展開するプロセスを追体験してもらえる仕組みになっている。

　一般的には上のようなエピソードは著書や論文ではあまり語られない。むしろ研究の舞台裏として隠されることすらある。研究者が自分の研究の動機や契機を語ることは、必ずしも褒められたことでもないからだ。だが本書では、舞台裏をあえて語ってもらった。エピソードとそれへの学問的アプローチを合わせて学ぶことで、まなざし、アトラクション、真正性、地域開発、まちづくり、当事者性、エージェンシー、リスク、観光マーケティング、自然、景観、共同性、民族といった観光研究のキーワードを具体的な文脈に即して体得できるはずである。

　最後に本書の概要について述べておきたい。

　序章では、本書のイントロダクションとして、「旅」から「観光」へというシフトをもたらした近代という時代について述べる。近代化によって、風景やアトラクションが観光者の消費対象として価値付けられた。まなざし、真正性、パフォーマンスといった観光学の主要概念は、まさに観光から近代をとらえるための概念である。

　第Ⅰ部では、観光を考えるうえでもっとも基本的な問題点と視座について確認する。

　第1章では、娯楽や地域振興というイメージが強い観光の負の側面について

特に観光地経営という観点から考える。誰が観光の全体をコントロールし、持続性をもたせうるのか。近年、注目されるＤＭＯ（デスティネーション・マネジメント・オーガニゼーション）を中心に解説する。

　第2章では、観光における本物と偽物の流動性を論じる。物質的な側面だけから考えれば、観光地は偽物であふれかえっている。だが、観光に関わる人びとの意思や感情に注目すれば、本物と偽物の境界線がいかに曖昧なのかが見えてくる。

　第3章では、ある場所がどのように観光空間として成立するのかを考える。郊外の街がいかにして伝統的なイメージをまとったのか。その背景にある観光客も含めた多様な人びとのパフォーマンスに光をあてる。

　第Ⅱ部は、観光開発が地域にもたらす影響について多様なアクターの視点から考える。

　第4章では世界遺産として知られる白川村と草の根的な町並み保存が活発に行われてきた竹富島をとり上げる。観光まちづくりに関わる種々のステークホルダーに焦点をあて、世界遺産登録や伝建地区指定といった諸制度を活用した観光開発によって地域の社会関係がいかに変容してきたのかを明らかにする。

　第5章では、自然がいかに観光資源として流用されるかに注目する。マスツーリズムとは逆にグリーンツーリズムは肯定的に語られがちだ。とはいえ、法令や受け入れ方を巡りさまざまな課題があり、さらに不安定性や偶然性がその魅力となる危うい観光形態なのである。

　第6章では、地域を支えてきた産業インフラが作る景観に注目する。そもそも観光用に作られたものではない場所はいかに観光に流用されるのか。植民地化や戦争といった過去を一部で引きずりながら、産業インフラとしての役目を終えて歴史的建造物という遺産となった後、それを本源的な意味で所有しているのは誰なのかを考える。

　第7章では、音楽メディアが作る都市空間に注目する。現在、世界的に流行するＫ－ＰＯＰはいかにしてソウルという大都市を変容させ再構造化してきたのだろうか。

　第Ⅲ部は、観光において、ときに意図しない形で生み出されるつながりやイ

メージを主題とする。

　第8章では、地域開発における人びとの自分たちの暮らす地域への再帰的まなざしの形成プロセスに注目する。地域開発ではそこに携わる人間主体に焦点が当てられる傾向にある。しかし、人びとやその行為を媒介する報告書やガイドブック、図面などのモノの働きと不可分なかたちで地域開発は展開している。

　第9章では、マイノリティの宗教実践と観光が不可分に結び付く状況に注目する。宗教／観光実践に関わる多様なアクターの利害との関係から、いかにこうした複合的実践が生み出されてきたのかをエージェンシー理論の観点から明らかにする。

　第10章では、観光地に大きく影響する国家的なイデオロギーの働きおよび観光客のホームにおける観光地に対するまなざしの生成に焦点を当てる。そこから観光が他者を表象、消費、支配しようとする欲望と不可分であることを明らかにする。

　第11章では、観光とビジネスの関係に注目する。観光客は消費者とみなされる傾向にあるが、移動を伴う観光は観光客に商機をもたらすものでもある。観光客によるビジネスに焦点を当て、観光実践とビジネスの不可分な関係性とそこで展開するグローバルなネットワークのあり方を明らかにする。

　第Ⅳ部は、現代社会におけるモビリティの高まりと観光との相関に焦点をあてて考察する。

　第12章は、旅行会社の職員たちのリスクに対処する実践を取り上げる。旅行会社が観光客から観光地までのあいだで多様なアクターを動員し、観光商品を生み出す過程において多様なリスクが生じるいっぽうで、リスクの資源化も同時に行われる状況を明らかにする。

　第13章はバックパッカーについて考える。一見、マスツーリズムなどの商品化された観光の対極にあるように思われるバックパックツーリズムに伴うリスクが、実は国家の観光政策、宿泊施設、メディアとの関係において飼い慣らされたものととらえられると論じる。

　第14章では、近年日本で活発化してきた若者を中心とした社会運動をとり上げる。社会運動という一見余暇活動とはほど遠いプロセスの中で、事実上観光

的な実践が行われ、それが運動のあり方に影響を与えている。こうした観光的なふるまいが政治性と相互に関係している状況を明らかにする。

　第15章では、国家や地域の周縁における観光に注目する。ヒト・モノの動きが国境によって制限される一方、近年、観光開発によって再び活発化している。こうした観光が生み出す国家を越えたネットワークのあり方を明らかにする。

　観光学は輪郭があいまいだが、そのあいまいさを逆手にとり、多様な論点と結び付けて考察することが有効な戦略になるはずだ。観光学の歴史は短いが、観光研究に使える学問的蓄積は膨大にある。自分の研究がとりあえず振り分けられた観光というカテゴリーを超え、どのようなアプローチが可能なのかを本書を手がかりに探ってもらいたい。その結果として、誰も思い付かなかった新たな観光研究が生まれれば、編者にとっては望外の喜びである。

　2019年3月

西川克之・岡本亮輔・奈良雅史

フィールドから読み解く観光文化学
——「体験」を「研究」にする16章——

目　次

はじめに

序　章　観光と近代……………………………………………西川克之…1
　　　　　──まなざし・真正性・パフォーマンス
　　1　観光と近代　1
　　2　観光の表と裏　3
　　3　演　技（パフォーマンス）と労働　11

第Ⅰ部　観光研究の視座

第1章　観光振興がもたらす不幸……………………………石黒侑介…21
　　　　　──マーケティング論から定義するDMOの意義
　　1　テーマパーク化するマヤ遺跡　21
　　2　貧困を招く世界遺産　25
　　3　観光が街を変える　27
　　4　オーバーツーリズムの発生と政策転換　30
　　5　観光「の」振興か、観光「による」振興か　34
　　6　DMOとソサイエタル・マーケティング　38

第2章　本物の観光資源はどこにあるのか……………………岡本亮輔…45
　　　　　──真正性から真摯さへ
　　1　すべてが不真面目なキリストの墓　45
　　2　偽書『竹内文書』と神都調査団　49
　　3　真正性からのアプローチ　53
　　4　観光実践と真摯さ　56
　　5　真正性から真摯さへ　60

第3章　舞台としての観光地……………………………………鈴木涼太郎…62
　　　　　──「小江戸川越」を創造する空間とパフォーマンス
　　1　地元が観光地になる　62

2　川越と蔵造りの町並み　65
　　3　観光地「小江戸川越」の誕生　69
　　4　均質化した郊外に出現したテーマパーク「小江戸」　71
　　5　観光地という舞台の主役　74
　　6　もう1人の登場人物　78

第Ⅱ部　観光と地域

第4章　開発が変える地域 ………………………………… 麻生美希…83
　　　　──白川郷・竹富島のコミュニティ・ベースド・ツーリズム
　　1　合掌造り集落の記憶　83
　　2　合掌造り集落は安泰なのか？　87
　　3　開発に揺れる竹富島　92
　　4　観光開発理論からのアプローチ　94
　　5　変わらざるを得ない地域とコミュニティ　98

第5章　農村民泊が直面しているもの ……………………… 越智正樹…100
　　　　──境界をまたぐ実践の良さと困難
　　1　意表を突く一言に立ち止まる　100
　　2　農村民泊は何のために　103
　　3　ごっちゃになっているものを解きほぐす　114

第6章　文化遺産は誰のものなのか ………………………… 波多野想…120
　　　　──台湾における日本統治時代の建築
　　1　台湾・金瓜石鉱山というフィールド　120
　　2　遺産の保護？　122
　　3　文化遺産としての金瓜石鉱山を巡る現象と人びと　125
　　4　モノとしての文化遺産／コトとしての保護・活用　134
　　5　「実用的な過去」から迫る地域の実態　138

第7章　リズムを消費する ……………………………………… 金成玟…141
　　　　──K-POPとソウルのトランスな観光空間
　1　K-POPとソウル　141
　2　ソウルの物語としてのK-POP　143
　3　メトロポリス・ソウルの都市性　145
　4　K-POPが変えたソウルの都市性　148
　5　K-POPが媒介するリズム　152
　6　消費される都市のリズム　157

第Ⅲ部　観光と共同性

第8章　関係性としての地域開発 ……………………………… 門田岳久…161
　　　　──佐渡の集落に見る伝統・街並み・再帰性
　1　過疎と再帰性　161
　2　街並みへのまなざしの転換　167
　3　冊子のエージェンシー　172
　4　観光という複雑性　177

第9章　観光の領域横断的な拡がり …………………………… 奈良雅史…182
　　　　──中国ムスリムの宗教／観光実践
　1　信仰の危機に立ち向かう回族の若者たち　182
　2　回族社会の変化　187
　3　支教活動の展開　190
　4　エージェンシー論からのアプローチ　193
　5　観光人類学の視座　197

第10章　観光の政治性、そして人類学 ………………………… 村上大輔…200
　　　　──チベット・ラサの観光空間から
　1　「チベット観光」への誘い　200
　2　ラサの観光空間における監視と抑圧　202

3　日本における「チベット」への眼差し　211
　　　4　観光、人類学、そしてコロニアリズム　214

第11章　観光客の違法ビジネスが作る
　　　　　　グローバル市場……………………………渡部瑞希…220
　　　──タメルにおける宝飾商売の事例
　　　1　タメルの宝飾店　220
　　　2　観光客であるが観光客ではない　222
　　　3　観光客は卸売業者になりえるか？　228
　　　4　タメルの市場が紡ぎだすナショナル・トランスナショナルな
　　　　ネットワーク　234
　　　5　観光人類学の発展にむけて──「下から」立ち上がる観光現象をとらえる　236

第IV部　観光とモビリティ

第12章　旅行会社のみせる「安心」………………………田中孝枝…243
　　　──リスクの多様性と多元性
　　　1　旅行会社で働くスタッフたちの不安　243
　　　2　文化仲介者の営み　248
　　　3　スタッフたちの向き合うリスク　250
　　　4　旅行の責任　255
　　　5　リスクの資源化　258

第13章　冒険としてのバックパッキング………………大野哲也…262
　　　──「怖いもの見たさ」の根源を探る
　　　1　7年半、世界を放浪する　262
　　　2　冒険としての旅　271
　　　3　戦後の日本社会における海外旅行　273
　　　4　バックパッキング誕生　274
　　　5　冒険的な旅と資本主義　277

 6 冒険的な旅の社会的意味 280

第14章 社会運動のための旅、社会運動としての旅 …… 富永京子… 283
  ――サミット・プロテストとプロテスト・ツーリズム
 1 旅は社会を変える？ 283
 2 社会運動の旅と滞在の空間 288
 3 分析の枠組 292
 4 どのように「政治と旅」をとらえるか？ 297

第15章 不自由な境域観光（ボーダーツーリズム）………………… 越智郁乃… 299
  ――沖縄台湾間の移動と観光の変化
 1 香菜茂る国境の島と、ある老人 299
 2 沖縄台湾間の移動形態の変遷――戦後から復帰まで 301
 3 沖縄台湾間の移動形態の変遷――復帰から現在まで 303
 4 沖縄と台湾の間を生きる人びと 310
 5 八重山から来た青年――境域における移動と観光をめぐる力学 312

文献案内 317
索 引 325

序　章
観光と近代
―― まなざし・真正性・パフォーマンス ――

西川　克之

1　観光と近代

　社会学や文化研究の領域から援用したアプローチにもとづき、観光という社会慣習が本格的に研究対象として扱われるようになってから、まだそれほど長くはない。だが、歴史の浅い観光研究の領域でも、すでに権威のひとりとして誰もが認めるであろうJ・アーリは「観光者であることは近代的であることの決定的な特徴のひとつだ」(Urry 1995 : 132) と述べている。

　この明快な定式化は、労働の規律化と余暇の制度化という、近代社会における労働条件の変化によって観光の大衆化が引き起こされたというコンテクストのもとで示されたものではあるが、より一般的な意味においても観光は近代社会になって成立した慣習であると考えてよいだろう。観光の大衆化には、旅行が商品として売買される市場が生まれると同時に、そうしたサービスを購入する消費者としての市民層が厚くなるという社会条件が必要である。またそれを下支えする諸条件、つまり広域的な道路の整備や鉄道の開通、道中や旅先の情報を提供する旅行案内書などの出版物の流通は、いずれも社会の近代化に伴って起こったことである。

　また、特に、「観光」を tourism と重ね合わせて考えるのであれば、このことはますます明らかになる。tourism という語を *Oxford English Dictionary* で調べてみると、「周遊の理論と実践：楽しみのための旅行。(もともとは、たいてい軽蔑的な意味で用いられていた。)〔The theory and practice of touring; travelling for pleasure. (Orig. usually depreciatory.)〕」と記述されている。注目

しておきたいのは、この世界で最も権威ある英語辞書では、tourism という語が英語として初めて使われるようになったのは1811年であると記録されていることだ。

　ある社会慣習が成立してからそれを表象する言葉が作られるまである程度のタイムラグがあるとしても、「楽しみのための旅行」という観光行動が一般化して社会に浸透し始めたのは、産業革命をいち早く成し遂げたイギリスにおいても19世紀に入ってからのことだったのだ。しかも、観光はそれ以前の旅の様態に比べて「楽しみのため」という要素が強く、それゆえに、進んだ社会の制度や慣習を学ぼうとしたり、芸術や文化に関わる教養の修得を目指す本格的な旅に比べて、内容を伴わない質の劣ったものであるという軽蔑的なニュアンスを含んでおり[1]、文化や消費の大衆化を象徴するものとして認識されていたのである。

　もちろんイギリスにおいても、tourism の成立以前に旅やツアーは行われていた。有名な一例として、特権的な男子子弟の教育の総仕上げとして実践されていたグランド・ツアーはイギリスの上流階級においては常識化していたし、それは18世紀後半以降には中流層にも広がり始めた（Black 2003：9-10）。何よりまた、巡礼の旅は世界各地で古くから行われていたし、日本の伊勢詣りは主に庶民層による娯楽的要素の色濃い旅であったとされる。

　しかしながら、本書における研究対象には、そうした社会の近代化以前に行われていた旅や周遊の諸類型は含まれない。裏返して言えば、本書の関心は、ますます多様化する世界各地での具体的な観光の事例を題材としながら、近現代の社会の特質に考察や検討を加えてみるところにある。D・マキャーネルの言うように、観光はあたかも社会的な儀礼であるかのごとく皆がこぞって参加するものとなり（マキャーネル 2012：49）、観光をしないということは現代社会に生きる者としての義務に違反することであるとさえ思われるようになっている。もはや私たちは移動し、観光することにとり憑かれているようにも見える。本章では、症候群化したとも言える多様な観光実践の事例にもとづいて、観光なしでは生きていけない私たちの社会や文化の特質のいくつかを読者の皆さんと共有し、本書に通底する基本的な問題意識の確認をしてみたい。

序　章　観光と近代

図序-1　美瑛町の丘の景観
出典：石黒侑介氏撮影。

2　観光の表と裏

　北海道の中央部に位置する美瑛町は、年間170万人ほどの観光者が訪れる北海道有数の観光地だ。主要な観光資源として十勝岳連邦への登山やその麓に湧き出る白銀温泉、あるいは近年急速に人気が高まっている「青い池」があるが、美瑛らしさをもっとも象徴的に表しているのは丘陵地帯に広がる独特の田園風景である（図序-1）。丘に広がる農業景観が地域の人びとのアイデンティティの基軸となっていることは、美瑛町の広報誌が「丘のまちびえい」と名付けられていることや、地域活性化を目指して2012年に設立された財団法人が「丘のまちびえい活性化協会」という名称を選択していることなどから明らかである。
　筆者が美瑛町の観光に興味を抱いたのは、ある年の12月に修士論文を執筆していた学生との間で交わされた会話がきっかけだ。その学生は美瑛町の農村風景がどのように作られてきたのかということについて論文をまとめつつあったのだが、自らが生まれた故郷の表象のあり方について、面談のときにふと次のように語ったのである。「私にとって美瑛は丘のまちと言うよりは沢のまちなのです。子供の頃の遊び場も沢が中心でした」。筆者はこの発言にハッとする

3

思いがした。そのとき筆者は何に気付かされ、何に驚いたのか。

(1) 表領域と裏領域

　観光を文化学や社会学の観点から分析するうえで、最もよく採りあげられる議論の1つが、観光者の旅先での経験が「真正」であるかどうかを巡ってのものである。一般的に、観光地が本来有する本物の文化や生活と、観光者のまなざしが向けられる文化や景観との間には齟齬が生じることは回避できない。例えば、D・ブーアスティン (1964) は、観光者の訪問先での経験は観光用に特別にあつらえられた「疑似イベント」であり、それは決して地域で受け継がれてきた本当の儀式や本当の祭りではないと主張する。より具体的には、旅行会社によって何から何までお膳立てされたツアーに参加する大衆としての観光者は、観光地での生身の異文化に積極的に関わることはせず、まがい物の出来事で満足して終わると批判されるのだ。

　それに対してマキァーネルは、観光者を批判的にとらえるブーアスティンを修正しつつ、外部の目に普段からさらされている表領域と、部外者が普段かいま見ることのできない裏領域という、対面的な相互行為の場において人が演じる役割のあり方を分析する際にゴフマンが提示した表裏の領域概念 (Goffman 1969：144) を援用して、演じられた真正性という考え方を提示している。様式化されたまがい物を求める観光者というブーアスティンの見立てとは違って、観光者の中には機会があれば本物との出会いを求める者もおり、いわば巡礼者とおなじような存在としてとらえることができるとマキァーネルは主張する。そしてそのうえで、観光者が見たいと思う本物の文化は、一般的にはホスト側の人びとの日々の営みという顕在化しない裏領域でしか見ることが出来ないのだが、観光者が裏領域に大挙してずかずか入り込み、地域の生活を荒らしてまで本物をのぞき見ることは許されるべきことではないので、ときとして観光者向けに演じられた真正性の提示が組織的になされるのだとマキァーネルは考える (マキァーネル 2012：111-112)。

　さて、観光経験が実践される場を表領域と裏領域に分ける枠組みを使って、「丘のまち」美瑛における観光を分析してみよう。観光経験の領域や状況に関

してやや複雑な関係性が見えてくるはずだ。美瑛を訪れる観光者の多くは丘の景観を楽しむことを目的の1つとしているが、丘陵景観は表裏のどちらの領域に位置付けられるのだろうか。それを検討する前に、美瑛の丘の風景がどのように表象されるかという点について少し確認しておきたい。

美瑛の丘の美しさを最初に発見した写真家と位置付けられる前田真三の文章や、美瑛町の資料には、「こんな所が日本にもあったのか」とか「ヨーロッパの田園を思わせる」「欧州的な田園風景」といった言葉が出てくる（前田 1990；前田 1999；美瑛町 2014）。日本人の観光客にとっては日本的ではなく、アジア諸外国からの観光客にとってもアジア的ではないイメージということになるだろう。つまり、観光者にとって、美瑛の丘は日常の生活を構成する見慣れた景観とは異質な価値をもっていることになるし、そうした風景に身を置くことによって日々の決まった生活の繰り返しで疲れた心や体をリフレッシュするという旅行動機が喚起されるだろう。こうした側面から見れば、美瑛の丘は、世俗化、大衆化した観光の様式である「娯楽モード」あるいは「気晴らしモード」（Cohen 1979：183-186）という類型に収まるであろうし、なだらかな丘陵地帯に展開するパッチワークのように彩色豊かな農業景観は、非日常的、非日本的、非アジア的という意味を担った記号へと転化していることになる。

（2）丘と沢／表と裏

このように、美瑛において観光者がまなざすのは、審美的およびカタルシス的価値が付与された丘の景観であり、それは観光地域での表領域として顕在化していると言えよう。ところで、自然と人為の見事な組み合わせによって現出した奇跡的に美しい田園景観の観光は、実はきわめて深刻な問題を抱えている。農地に侵入したり、ゴミを捨てたり、果ては畑で用を足したりという、営農活動に直接的な損害を与えかねない観光者の振る舞いである。そうした観光者による迷惑行為の1つの帰結として、丘陵地の撮影スポットの1つとして人気のあった「哲学の木」が、土地所有者の農家によって伐採されるという事態となったが、これは観光者の増加に伴う弊害の例として広く報道された[3]。

美瑛の観光におけるこうした問題は、いわば表領域と裏領域の交錯という観

点から分析できるかもしれない。丘のまち美瑛の農業景観は、波状丘陵（十勝岳からの噴出物によって麓に出来た台地が、放射状に流れる多くの小河川に浸食されて形成された丘陵）（美瑛町 2015）と呼ばれる独特の地形によって特徴付けられる。[4] 当然ながら、重畳する丘の景観をもたらした水流は沢となって、今も丘に寄り添うようにしていくつもの筋を刻んでいる。そしてこうした沢筋においては、農業用水を多く必要とする稲作が営まれると同時に、生活用水の利便性に惹きつけられて多くの農業者が日常の根城を築いている（図序-2、図序-3）が、物理的にそれは丘の景観の表領域に隠された裏領域を構成し、田園景観を楽しもうと美瑛にやってきた観光者の視界に入ることはほとんどない。あるいはまた、そうした裏領域が見えにくくなっているからこそ、前景化された丘の斜面は純粋な景観美を感じさせるのかもしれない。

　いずれにせよ、少なくとも上述の「娯楽モード」あるいは「気晴らしモード」の観光者にとっては、表領域の風景を楽しむだけで美瑛での主要な観光目的は達せられる。日々の営農というたゆみない努力の積み重ねによって成立している裏領域に視線を向けて、丘の景観の見事さをより深く理解する可能性を開いてくれるはずの、地域の農業者の暮らしぶりや歴史、文化という真正性に触れてみたいという欲求は差し迫ったものにはならないのである。

　他方で、一般的な観光者にとっての表領域、裏領域という構図を、農業者の立場から描きなおしてみるとどうなるであろうか。観光者のまなざしが向けられる丘陵地帯は種々の作物が生産される労働の場だ。その意味において、そこは地域に暮らす人びとの日常の一部を構成しており、本来は余暇を楽しもうとする観光者が気楽に立ち入って思い通りのアングルで写真や映像を撮影することが許されない裏領域に属する空間である。しかしながら、現実には、大多数の観光者は、沢を隠ぺいする波状丘陵という地理的条件の下で、農業者にとっては裏領域であり外部から人が訪れるべきでない丘の営農地に、侵入者としての自覚がないまま、丘は観光者に開かれた表領域であると勘違いして、[5] 旅行雑誌やテレビコマーシャルなどのメディアに流通するイメージ通りの景観を消費して終わることになる。

　ここまで述べてきた美瑛の丘陵景観を巡る表領域、裏領域の関係を表にまと

序　章　観光と近代

図序-2　美瑛町の沢筋の農家
出典：田村こずえ氏撮影。

図序-3　美瑛町の沢筋の水田
出典：田村こずえ氏撮影。

めてみれば図序-4のとおりとなろう。

　ここで、観光者Ⅰとして想定しているのは、典型的にはパッケージツアーで予定通りの時間にしたがって決められたとおりのコースを気楽に周遊するようなタイプの観光者、すなわち上述の「娯楽モード」と「気晴らしモード」の観光者である。いっぽう観光者Ⅱには、現代社会のあり様に意味を見出すことができなくなって、疎外状況の日常から抜け出して他の場所に本物の生き方を見出そうとする「経験モード」あるいは「実験モード」の観光者（Cohen 1979：186-189）が類別されている。そうした観光者はルーティン化した日常生活から

	観光者Ⅰ	観光者Ⅱ	営農者
丘	表領域	表領域	裏領域
沢		裏領域	裏領域

図序-4 観光地美瑛における丘と沢の位相（1）

の脱却という意義をより積極的に旅行に見出し、訪問先の暮らしや文化に触れてみずからの生活のあり方を自省的に反芻し、生きる意味の相対化を試みるであろう。

　観光者Ⅰは美瑛の丘を巡ってその美しさに感動し、すでにメディアやインターネット上で見たことがある写真や映像に示唆されたとおりに反復するようにして、カメラのファインダー越しに風景を定着させていく。そうした観光者Ⅰの視界には沢は入ってこないし、あるいはそれが視野に入っていても認識外に置かれたり、場合によっては絵に描いたような理想的風景を乱してしまう夾雑物として写真や映像に写り込まないように排除されたりするかもしれない。

　観光客Ⅰにとっては、沢は存在するけれど現象しない、非在の領域としてあることになる。ましてや、主要道路沿いの丘陵地に開発された、草花が見事に色とりどりに咲き誇る観光花園のみを楽しんで「丘のまちびえい」での経験に満足する観光者にとっては、農産物の生産のために切り開かれた丘に展開する「ヨーロッパ的な」風景という、独自の価値を有する実際の美瑛の丘は素通りされるか、あるいはせいぜい車のウィンドウをときどき流れていくパノラマ的な絵柄（シベルブシュ 1982）の1コマとしか認識されないかもしれない。

　ただし、このような丘の楽しみ方は、実は、ある種の正当性、妥当性を備えている。1つには、そもそも美瑛町の丘陵景観の美しさが一般の人びとの注目を集めるきっかけとなったのは、1970年代のテレビコマーシャルで、当時若者に人気のあった自動車が若い男女を乗せて美瑛の丘を走り抜ける映像が流されたことにあるからだ。自動車を走らせ車窓を流れていくロマンチックな丘の風景を楽しむことは、メディアが作り出したイメージにもとづいた観光という側面を当初から備えていた美瑛の丘のような場にあっては、原初的なモデルに由来する正当性を有しているといえるかもしれない。さらにまた、夥しい数の観

光者に類型を見出して、それぞれのタイプに相応の様式の観光空間を用意すれば、観光花園を喜ぶ観光者Ⅰの多くは作物栽培が実践されている営農地の丘に足を向けることもなくなり、結果として観光者が農作業の現場に与える上述のような悪影響は軽減されることになるだろう。

（3）裏領域に潜む真正性

　観光者Ⅰの実践がこのように描写されるとすれば、観光者Ⅱの場合はどうなるであろうか。観光者Ⅱにとっても美瑛の丘の景観は強い誘因として作用し、美瑛を訪れる主要な動機として機能するという点では同様であろうが、観光者Ⅰとは違って、その表領域の背後には、生身の農業者がほかではない「ここ」という個別性に既定された土地や気象の条件と折り合いをつけながら作物を育ててきたからこそ、特別な意味が付与されているのだと感じ取るかもしれない。

　こうして、きっかけとしては美瑛の丘に仮託された美しい田園風景を発見する気ままな旅というイメージに駆り立てられて観光に出かけながらも、その丘は畑である以上、一朝一夕に成立した景観ではあり得ず、明治・大正以来の開拓および終戦後の戦地からの引き揚げ者による入植といった歴史をたどりながら、土地に根を下ろした格闘の中で形作られてきたものであるという事実を知って深く感銘することもあるだろう。そして場合によっては、なだらかにうねる波状丘陵に隠された沢という裏領域の重要性に気付き、そこに暮らす人びとの生活のあり様を知り、近代性に特徴付けられ時間と場所が遊離しているみずからの日常とは異なり、ここで流れてきた時間はこの土地に刻み込まれているのであり、場所と時間は切り離しがたく結び付いていると認識するかもしれない。

　そしてまた、そうした場所と時間の関係のあり方は耕された丘陵地帯を包摂するものであり、鮮やかな色合いを示して観光者を誘う美瑛の丘は、娯楽や余暇の対極にある労働の場であり、観光の移動性と明確な対照性を示す土着性に特徴付けられる裏領域としてあるのだという、農業者の側からすれば当然の前提を共有するにいたるかもしれないのである。

（4）表と裏の交錯、反転

　さて、ここまでの議論を簡単にまとめてみよう。美瑛の丘において起こる観光に関して言えば、美しいパッチワークの田園景観は、メディアが拡散したイメージで意味付けられることによって観光の表領域へと押し出される。多くの観光者は集合的なまなざし（アーリ 1995：81）を向け、その空間を視覚的に占有することが許されているかのように行動する。こうした観光者にとっては、波状丘陵に隠れた沢は存在しないのと同義である。いっぽう、より裏領域への関心が高い観光者の場合には、丘の景観を成立させた農業者の存在を沢という生活の場に見出し、土地に刻まれた記憶や歴史を嗅ぎ取って、そこにみずからの日常の疎外状況を一時的にでも超越する契機を見出すかもしれない。

　こうして観光者の類型に応じて考えてみても、美瑛の丘と沢という領域の表裏の関係は転位するものとしてとらえられるが、ひとたび農業者の立場に立てば、その関係はより劇的に反転し、丘も沢もひとしなみに裏領域として認識される。そして、このように考えると、「私にとって美瑛は沢のまちである」という美瑛町出身の学生の心情は、外部の視線によってヨーロッパ的であるなどと価値付けられて、降って湧いたような「美しい丘のまち」というイメージが圧倒的な勢いで流通し、実体性を伴っていたはずの故郷の景観がどんどんメディア化、記号化、観光化されていってしまったことに対する、違和感の表明ないしは異議申し立てであったのかもしれない。沢に生活の場を構えて営農にいそしむ人びとにとっては、丘はあくまでも沢とひとつながりの土地なのであり、観光的価値を有するものとして記号化される前は、作物を育てる農地という以外には特別な意味をもたず、沢に対する丘として区別する必要さえなかったのかもしれない。とすれば、先の図序‒4は次の図序‒5ように修正されるだろう。

　このように観光経験の表領域と裏領域という視点に立って論じてみると、美瑛町における農業と観光の間の複雑な位相的関係の一端が見えてくる。観光の波が押し寄せてくる前は、地域の人にとっては丘という地勢が認識の枠組みの基盤とはなっておらず、その役割を果たしていたのは沢であったはずだ。しかるに1970年代になって突如、相対する2つの顔と見えていたものが壺の形へと

	観光者Ⅰ	観光者Ⅱ	営農者
丘	表領域	表領域	
沢		裏領域	裏領域

図序-5　観光地美瑛における丘と沢の位相（2）

反転してしまうようにして、沢と丘の地勢の読み取られ方に大転換が引き起こされる。知覚される地形や景観の相貌を観光が一変してしまうとすれば、そこに暮らす人びとにとっては、たとえその変化が肯定的なものであったとしても、喜びよりも戸惑いの方がはるかに大きいのかもしれない。

3　演 技（パフォーマンス）と労働

　この節では、農業観光と対照的ではあるが、表領域、裏領域という枠組みで分析可能なもうひとつの例に検証を加えつつ、観光の表領域でなされる「演技＝パフォーマンス」と見えざる裏領域での「労働」との間で先鋭化する矛盾について考えてみよう。

（1）労働の不都合な顕在化

　2018年9月、ある新聞記事が筆者の目を引いた。それは「声上げる、着ぐるみの過酷労働／ショー出演者、ディズニー側を提訴」と題された論説記事で、内容は東京ディズニーランドで着ぐるみに入って働く女性2名が労働環境の改善などを求めて裁判に訴えたというものである。いずれも着ぐるみに入ってショーやパレードでキャラクターに扮して演じるという重労働を続けた結果、体の変調を来すことになったと主張している。

　この訴訟に関する取材に対して東京ディズニーランドを運営するオリエンタルランドは「訴状が届き次第、内容を確認し、対応していく」とし、また、「着ぐるみで働く人たちの労働環境については「ブランド管理とも関係するので回答は差し控えるが、出演者のケアはしっかりやっている」と説明した」とのことである。さらに担当記者は、専門家の意見を引きながら「夢の仕事ゆ

え」に当事者たちは厳しい労働環境について声を上げにくい状況にあると指摘したうえで、他のテーマパークに追加取材して得た、「お客様に夢を売っているビジネスなので、お答えできない」「今までも取材依頼があったが、すべて辞退している」という反応を紹介して記事を終わらせている（『朝日新聞』2018年9月3日朝刊）。

　ここで興味深いのは、訴え出た当事者の女性2人が「着ぐるみでの過重労働」を問題視し、業務条件や職場環境の改善を求めているのに対して、雇用者側はそれを「ブランド管理」や「出演者のケア」に関わることだととらえていて、両者の論点のすれ違いが浮き彫りになっていることだ。こうした点は他のテーマパーク運営会社の反応にも読み取れる。「夢を売るビジネス」という企業アイデンティティを盾にし、あるいはあたかも着ぐるみの中については企業秘密であるといったニュアンスを匂わせて、そのビジネスは生身の人間の労働力の提供によって成り立ったサービス産業であり、出演者はすなわち労働者であるという事実から目を背けようとしているように見える。その背後には、テーマパークという観光空間で労働の要素が露出してしまうと、こぎれいに整えられた表領域の舞台が台無しになってしまうという事情が絡んでいると分析されよう[7]。

（2）夢と魔法の王国

　東京ディズニーランドは1983年の開園当初から「夢と魔法の王国」であり続けており（講談社ディズニーファン編集部 2018）、東京ディズニーシーと合わせた入場者はここ数年コンスタントに3,000万人を超えている〈http://www.olc.co.jp/ja/tdr/guest.html〉（2018年11月30日最終アクセス）。入園するとすぐに有名キャラクターの着ぐるみが出迎えて、観光者を虚構の世界に誘い込む。期間限定で目新しいイベント、パレード、ショーが繰り広げられ、定番のアトラクションと相まって来場者を飽きさせることがない。

　これらのアトラクションやショーが公式ウェブサイト〈https://www.tokyodisneyresort.jp/tdl/〉（2018年11月30日最終アクセス）で紹介される際、どのような言葉が用いられているか、簡単に確認してみよう。まず顕著なのは、特に乗り

物を利用したアトラクションにおいて、旅や探検のモチーフが頻出することである。例えば、「冒険とスリルに満ちた船旅」「探険ツアー」「楽しい冒険」「夢見ていた冒険の旅」「予測不能な冒険の旅」など、旅、冒険、探検、スリルといった言葉が何度も繰り返される。さらに、そうした旅には「熱帯のジャングル」「開拓時代」「タイムスリップ」「あこがれのシンデレラの世界」「宇宙旅行」などと、エギゾチックな場所性、過去や未来、物語の世界、宇宙空間というように、「いまではない」「ここではない」別の時間や空間という要素が加えられる。いっぽう、パレードやショーを形容する表現としては、「壮大なスケール」「ファンタジック」「夢と魔法」「祝祭感あふれる」「ゾクゾクするほど魅力的」「最高に楽しい」などが目立ち、規模の大きさ、豪華さ、幻想性、祝祭性、幸福感などが強調されていることがわかる。

　こうした説明に従えば、ディズニーランドのゲートは多様で異質な世界への入口であり、個々のアトラクションは、時間を超え、空間を渡り、自然を冒し、文化を越境して旅に出るよう観光者を誘惑する。そうした世界ではもちろん、日常の価値が通用するはずがないし、それを通用させようとしてもいけない。そこは現実原則とは無縁の魔術的な力や法則に支配された夢空間であり、日常世界における社会的コードや関係性が中断した祝祭の場である。実際、ディズニーランドでは迷子の放送は行われない。日常を想起させるからだ。きわめて巧妙に設計された世界である。

　したがって、私たち観光者はひとたびそのゲートをくぐったなら、そこは所詮本物とは無縁で荒唐無稽なオリジナルなき模倣としてのシミュラークルの世界であるという理性的判断は捨てる必要がある。まるでそうした世界への旅人であるかのごとく純粋に楽しむか、あるいはディズニー世界で求められるパフォーマンスの作法に内心では違和感を覚えながらも、あえてそうした場の非真正性を楽しんでしまおうとする「ポストツーリスト」(Edensor 2000：336) を演じなければならないのだ。

　もちろん、ディズニーランドで演じる側の中心にいるのは観光者ではなく、サービスを提供する従業員である。きわめて象徴的なことに、ここで働く人びとは、28ある職種のうち警備担当を除いて皆「○○キャスト」と呼ばれる

〈https://www.castingline.net/disney_jobs/〉(2018年11月30日最終アクセス)。彼ら/彼女らは、全員文字通り、ディズニーワールドという華やかな舞台に立ち、それぞれの役割を演じるパフォーマーなのである。夢と魔法の世界にふさわしい演技を求められるのは、パレードやショーに登場するキャラクターの役割をあてがわれた者だけではない。入場者の案内や商品販売など、ゲストに対する接客を求められる職種はおろか、機械メンテナンスや調理担当、衣装担当や場内の清掃担当といった、一般的には裏方として位置付けられる業務までキャストという職名を与えられ、幻想の世界に同化してその雰囲気を壊さないようにすることを求められる。表領域と裏領域という構図に則ってこうした状況の説明を試みれば、個々のアトラクションやショーといった冒険の旅やおとぎの物語が展開される舞台、あるいはそれらすべてを包摂するディズニーランドという夢の世界が、観光者のまなざしに開かれた表領域に属するのに対して、一般的には裏方仕事というのは、観光者の見えないところで行われるか、あるいは極力目立たないようにして遂行されるはずだ。ところが、ディズニーランドにおいては、表領域が際限なく拡大し、本来舞台裏や舞台袖でなされるはずの業務まで表領域の舞台に引き上げられているのだと理解される。つまり、まるで裏領域はないかのごとく扱われるか、あるいは裏方業務まで徹底的に演劇化、衛生化されて、虚構の世界での入場者のワクワク感、幸福感を興ざめさせたり、損なったりしないように処理されているのである。

(3) 感情労働の転換

　マイクロバスの運転手、船舶の操縦担当者、清掃担当者ですら夢の世界でそれなりの演じ方を求められるのであるから、ディズニーのおとぎの世界の主要キャラクターとして役割を演じるスタッフは、表舞台で脚光を浴びながら、入場者が幸福を感じるように最大限のパフォーマンスをすることを求められる。そこには、ホックシールド (2000) が現代のサービス産業全般に広がっていると指摘した感情労働の要素が色濃く含まれている。ここでいう感情労働とは、例えば航空機の客室乗務員が常に笑顔をたたえて乗客の満足度を高めるとき、彼ら／彼女らはポジティブな感情を表出することを求められているわけである

が、実務的な任務に付加されるそうした労働の様態のことを指す。さらに、感情労働の現場においては、見た目の愛想のよさという「表層演技」ではなく、心からの感情を伴った笑顔の「深層演技」がより好ましいのだが、それが自然に行われるためには従業員の間に企業文化への同調を作り出すのが効果的であるとされる（Bryman 2004：104）。そしてW・ディズニーは、こうした感情労働の導入の先駆者であったと位置付けられる。「人びとが外の世界のことを忘れることができるような環境」のテーマパークを建設し、また彼の職場を構成しているのは「協調して仕事しているときに口笛を吹く従業員集団であるという印象」を生み出し、従業員たちが「特別な作業に携わり、職場そのものに魔法がかかっている」と感じ、それは実際の仕事というよりは楽しいことをしているというような職場環境の創出を目指していたとされる（Bryman 2004：109-11）。こうして、映画製作にしろテーマパークにしろ、ディズニー関連の仕事の現場では、客に別世界にいるような楽しみを提供するという企業の姿勢を従業員に理解させ、また、職場そのものがおとぎの国にあるような雰囲気を作り出すことが脈々と受け継がれてきたのだと思われる。

　ディズニーランドの表領域においては、表面的ではない「まごころからの演技」が常に求められるだろうし、それは着ぐるみをまとってキャラクターに扮する演者の場合も同様である。現実世界の基準では肉体的、精神的な負担が大きい労働であったとしても、ディズニーの魔法の世界ではそれは仕事ではなく働く人自身の楽しみへと変換され、それによって初めて訪問者に最高の娯楽を与える夢と魔法の王国が出現するのである。華やかな夢の舞台で演じるキャストとしてそれぞれの役を振られたディズニーワールドの働き手は、みずからの身体を元手とした労働力として生産に組み込まれているという認識からは遠ざけられる。そうした観光の表領域で実践されるのはあくまでも楽しい演技なのであって、つらい労働とは無縁でなければならない。

　おとぎの世界に登場する存在である彼ら／彼女らは、もはや生々しい現実を生きる身体性さえ喪失し、妖精のように明るく軽やかに舞い踊ることを期待されている。したがって、従業員たちが身体への過重な負担を訴えて、労働環境の改善を求めるという行為は、営々と築き上げてきた「夢と魔法の王国」とい

うブランドを根底のところで傷つけてしまう可能性をはらんでいる。これが舞台芸術の制作現場であれば、たとえ演出家が役者に向かって物を投げつけたり罵声を浴びせたりして演技指導をしたとしても、それがパワーハラスメントであると社会的に問題視されることは多くないだろう。芸術の創造のために真剣に向き合い、観客を喜ばせ感激させるような最上の作品を提示するためには、多少の暴力性が許容される場合もあるかもしれない。その理由の１つは、芸術という創造的行為は、人から言われるのではなく自発的になされるものであり、また原理的には賃金目当や利潤追求のためになされるものではなく、こうした点において一般的な労働と異質なものと認識されるからだ。ディズニーの夢と魔法の世界という観光の表領域でキャストたちによって演じられるパフォーマンスにおいては、感情労働という要素が芸術活動へと転換、収斂される傾向を認めることができるかもしれない。

注
1) すでに1820年代にドイツの詩人ハイネはイタリアにはイギリス人旅行者があまたおり、「イギリス人女性が香りを嗅いでいないレモンの木は想像できない」と書いているし（Berghoff and Korte 2002：2）、19世紀後半になるとイギリスの知識人たちによるガイド付きの団体旅行に対する批判は日常化していた（ブレンドン 1995）。
2) 本論以下における、表領域、裏領域の枠組みを援用した美瑛の丘の観光に関わる議論は、西川（2017）を土台にしている。
3) 例えば、「「哲学の木」苦渋の伐採」（『朝日新聞』2016年02月26日朝刊）、「哲学の木姿消す」（『毎日新聞』北海道地方版 2016年2月26日朝刊）、「倒された美瑛「哲学の木」」（『北海道新聞』2016年3月28日朝刊）を参照。
4) 美瑛町（2015）では、「これほどまでに丘と沢がダイナミックかつきめ細かに組み合わされている波状丘陵の農地景観」は道内他地域にはないとして、この景観の独自性が強調されている。
5) 美瑛町にいくつかある、そもそも始めから集客によって利益を上げることを意図して設計された観光施設の丘陵景観については、もちろんここでの議論は当てはまらない。
6) A・ギデンズは、近代以前の社会においては、「他の社会空間的標識にまったく

言及せずに」時間について語ることは不可能であったが、近代以降の社会における時計の普及が時間の正確で定量的な測定を可能にし、どこで、誰と、何をしていたかという要素を伴わない「空白な」時間が慣習化、制度化されたと論じる。そして、こうした状況の変化を「時間と空間の分離」と呼んで、それを、「社会関係を相互行為のローカルな文脈から「引き離し」、時空間の無限の拡がりのなかに再構築する」近代社会における「脱埋め込み」プロセスの前提としてとらえている。（ギデンズ 1993：31-36）

7)　例えば、時代や地域も、また観光の様式も全く異なっているが、観光空間が労働に対して不寛容であることを示す典型例は、19世紀後半のドイツの富裕層向けスパリゾートの1つが、近隣に炭鉱が開発された途端、急速に人気を失ったことに見られる。（Blackbourne 2002：15）

参考文献

アーリ，J.（1995）『観光のまなざし――現代社会におけるレジャーと旅行』加太宏邦訳、法政大学出版局。
ギデンズ，A.（1993）『近代とはいかなる時代か――モダニティの帰結』松尾精文・小幡正敏訳、而立書房。
講談社ディズニーファン編集部（2018）『東京ディズニーリゾートクロニクル35年史』講談社。
シベルブシュ，W.（1982）『鉄道旅行の歴史――19世紀における空間と時間の工業化』加藤二郎訳、法政大学出版局。
西川克之（2017）「イメージの呪縛を解くために――美瑛における「観光のまなざし」の向こう側」『CATS叢書』11巻、pp. 47-53。
美瑛町（2014）『美しい農村景観を活かしたまちづくり』。
美瑛町（2015）『美瑛の魅力ある景観を将来に引き継ぐために』。
ブーアスティン，D.（1964）『幻影の時代――マスコミが製造する事実』星野郁美・後藤和彦訳、東京創元社。
ブレンドン，P.（1995）『トマス・クック物語――近代ツーリズムの創始者』石井昭夫訳、中央公論社。
ホックシールド，A. R.（2000）『管理される心』石川准・室伏亜希訳、世界思想社。
前田真三（1990）『春の大地――前田真三写真集』講談社。
前田真三（1999）『前田真三写真美術館1　丘の夏』講談社。
マキャーネル，D.（2012）『ザ・ツーリスト――高度近代社会の構造分析』安村克己

訳、学文社。

「「哲学の木」苦渋の伐採」『朝日新聞』2016年02月26日朝刊。

「声上げる、着ぐるみの過酷労働／ショー出演者、ディズニー側を提訴」『朝日新聞』2018年9月3日朝刊。

「倒された美瑛「哲学の木」」『北海道新聞』2016年3月28日朝刊。

「哲学の木姿消す」『毎日新聞』北海道地方版2016年2月26日朝刊。

Berghoff, H. and Korte, B. (2002) "Britain and the Making of Modern Tourism" in Berghoff, H. et.al. (eds) *The Making of Modern Tourism : The Cultural History of the British Experience, 1600-2000*, Palgrave.

Black, J. (2003) *The Grand Tour*, Sutton.

Blackbourn, D (2002) "Fashionable Spa Towns in Nineteenth-century Europe" in Anderson, S. C. and Tabb, B. H. (eds) *Water, Leisure and Culture : European Historical Perspectives*, Berg.

Bryman, A. (2004) *The Disneyization of Society*, Sage.

Cohen, E. (1979) "A Phenomenology of Tourist Experiences", *Sociology*, Volume 13 Issue 2, pp. 179-201.

Edensor, T (2000) "Staging Tourism : Tourists as Performers", *Annals of Tourism Research*, Vol. 27, No. 2, pp. 322-344.

Goffman, E. (1969) *The Presentation of Self in Everyday Live*, Penguin Books.

Urry, J. (1995) *Consuming Places*, Routledge.

第Ⅰ部

観光研究の視座

第1章
観光振興がもたらす不幸
——マーケティング論から定義するDMOの意義——

石黒　侑介

1　テーマパーク化するマヤ遺跡

　メキシコは、日本ではあまり知られていないが、観光大国である。国連世界観光機関（UNWTO）のデータによれば、2017年の国際観光到着客数は世界8位の3,500万人であり、アメリカや中国、フランス、スペインといった国々と並んで世界トップ10の常連として知られる（UNWTO 2017：6）。これまでは隣国のアメリカや旧宗主国のスペインを含むヨーロッパからの観光客が多かったが、近年は、日系航空会社の直行便も就航し、日本人にも人気のデスティネーションになりつつある。そんなメキシコの誘客力を支えるのが国内にある35の世界遺産だ（2018年12月時点）。

　2003年、メキシコに留学していた筆者は、夏季休暇を利用してメキシコ南部のユカタン半島を訪れた。目的地は世界遺産「チチェン・イツァ」である（図1-1）。チチェン・イツァは19世紀にアメリカ人紀行作家ジョン・ロイド・スティーブンスによって欧米に紹介されて以降、古代マヤ文明イメージの中心的な存在として位置付けられてきた（杓谷 2015：117）。古代マヤ文明は、生け贄の儀式や終末期の予想などのエピソードとともに語られる「密林に眠る謎の古代文明」であり、チチェン・イツァはそうしたミステリアスな古代マヤ文明の象徴として消費されてきたと言える。そして1988年に世界遺産に登録されると、チチェン・イツァはそうしたイメージを伴って、瞬く間に世界的な名所として知られるようになった。

　また、観光スポットとしてのチチェン・イツァを語るうえで欠かせないのが、

第Ⅰ部　観光研究の視座

図1-1　チチェン・イツァのエル・カスティージョ

近隣に開発されたビーチ・リゾートの存在だ。特にチチェン・イツァからバスで3時間のキンタナ・ロー州のカンクンは、世界的に知られたビーチ・リゾートであり、年間260万人以上が訪れる（図1-2）。ザ・リッツ・カールトンを始め、5つ星クラスの高級リゾートが林立し、美しいカリブ海を楽しめる人気のリゾート地としてアメリカ人を中心に高い人気をほこる。また、日本を始めとするアジアからの観光客には、ビーチ・ウェディングのデスティネーションとしても注目されている。

　メキシコでは第2次世界大戦後から外貨の獲得を目的に各地の観光開発が政府主導で行われてきた。カンクンも1970年代に開発が開始され、1980年代に入るとサミットの開催などを契機に世界的に知られるリゾート地となった。外貨獲得を目指して行われたカンクン開発において必要不可欠だったのが「密林に眠る謎の古代文明」の象徴であるチチェン・イツァであり、その整備はカンクンの発展に合わせる形で進められた。

　ユカタン半島を旅していた筆者も当初はカンクンに滞在しようかと考えた。ところが、首都メキシコ・シティでは当時のレート（2003年8月1日のもの）で5ペソ（約57円）程度だったタコスが20ペソ（約229円）もするのを目の当たりにし度肝を抜かれた。何より、リゾートエリアではアメリカ・ドルが流通しており、「カンクンはメキシコ国内にあるアメリカだ」というメキシコ人の友人の言葉の意味がようやく理解できた。

第 1 章　観光振興がもたらす不幸

図 1-2　カンクン
出典：shutterstock.com より。

　チチェン・イツァを訪れて驚いたのは、いろいろな意味でそこがユカタン半島の他の遺跡とは大きく異なる点だ。ユカタン半島は、広大な半島全体がジャングルで覆われ、所々で石でできた古代遺跡が頭を出す独特の景観を有している。時には数時間、道なき道を歩いて進まなければならないこともあるが、その先に木々に覆われた遺跡を見つけたときは、ミステリーハンターになったような気分になる。しかし、チチェン・イツァは、観光バスで溢れかえる駐車場を進み、売店やレストランの入った建物を抜けると突然目の前にエル・カスティージョと呼ばれる壮大なピラミッドが現れる。駐車場からエル・カスティージョまでの整地された道のりは、まるでテーマパークのそれを想起させる。

　また、その他の遺跡は、地元のガイドをつけたうえで、トレッキング・ブーツに日よけの帽子をかぶるなど、「それなり」の装備で訪れるのが一般的だが、チチェン・イツァで目立つのは、ビーチ・サンダルにショート・パンツ、滞在するリゾートの宣伝も兼ねた派手な色のパラソルという出で立ちの観光客だ（図 1-3）。こうした観光客の多くがカンクンからやってくる。

　そして次に驚かされたのは遺跡エリア内の露店の多さだ。チチェン・イツァの考古学エリア内に入ると、主要なルートの両側は民芸品やTシャツを売る露店で埋め尽くされている（図 1-4）。もちろん、ユカタン半島の他の遺跡でもしばしば露店を目にするが、チチェン・イツァのそれは他の比ではない。マヤ文明のカレンダーをプリントしたTシャツから石彫りのジャガー、木彫りの面、

23

第Ⅰ部　観光研究の視座

図1-3　チチェン・イツァを訪れる観光客

図1-4　観光客に声をかける露天商

ハンモックまで、その種類も群を抜いている。
　ユカタン州を含むユカタン半島には、先住民族であるマヤの血を引く人びとが数多く暮らしており、チチェン・イツァの露天商も多くはこうしたマヤ系先住民だ。彼らは今でもマヤ語を話し、中にはスペイン語を話せない住民も多いが、チチェン・イツァで露店を開いている人びとは、スペイン語はもちろん、観光客との会話を通して身に付けた流暢な英語や片言の日本語を話す者すらいる。こうした雰囲気の中で遺跡を訪れると、目の前に鎮座する遺跡でさえテー

マパークのアトラクションなのではと錯覚する。それほどまでにチチェン・イツァの商業化は進んでいる。

2　貧困を招く世界遺産

　チチェン・イツァは、メキシコの考古学エリアの中で、同じく世界遺産に登録されているテオティワカンに次ぐ集客力をもつ。しかも先述したとおり、その観光客の多くが、カンクンを始めとしたビーチ・リゾートに滞在する外国人観光客であり、当然、彼らの経済効果に対する地元の期待は小さくない。

　チチェン・イツァのあるティヌム行政区には約1万人が暮らしている。ユカタン半島の他のエリアと同様、スペインの植民地となって以降は、サトウキビやトウモロコシを中心とした農業が主要産業だった。しかしカンクンを中心としたビーチ・リゾートが沿岸に開発されて以降、チチェン・イツァを訪れる観光客は右肩上がりに増加し、住民の多くは土産物の製造や販売、飲食業に参入するようになった。

　彼らの多くは、いわゆる「インフォーマル・セクター」だ。インフォーマル・セクターは零細企業の経営者や従業員、自営業、無報酬で働く家族などからなり、総じて収入が低く、国家の法的規制や課税を逃れている一方、社会保障はもとより基本的な労働者としての権利も認められていないなど、不安定な立場で働く人びとである。発展途上国の労働市場の特徴の1つであり、メキシコでは15歳以上の労働人口の約4分の1がインフォーマル・セクターに属している。チチェン・イツァの周辺では、自らの土地を持たず、いわゆる小作農として不安定な立場で農業を続ける住民が多く、観光客増加を目にして、初期投資がほとんど不要な観光産業に参入するのは合理的な判断に思われた。

　ところが、観光開発は住民の期待どおりには地元に恩恵をもたらさなかった。冒頭で紹介したチチェン・イツァを訪れる外国人観光客の多くは、早朝にリゾート滞在客専用の冷房完備の大型バスに乗り、昼前にチチェン・イツァに到着すると、リゾートが契約した英語やフランス語を話せるガイドに考古学エリアを案内され、昼過ぎには帰途につく。そしてチチェン・イツァ周辺の契約レ

ストランや土産店で降車して食事をとったり土産品を物色したりした後、再びそのバスでホテルに帰って行くのだ。こうした契約店を経営する住民や契約ガイドの多くはホテル側に送客の見返り（キックバック）を支払っている。こうしたツアーはオール・インクルーシブ・ツアーとよばれ、メキシコのように交通インフラや多言語対応を含めた環境整備が不十分な国では一般的な観光形態である。

　この形態の観光が拡大すると、観光客が滞在中に落とす外貨の大部分が、域外の企業に流出する。こうした現象を「リーケージ（漏れ）」とよぶ。中には大型バスが日々運んでくる外国人観光客のより幅広い需要を掴もうと、チチェン・イツァ周辺で入手した原材料をもとに手作りで製作していた土産物に加え、広くメキシコ全土の土産品を仕入れて販売したり、より多くの利益をあげるために安価な中国産の原材料で土産品を製作する露天商も現れ、それがリーケージを一層進めることになった。

　さらに、需要の拡大を上回るペースで観光産業に参入する地元住民が相次いだことで供給過剰による過当競争が発生した。その結果、少しでも有利な条件で観光客と接したいと考えた住民の中には、禁止されていた考古学エリアに不法侵入して露店を開く者も現れた。考古学エリアを管轄する国立人類学歴史学研究所（INAH）は貴重な文化財の商業化を懸念し、これまで繰り返し彼らを締め出す施策をとってきたが、ほとぼりが冷めると、どこからともなく住民が考古学エリアに侵入し、露店が軒を連ねる光景にたちまち戻ってしまう。こうした攻防の過程で、インフォーマル・セクターである彼らの多くは経済的により不安定な立場に置かれ、結果的に観光産業に従事する住民のうち、最低賃金以下の所得しか得ていない人の割合は、むしろ増加することとなった（石黒2008）。

　観光開発が進み観光客数が増加する一方で、地域住民の貧困が解消されていない実態を如実に表すデータがある。図1-5は、メキシコ政府が独自に設定している「マージナリティ指数」の変化である。マージナリティ指数は、初等教育を受けている人の割合や上下水道の整備率、最低賃金を上回る所得を得ている人の割合、5,000人以下のコミュニティの比率などをもとに算出される指

第 1 章 観光振興がもたらす不幸

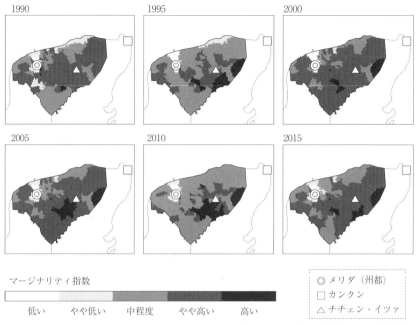

図 1-5 ユカタン州のマージナリティ指数の変化（1990-2015）
出典：CONAPO (2018) をもとに筆者作成。

標で、指数が高いほど社会的、経済的に虐げられていることを意味する。これを見ると、チチェン・イツァへの観光客が増え続けているにもかかわらず、ティヌム行政区を含めた同遺跡周辺の行政区のマージナリティ指数はそれほど大きく変わらないか、あるいはむしろ高くなっている。つまり観光客が年間260万人近く訪れても、地元住民が享受する恩恵はきわめて限定的なのだ。

3 観光が街を変える

観光振興が地域に与える影響を考えるうえで、もう 1 つ興味深い事例を紹介しておこう。スペインのカタルーニャ州、バルセロナだ。

2016年にバルセロナのグエル公園を訪れた筆者は、公園の入口で次のように言われて面食らった。「今の時間帯はもう一杯だから、午後 2 時以降にまた来

て下さい」。聞けば混雑緩和のために30分単位で入場者数をコントロールしており、筆者が入口に到着した午前10時から午後1時30分まではすでに上限に達したのだという。ここが映画館や何かのイベント会場であれば驚かないが、グエル公園はバルセロナ市の住宅街にある都市公園である。

　バルセロナは世界で最も観光客を惹きつける都市の1つだろう。サグラダ・ファミリアを始めとする世界遺産だけでなく、大小さまざまな文化財やピカソ博物館に代表される文化施設、リオネル・メッシを擁するプロ・サッカーチームのFCバルセロナ、そして軒を連ねるバルや郊外のワイナリーと、観光資源は質・量ともに世界トップクラスだ。しかし今、バルセロナは観光客が自由に観光できない街になりつつある。

　例えば冒頭で紹介したグエル公園は、世界遺産「アントニ・ガウディの作品群」の構成資産の1つで連日多くの観光客が訪れるが、筆者のように事前に時間指定の入場券を購入していない場合、公園の中心エリアには入ることができない。筆者の場合、数時間をつぶすことで事なきを得たが、帰国直前の合間を縫って訪れていたら、こうはならなかっただろう。サグラダ・ファミリアも事前予約が一般的で、市内の観光案内所やインターネットで事前に入場券を購入しないと、多くの場合一歩も足を踏み入れずに立ち去ることになる。かつては早朝からできる列に並んで、憧れの空間に足を踏み入れる瞬間を今か今かと興奮して待ったものだが、今はそれも叶わない。代わりに目にするのは、「事前予約制」を知らずに来場してうろたえたり、怒って抗議したりする観光客の姿だ。

　この裏には、実は観光客が「訪れたい場所を訪れたい時間に訪れる観光」から、「地域が訪れられ方をコントロールする観光」へのシフトを試みるバルセロナ市政府の政策転換がある。そして市にその転換を迫ったのは、観光による街の変化であった。

　バルセロナは、1992年のオリンピック開催後、政策的に観光振興に取り組んできた。バルセロナ市の観光戦略の責任者であるX・スニョルは、「1993年に市政府と商工会議所が両者の合意に基づいて『バルセロナ観光コンソーシアム』（Consorci Turisme de Barcelona）を設立したことが、その後の同市における

観光振興の大きな契機だった」と指摘している（Suñol 2016）。この組織は官民が連携して観光振興に取り組むために市政府と商工会議所がそれぞれ予算を拠出して設立したもので、このような組織をデスティネーション・マネジメント・オーガニゼーション（DMO）と呼ぶ。DMOは、マーケティング活動によって観光客の誘致に取り組むと同時に、観光客の期待に応えるためにデスティネーションにおけるさまざまな活動を牽引しコーディネートする組織であり（UNWTO 2007：4）、バルセロナでは、以降、バルセロナ観光コンソーシアムを中心に、プロモーション活動や観光商品の開発が取り組まれていった。また、官民を挙げた観光振興の体制が整ったことで市内外からの投資の誘致に成功し、オリンピックに合わせて整備された都市インフラに加え、オリンピック後は旺盛な観光需要に対応するべく、ホテルの開発が進められた。その結果、1995年にわずか1万5,076室だった市内のホテル客室数は10年後の2005年に2万5,355室にまで達した（Consorci Turisme de Barcelona 2018）。

　ところが、こうした市政府の観光振興は街の姿を一変させた。バルセロナは首都マドリッドに次ぐ第2の都市であり、いわゆるレジャー観光のデスティネーションではなく、出張や会議、博覧会などのビジネス・トラベルが観光の中心だった。1990年にレジャー観光目的でバルセロナを訪れたのは全観光客のわずか22.7％で、実に69.1％をビジネス目的が占めていた。ところが2010年にはレジャー観光目的が50.1％、ビジネス目的が42.0％となり、レジャー観光の比率は約2倍になった。また1990年に宿泊客の51.2％を占めていた国内客の比率は2017年に20.4％と半分以下にまで低下した（Consorci Turisme de Barcelona 2018）。つまりバルセロナを訪れる観光客の数は6倍に増え、主な客層は、ビジネスからレジャー観光目的へ、そして国内客からインバウンドへとシフトしたのである。

　筆者は2002年にスペインへの留学を経験し、以降、数年おきに同国を訪れている。前述したような街の変化は、当然、筆者でも感じ取ることができた。例えば初めてバルセロナを訪れた際は、とにかく日本人が目立ち、頻繁に街中で片言の日本語や当時ヨーロッパで活躍していた日本人サッカー選手の名前で呼び止められた。市街地の中心を走るグラシア通りのブランドショップは、日中

は閑散としており、立ち寄っても店内では日本人観光客の姿しか目にしなかった。バルの店員だけでなく、街中ですれ違う住民もどこかのどかな雰囲気で、地元客で賑わうバルに入ってもお節介なくらい世話を焼く住民がいた。ところがここ数年は中心街の飲食店から住民の姿が消えた。

　また客層についても、多く目にするのはスペイン人を含めたヨーロッパからの家族連れや比較的年配の観光客で、彼らが地元住民とともに賑わいを生んでいた。しかし特にここ数年はアジア各国からの観光客に加え、世界中から同地を訪ねる比較的年齢層の低いバックパッカーが際だって増えた（図1-6）。街中を歩いていてもスペイン語を耳にすることが極端に減り、筆者への声がけも中国語になった。ブランドショップは混雑緩和のために入店制限を行い、アジアからの観光客が列をなす光景は今や日常だ。今のバルセロナは、賑わいというより喧騒という表現の方がしっくりくる。懇意にしているバルセロナ市観光戦略部長のA・アリアス氏は筆者のこうした分析に同意したうえで、示唆に富んだ一言を投げかけた。「街に空気を送るのも、窒息させるのも観光だ」。

4　オーバーツーリズムの発生と政策転換

　こうした変化に加えて、バルセロナの街に大きなインパクトをもたらしたのが民泊の拡大だ。日本では比較的新しいテーマとして扱われるが、欧米ではすでに十年近く前から民泊が浸透している。バルセロナの場合、前述のホテル増加をもってしても需要拡大に対応できず、また都市の特性上、中心部には比較的高級なホテルが進出したため、安価な宿を求める観光客の需要ともあいまって、民泊が急激に拡大した。地元住民のアパートは観光客向けの集合住宅と化し、居住空間としての快適性が低下した。さらに、不動産業者や地主も、住宅よりも投資効果の高い民泊として運用することを選んだため地価が上昇し、それが家賃相場の高騰につながり、結果的に地域住民を追い出すことにつながった。

　2008年頃から怒った住民がデモを行ったり、観光に対して批判的なチラシを貼ったりする現象が広がった。こうした様子はメディアを通じて国内外に広く

第 1 章　観光振興がもたらす不幸

図 1-6　サグラダ・ファミリア前に集まるアジアからの観光客

発信され、「観光反対を掲げる都市バルセロナ」のイメージを作り上げた。都市の活性化を目的に観光振興を政策的に進めた結果、行政がその恩恵を享受することを想定していた住民の反発を買い、さらには街に負のイメージを与えるまでになったのだ。

　また、丁度このころ、バルセロナだけでなく、イタリアのヴェネツィアやローマ、フランスのパリなどでも、観光客による混雑やゴミの増加による住民生活への負の影響が顕在化していた。そして、A・ピヒラーによるドキュメンタリー映画『The Venice Syndrome』が2012年に公開されると、当時、観光客増加によるさまざまな問題に直面していたヨーロッパを中心に「オーバーツーリズム」という言葉が多用されるようになった。オーバーツーリズムはその後、2017年11月にイギリス・ロンドンで開催された旅行博覧会 World Tourism Market の観光大臣会合でも議論のテーマに選ばれるなど、観光分野の主要なテーマの1つになり、バルセロナはたちまち、その象徴として取り上げられるようになったのである。

　オーバーツーリズムは、海洋や沿岸管理の分野で海洋環境汚染を招く観光客による「過度な利用（excessive use）」を意味する用語として登場したが、近年になって前述のような観光を巡る新しいテーマとしてこの用語を取り上げたのはアメリカの旅行メディアの Skift 社であり、後に同社が商標登録を行ってい

る（UNWTO 2018）。しかし、世界的な注目とは裏腹に、その学術的な議論は未だ十分になされていない。例えば、UNWTO（2018）は、オーバーツーリズムを「デスティネーションやその一部において、住民の主観的な生活の質や旅行者の体験の質に負の形で作用する、観光の影響」と定義しているが（UNWTO 2018：6）、いわゆる観光地の「混雑」を地元住民が問題視することはこれまでもあったし、例えば国立公園管理の分野などでは、樹木の伐採や訪問者による踏み荒らしなどが自然環境自体の回復力を超えて起こることを指して「オーバーユース（過剰利用）」という言葉が用いられており、オーバーツーリズムがそれらとどう異なるのかといった点については議論が尽くされていない。では、バルセロナを例にとれば、オーバーツーリズムはどのように定義されるだろうか。

　オーバーツーリズムの特徴の1つは、それが住民の生活圏で日常的に起こっている点だ。かつては観光振興を目的に開発された空間や、少なくとも観光客による利用が政策的に誘導されたり、事業として想定された空間が、観光客にとってのデスティネーションだった。しかし、観光客の需要は多様化し、他人とは違う経験、前回の訪問時よりも深い体験を求めるようになったことで、その足は徐々に住民の生活圏へと向かった。地元住民のアパートの一室が民泊に姿を変え、地元住民行きつけのレストランが観光客で溢れかえるようになったのだ。観光客の動線と住民の動線とが交錯するようになった結果、バルセロナでは住民が生活圏から追い出されるという現象さえ起こるようになったのである。これは従来の混雑やオーバーユースとは明らかに異なる現象だ。また、オーバーツーリズムがサグラダ・ファミリアやサン・マルコ広場といった施設単位ではなく、バルセロナやヴェネツィアという都市単位で語られるのも、それが観光利用を想定した空間ではなく、常に生活圏を内包する都市であったためともとらえられる。

　さらに、観光客の多くが外国人であることも特徴の1つだ。バルセロナの場合は、かつて賑わいを生み出していたスペイン人や、文化的親和性のある南ヨーロッパ、旧植民地の中南米に代わり、アジアや東欧、近年では中東からの観光客が急増している。住民からすると、言語や価値観、宗教も異なるこれら

の国々からの観光客が大量に生活圏に侵入することは、生活圏における快適性の低下を意味する。観光客のマナーや倫理観を問う声があがった背景には、量的拡大もさることながら、異文化の受容を強いられた住民の心理的負担があるだろう。言い換えれば、デスティネーションが受け入れることができる観光客の量は、単に施設や公共サービスの供給量のような物理的なそれだけでなく、住民の心理的側面に基づく受容量（キャパシティ）からも規定されるのである。

こうした議論を踏まえてオーバーツーリズムを定義すると「一定の空間的広がりを有するデスティネーションにおいて、国籍や文化的背景の異なる観光客が住民の生活圏に恒常的かつ大量に流入し、住民が従来の生活を送るうえで何らかの支障をきたす現象」ということになる。UNWTO（2018）では、旅行者の経験の質的低下にも言及されているが、観光がもたらす負の影響をかなり広範にオーバーツーリズムという用語で説明する傾向を批判する論調もあり、筆者もそうした点から、現時点では上記のとおり定義している。

オーバーツーリズムの発生を受けて、バルセロナ市は2008年以降、観光振興ではなく、観光による都市振興に政策目標を転換した。前出のX・スニョルは「バルセロナ観光コンソーシアムが創設された1993年には、バルセロナの観光政策は主に都市の観光振興を目標としていたが、その後策定された2008～2010年戦略計画では、地方自治体が行うべきマネジメントのアクションと政策を優先させた（中略）観光と都市のコンセプトは、それ以降、地方自治体が行うべき観光政策の議論の中で一体的に統合された。観光政策と都市政策はある意味で表裏一体なのだ」と述べており（Suñol 2016）、実際、バルセロナ市は観光の振興ではなく、都市の振興を目的とした観光政策を具体的に打ち出していく。

例えば、冒頭に紹介したとおり、市内でも有数の観光スポットであると同時に住宅地が近接しているサグラダ・ファミリアやグエル公園では、時間別のキャパシティ・コントロールを導入したほか、観光の経済的恩恵をより広範な分野に投資するため宿泊税導入による財源確保に取り組んだ。また、住民がデスティネーションとしてのバルセロナの魅力を認識するための企画として、地域住民が市内のホテルのラウンジやレストランなどからバルセロナの眺望を楽しむ「A Vista de Hotel」と呼ばれるイベントを実施した。このイベントは、

地域住民、観光関連事業者、観光客の間の相互理解の促進につながるものとして多方面から高い評価を得ている。さらにバルセロナのデスティネーションとしてのキャパシティを住民の意識に基づいて判断するという画期的な決断を行い、2007年からは、市内の18歳以上の住民を対象に四半期毎に観光に対する住民意識アンケート調査を行っている。

　そしてこうした取り組みでもオーバーツーリズムが抑制されないと判断すると、2014年、新たに就任したコウラ市長の下、生活圏への観光客の侵入抑制を目的に、宿泊キャパシティの拡大を抑制する政策へと舵が切られた。具体的には市内を4つのエリアに分類し、観光客の集中が最も顕著であると同時に住民の生活圏でもある市の中心部については、既存施設の増改築を含め、一切の宿泊キャパシティの拡大を禁止するとともに、現在の施設の移転についても禁止する措置をとったのである（図1-7）。

5　観光「の」振興か、観光「による」振興か

　チチェン・イツァとバルセロナの2つの事例はいずれも観光客の増加が、必ずしも地域を幸せにしないことを示している。チチェン・イツァでは国策としての観光開発がインフォーマル・セクターのさらなる経済的不安定化とリーケージの拡大を招き、住民は貧困から抜け出せずにいる。いっぽう、バルセロナでは、オリンピックを契機とした観光振興がオーバーツーリズムを招き、結果的に一部住民が自らの街を捨てる事態を招いた。では、こうした事象をどのように分析できるだろうか。本節ではマーケティングの視点からこのテーマにアプローチしたい。

　観光分野のマーケティングは、観光産業マーケティングとデスティネーション・マーケティングに大別される。前者はサービス・マーケティングの1つで、ホテルやレストラン、旅行会社、航空会社、クルーズ、レンタカー、鉄道事業者などが、自社のサービスに対する需要の維持・拡大を目的に行う。いっぽうデスティネーション・マーケティングは、主として行政やDMOが、特定のデスティネーションへの需要を維持・拡大することを目的に行う。

第 1 章　観光振興がもたらす不幸

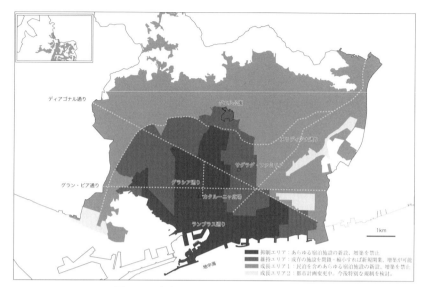

図 1-7　宿泊キャパシティの規制ゾーニング
出典：Ajuntament de Barcelona（2018）をもとに筆者作成。

　前者の場合、例えば旅行会社は、顧客の需要がヨーロッパであると分かれば、バルセロナやパリの商品を販売することに注力する。最終的に顧客がどちらの商品を選んでも、それが自社の商品であればマーケティングの目的は達成されたことになる。宿泊事業者の場合も、マーケティングの最大の目的は自社を利用する顧客の需要の維持・拡大であり、顧客が自社のホテルに滞在してさえくれれば、街中で何をしようと、あるいは仮に何もしなくても、マーケティングの目的は達成されたことになる。つまり、観光産業マーケティングでは、マーケティング主体は特定のデスティネーションに対して限定的にしか関与しない。
　しかし、後者の場合は、そうはいかない。あくまでバルセロナ市政府やＤＭＯであるバルセロナ観光コンソーシアムが行うマーケティングの目的は、バルセロナを訪れる観光客の需要を維持・拡大することである。当然のことながら彼らがバルセロナの売り込みをあきらめることはできないし、その意味で特定のデスティネーションに全面的に関与することになる。
　言い換えれば、マーケティングは、前者では、自社利益の最大化を達成する

ための手段であり、後者では地域の利益を最大化するための手段ということになる。いずれも観光客を顧客としているという点では共通しているが、デスティネーションの位置付けが大きく異なるのである。そもそもこのような差異が生じる背景には、サービス産業である観光産業の特殊性がある。

P・コトラーらはサービスを4つの特性から定義している（Kotler 他 2016）。1つは、無形性である。サービス産業では、消費者が商品を購入する以前にその内容を見ることができない。例えば観光客がホテルに宿泊する場合、実際に宿泊する前に見られるのは予約確認書のみであり、宿泊後には領収書しか残らない。いっぽうで、自動車産業を例に出せば、消費者は自身が購入する商品である自動車を販売店で事前に見ることができるし、購入後はもちろん何回でも見ることができる。

また、サービスの生産と消費が同時に起こることも1つの特性である。これを生産と消費の不可分性と呼ぶ。ホテルに宿泊する観光客は、ホテルに滞在して初めて商品の提供を受け、同時に消費を行う。いっぽうで、自動車産業では、消費者が購入する自動車の多くは、数カ月前に生産されたもので、生産と消費は多くの場合同時には生じない。

さらにサービス産業の場合、無形性と不可分性ゆえに、消費の瞬間の諸条件によってサービスの品質が規定される。例えば同じホテルに複数回宿泊したとしても、同行者や時期、当日の天気、接客した従業員によって商品の品質が変わる。このような品質の変動性は、自動車産業には存在しない。車は、消費者の希望でカスタマイズすることはできるが、同じ車種であれば基本的には同じ品質でなければならない。

そして4つめの特性が消滅性である。サービス産業では在庫をもつことができない。200室のホテルでは、仮に今日100室しか売れなかったとしても、残された100室を明日にまわして、明日、計300室を販売することは当然不可能である。いっぽうで、自動車産業の場合、仮に今日全ての商品を販売することができなかったとしても、商品の在庫を明日以降に販売することができる。

いずれも宿泊業を例にあげたが、教育業や保険業といったその他のサービス産業も本質的にこれらの特性を有している。ところが、観光産業には、その他

のサービス産業とは異なる特性も存在する。1つは複合性である。そもそも観光産業は定義が難しい。観光業という独立した業種は存在せず、一般的には旅行業や運輸業、宿泊業、飲食業、ガイド業などを総称して観光産業と呼ぶことが多い。言い換えれば特性の異なる産業の複合体である。そのため観光産業は顧客である観光客に対して一定の品質のサービスを提供することが、その他の産業に比べて難しい。

　例えば、あるホテルが顧客を満足させられる十分な品質のサービスを提供したとしても、顧客がその後利用した飲食店のサービスが不十分であれば、旅行の満足度は低下してしまう。複合的なサービスを一体的に提供しようとすれば、それぞれのサービスを直接管理し、サービスの質を保つ必要がある。また、交通サービスを利用せずにどこかを訪問したり、飲食せずに滞在したりすることは難しく、その意味で各産業は相互に強く依存している。そのため、一度、資本や施設の規模が突出した事業者が参入すると、たちまちその他の事業者との間に従属関係が成立する。これらがチチェン・イツァでリーケージが生じる要因だ。

　もう1つは集合性である。観光産業を構成する個々の産業は、一定の空間的広がりの中に集積し、それがデスティネーションを構成する。顧客である観光客は、デスティネーションの内部やデスティネーション間を移動して経営主体の異なる複数の事業者が提供するサービスを消費する。その過程で観光客が利用する道路や空港、駅などの社会インフラは、多くの場合、住民と共用される。また利用するサービスや景観なども、互いに望む、望まないにかかわらず、観光客と住民によって共有される。こうした点は地域が観光振興に取り組む際のメリットとしてとらえることができるが、いっぽうで、観光客が地域の広範な主体と施設や設備、空間やサービスを共有することは、利害関係の複雑化を意味する（Jenkins他 2011）。バルセロナのオーバーツーリズムは、それが具体的な問題として表出したと見なすことができるだろう。

　このように、観光産業はサービス産業の1つでありながら、その他のサービス産業にはない特性を有しており、それゆえに、観光産業マーケティングとデスティネーション・マーケティングという、視点の異なるマーケティングが存

在するのだ。そして、チチェン・イツァのリーケージとバルセロナのオーバーツーリズムは、いずれもこの観光をめぐる2つのマーケティングの差異が引き起こした問題としてとらえることができる。

メキシコやスペインだけでなく、多くの国では、観光振興は域内の観光産業の振興であり、それはデスティネーションとしての地域を構成する観光関連事業者の利益の拡大を意味している。言い換えれば、観光振興は観光産業マーケティングの成功によって導き出されるものであり、チチェン・イツァとバルセロナは、いずれもその意味では成功事例なのだ。しかし、それは一方で、事業者とともにデスティネーションを構成している住民の利益を、ときに損なう結果になったのである。つまり、そこには、観光産業としての観光「を」振興するのか、観光「による」地域の振興を目指すのかという本質的な問いがある。

6　DMOとソサイエタル・マーケティング

こうした問いの答えは、各々の地域によって異なるだろう。観光産業の利害が、地域全体の利害に直結するような地域では、観光産業「を」振興することが地域全体の恩恵につながるからだ。しかし、ほとんどの地域には、観光関連事業者だけでなく、観光とは全く無縁の事業者や一般の住民がおり、概して利害関係は複雑だ。そういった地域では、観光「による」地域振興を目指さなければならない。

こうした議論で、近年、注目されているのがデスティネーション・マネジメントである。

デスティネーション・マネジメントは、日本語では「観光地経営」や「観光地域づくり」などと訳される。しかし、「観光地」は観光を基幹産業とする地域に対して用いられる言葉で、「デスティネーション」とは本来的な意味が異なる。また「観光地域」もその定義はあいまいであり、いずれも英語のdestination management の意味を正確に反映しているとは言えない。そこで本節ではデスティネーション・マネジメントと片仮名で表記することとする。

また、デスティネーション・マネジメントの学術的な定義も未だ定まってい

ない。比較的引用されることが多い Pearce（2015）では、「デスティネーションの多様な側面を管理する必要性に対処する包括的なプロセスまたはアプローチであり需要と供給の管理、機能と資源の調整または統合、関係機関や関係者の協力、協働、相互関係の構築を含む調整と統合の上位レベルのプロセス」と定義している。本章の議論を踏まえてあえて論点を単純化して再定義すれば、「観光を通じて地域の総体的な利益を最大化することを目的とした地域の包括的、協調的な経営」となるだろう。キーワードは「包括的」と「協調的」だ。

　チチェン・イツァやバルセロナの事例からも分かるとおり、デスティネーションとしての地域にはさまざまな主体が存在しており、観光に対する関与も多様だ。それを考慮せずに特定の産業を振興すれば、地域内部の利害関係の複雑さがたちまち具体的な問題となって表出する。つまり観光によって地域が持続的に発展していくためには、観光を地域全体の利益に結び付けようという視点が必要だ。これこそデスティネーション・マネジメントが「包括的」なアプローチでなければならない理由である。

　また、これまでも述べてきたように観光業を含む民間事業者は通常、自社の利益を短期間のうちに最大化しようと考える。これは企業としては健全な考え方であるが、すでに述べたように、デスティネーションとしての地域はさまざまな主体によって構成されており、そうした目標があらゆる主体によって広く共有されるとは限らない。地域の共通目標を見いだし、その達成に向けて既に述べたような包括的なアプローチを実行するためには、複雑な利害関係者との連携による「協調的」な取り組みが肝要なのである。

　では、こうしたデスティネーション・マネジメントにおいて、マーケティングはどのように位置付けられるだろうか。

　図1-8はデスティネーション・マネジメントの領域を、観光に関するサービスの提供を行う「観光供給」と、それに対する観光客や送客する側の需要を示す「観光需要」、そして住民が生活する「生活圏」の3つの要素で示した概念図である。

　言うまでもなく、デスティネーション・マネジメントにおいても誘客は重要である。本章で批判的に取り上げているのは、いずれも観光産業マーケティ

第Ⅰ部　観光研究の視座

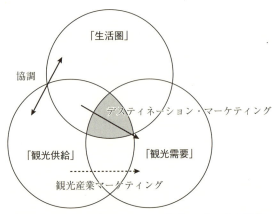

図1-8　デスティネーション・マネジメントの介在領域

グの視点をより強く反映し、短期的な誘客の拡大を目的とした観光振興の事例であり、誘客の拡大そのものを問題視している訳ではない。言うまでもなく、観光客の存在や彼らの需要の維持・創出は、デスティネーション・マネジメントの根幹である。

　従来の観光産業マーケティングを図1-8にあてはめると、それは「観光供給」側による「観光需要」への接近であると理解できる。しかし再三指摘してきたように、デスティネーションとしての地域には観光関連産業には直接的に関与しない「生活圏」が存在しており、「生活圏」と「観光需要」をどの程度接近させるのか、あるいはデスティネーションの内部で「観光供給」と「生活圏」をどのように「協調」させるのかという重要な課題が存在する。こうした課題の解決を通じて「観光供給」と「生活圏」から構成されるデスティネーションが「観光需要」との間に関係を構築しようとする動きこそ、デスティネーション・マーケティングなのである。そしてこうした取り組みを統合した領域、つまり図中で3つの円が重なる領域がデスティネーション・マネジメントである。重要なことは、従来の「観光供給」から「観光需要」への一方的なアプローチを脱して、「生活圏」を含めた3要素の利益の最大化を図る視点でマーケティングをとらえ直す試みである。

　その際に重要になってくるのが、ソサイエタル・マーケティングの発想だ。

ソサイエタル・マーケティングは、企業本位のマーケティングに対する批判を受けてW・レイザーらが主張したもので、当初はソーシャル・マーケティングと呼ばれていた。しかし、ほぼ同じ時期にP・コトラーが従来のマーケティング理論を政府や宗教団体などの非営利組織にも当てはめるものとしてソーシャル・マーケティングという名称を用いるようになったため、W・レイザーが主張するソーシャル・マーケティングは今日ではソサイエタル・マーケティングとして区別されている（奥貫 2011）。

P・コトラーらの主張する非営利組織のマーケティングは、ターゲット市場のニーズや欲求を把握し、デザインやコミュニケーション、価格、商品の提供によって顧客満足を得るという「顧客中心主義」の考え方を非営利組織に当てはめるもので、そのためには「マーケティングが、最終的には指定された行動を起こすための多くの予算と権限を備えた、1つの『ライン部門』となるべきである」（コトラー＆アンドリーセン 2005：380）としている。このようなトップ・マネジメントの責任でマーケティングを行うことを「マネジリアル・マーケティング」と言う。つまりP・コトラーらの主張する非営利組織マーケティングは、営利企業が行っているマネジリアル・マーケティングを非営利組織に適用したものと考えることができる。

いっぽう、ソサイエタル・マーケティングでは、マーケティングは生活の質、地域社会の出来事、社会的な問題、人間の資源を最大限に発展させる機会、健康維持、教育と訓練、公害の減少と環境保護、仲間により多くの考慮を払うことといった社会的目標を高めるためのものとして位置付けられている。つまり企業は自社の顧客の満足を目指すだけでなく、社会全体の利益や幸福を維持、向上することを志向するべきであるとしたのである。

本章で取り上げたリーケージやオーバーツーリズムの問題は、まさに観光振興の主体となった官民の各組織がマネジリアル・マーケティングにより力点を置いてマーケティングを行った結果であり、ソサイエタル・マーケティングの視点が不足していたと解釈することができるだろう。

地域においてソサイエタル・マーケティングを実践していくためには、従来の民間企業や行政とも違う、新しい主体の存在が不可欠である。それがバルセ

第Ⅰ部　観光研究の視座

		特徴	代表的な研究者
マネジリアル・マーケティング		顧客指向、利益志向などに基づいてマーケティングをとらえ、そのために経営者が積極的に組織自体を変えていこうという発想。マーケティングは組織の最上位に位置するべきであるとの考えに基づく。	J・A・ハワードなど
ソーシャル・マーケティング		マネジリアル・マーケティングに基づく企業活動が生み出した消費者問題や環境問題、社会問題への批判から、マーケティングを通じて企業が社会に対する責任を果たすべきとの議論に基づく。主に2種類に大別される。	
	ソサイエタル・マーケティング	企業が顧客の短期的な満足を満たすだけでなく、長期的な視点から顧客や社会のニーズを充足し、社会全体の利益や幸福を維持したり、拡大することを目的とする。	W・レイザーなど
	非営利組織マーケティング	公的機関や宗教団体、教育機関等にマネジリアル・マーケティングを導入することで顧客と社会全体の満足の実現するという考えに基づく。	P・コトラーなど

図1-9　マネジリアル・マーケティングとソーシャル・マーケティング
出典：コトラー&アンドリーセン（2005）、奥貫（2011）をもとに筆者作成。

ロナの事例でも登場したDMOである。DMOは国や地域によってさまざまな組織形態が見られるが、いずれも共通しているのは「デスティネーションの社会、文化、環境面を含めた資源の管理役として積極的な関心を持たなければならない」（Pike 2008：100）ということである。

こうした機能は従来、行政、つまり公の組織によって担われてきた。しかし新興国の経済発展や航空網の発達、インターネットの普及などによって世界規模でデスティネーションの数が増えた今日では、デスティネーション間の競争はますます激化し、従来よりもさらに戦略的、効果的にマーケティングを行わなければ、熾烈な国際観光市場の中で生き残っていくことが難しくなった。そうした環境下では、観光産業においてほぼすべてのサービス提供者としての役割を担っている民間企業のノウハウや技術を活用することが地域にとっては最も効率的な選択肢となる。それこそが、官とも民とも異なる、第3の組織としてのDMOの存在意義である。DMO研究の第1人者であるS・パイクは、こうした議論を受けて、「従来の販売やマーケティングよりも幅広い概念であるソサイエタル・マーケティングの視点を身につけなければDMOはデスティネーションの競争力の向上に寄与できない」と指摘している（Pike 2008：100）。

実は、本章で取り上げた事例のうち、ユカタン州についてはＤＭＯが存在せず、州政府や地元の住民グループを中心に、リーケージの抑制に向けた様々な取り組みが始まっているが、州政府の関係者の話や住民グループの動きを踏まえるとゆくゆくはＤＭＯの必要性に関する議論が出てくると思われる。また、バルセロナでは、ＤＭＯが地域の社会的目標達成にいかに貢献できるのかについて、バルセロナ市政府が先導する形ですでに議論が始まっている。

　いっぽうで、日本では国策として「日本版ＤＭＯ」の設立が掲げられてはいるが、多くの場合は、地域におけるマネジリアル・マーケティングの強化という論調でＤＭＯの必要性が議論されている。しかし、本章でも論じてきたとおり、むしろ今日求められているのは、ソサイエタル・マーケティングの発想に基づいて、地域の社会的目標の達成に観光をいかに活用するかという視点であり、その動きを牽引するＤＭＯのあり方を巡る議論ではないだろうか。そうした議論が深まり、観光振興を通じて「幸せ」になる地域が１つでも多く生まれることを期待したい。

参考文献

石黒侑介（2008）「発展途上国の開発における世界遺産の役割に関する一考察――メキシコ　チチェン・イツァ遺跡の事例」『日本観光研究学会全国大会学術論文集』No. 23、pp. 433-436。

奥貫泰正（2011）『マネジリアル・マーケティングへの社会的視点の導入に関する考察』（千葉経済論叢）No 45、pp. 1-28。

杓谷茂樹（2015）「資源としての「古代都市チチェン・イツァ」――交叉するステークホルダーそれぞれの思惑と地元露店商」『古代アメリカ』No. 18、pp. 117-130。

コトラー，P.、アンドリーセン，A. R.（2005）井関利明・新日本監査法人公会計本部翻訳『非営利組織のマーケティング戦略』第一法規、pp. 378-473。

Kotler, P., Bowen, J. T., and Baloglu, S. (2016) *Marketing for Hospitality and Tourism, Seventh Edition,* pp. 9-41, Boston, Pearson Education Limited.

Jenkins, J., Dredge, D., and Taplin, J. (2011) "Destination Planning and Policy: Process and Practice", in Wang, Y. and Pizam, A. (ed.) *Destination Marketing and Management, Theories and Applications edited,* pp. 21-38, London, MPG Books Group.

Pearce, D. G. (2015) "Destination management in New Zealand: Structures and functions", *Journal of Destination Marketing & Management*, 4, pp. 1-12.

Pike, S. (2008) *Destination Marketing, An integrated Marketing Communication Approach*, New York, Routledge.

Suñol, X. (2016) "Polítiques públiques del turisme el segle xxi" in Palou, R. S. (ed.) *Hisotoria del turisme a la Ciutat de Barcelona*, pp. 140-153, Barcelona, Efados.

UNWTO (2007) *A Practical Guide to Tourism Destination Management*, pp. 4-6, Madrid, UNWTO.

UNWTO (2017) *Tourism Highlights 2017 Edition*, 6, Madrid, UNWTO.

UNWTO (2018) *'Overtourism'? Understanding and Managing Urban Tourism Growth beyond Perceptions*, pp. 6-7, Madrid, UNWTO.

参考 Web ページ

バルセロナ市 (Ajuntament de Barcelona) (2018) 「El Pla Especial Urbanístic d'Allotjaments Turístics」〈http://ajuntament.barcelona.cat/pla-allotjaments-turistics/ca/〉(2018年11月30日最終アクセス)

バルセロナ観光コンソーシアム (Consorci Turisme de Barcelona) (2018) 「Turisme de Barcelona, Memòria 2017」〈https://www.barcelonaturisme.com/uploads/web/informaciocorporativa/pdfs/Memoria_Turisme_Barcelona_2017.pdf〉(2019年1月11日最終アクセス)

メキシコ国家人口委員会 (CONAPO) (2018) 「Índice de marginación por municipio 1990-2015」〈http://www.conapo.gob.mx/es/CONAPO/Datos_Abiertos_del_Indice_de_Marginacion〉(2018年10月11日最終アクセス)

第2章
本物の観光資源はどこにあるのか
――真正性から真摯さへ――

岡本　亮輔

1　すべてが不真面目なキリストの墓

　その衝撃的な道路標識を見たのは偶然だった。2012年夏、特に用事もないが、避暑も兼ねて東北地方をドライブしていた。八戸から十和田湖にむけて国道454号を西へと走っていたときのことだ。
　誰かが勝手に作ったものではなく、正式なものだ。十字架が2つ書いてある（図2-1）。まったく意味がわからなかったが、一応はキリスト教の巡礼研究者だったので、さっそく行ってみることにした。
　キリストの墓がある新郷村は人口2,500人程度、過疎化・少子化・高齢化が進む典型的な地方自治体だ。1955年、戸来村と野沢村の一部が合併して発足した。墓があるのは国道沿いの小高い丘だ。「キリスト公園前」という停留所まである。駐車場に車を止めて5分ほど登る。やけに整備されており、「キリストの里公園」と名付けられている。
　丘の上のさらに小高くなった場所に2つの土饅頭が並び、どちらにも大きな十字架が刺さっている。説明板によると、イエスは21歳の時に来日し、12年間、神学修業を重ねた。33歳の時にユダヤに戻り伝道を行なったが、ユダヤ人に受け入れられず、十字架刑に処されそうになった。だが、イエスの弟・イスキリが身代わりとなって死に、イエス本人は再び日本に戻り、戸来村で106歳まで生きた。2つの墓のうち、いっぽうはイエスを葬った十来塚で、もう1つはイスキリの遺髪を祀った十代墓だというのである（図2-2）。
　墓のそばには「キリストの里伝承館」という資料館もある。よくあるタイプ

図2-1 「キリストの墓」の道路標識

図2-2 キリストの墓とされる十来塚

の地域の歴史と民俗を紹介する資料館だが、昔の農耕具や衣服と並んで、村に暮らすキリストの末裔の写真、村とユダヤのつながりを示す数々の証拠、そして日本語で書かれた「キリストの遺言書」などが展示されている。それらによれば、十字架刑を逃れたキリストはシベリアを経て八戸港に上陸し、戸来村で暮らす。名前を十来太郎大天空に変え、ミユ子という20歳の女性と結婚して3人の娘を育て、106歳で亡くなったというのだ。そして、これらの根拠として、『竹内文書』なる資料に関する本も並べられている。

（1）奇妙なキリスト祭

　さらに、資料館に貼ってあったポスターによると、毎年6月には「キリスト祭」まで開催されている。そこで2013年6月、キリスト祭を見るために再び新郷村へ向かった。駐車場は一杯で、向かいの休耕田が臨時駐車場になっていた。八戸から新郷村までの臨時バスもしきりに発着し、前回は広く感じられた公園内に人があふれていた。なぜか浴衣を着た外国人もいる。大丈夫だろうか。祭のスタッフの多くは村役場で働く人びとである。

　キリスト祭は神道式で行われる。神主が祝詞をあげ、数十人の来賓がキリストの墓に向かって玉串奉奠を行う。来賓の中には与野党の重鎮政治家の顔もある。「本日は誠におめでとうございます」で締められる来賓祝辞の後、地元の民俗芸能である獅子舞が奉納され、さらに事前に審査されたキリストにちなむ短歌の表彰式がおこなわれた。そして、クライマックスはナニャドヤラの奉納舞である。

　ナニャドヤラは青森県南部から岩手県・秋田県北部にかけて伝わる盆踊り唄だ。地域ごとに歌詞や使用楽器は異なるが、新郷村のものは歌詞の意味が不明なままに受け継がれてきた。この歌詞について、キリスト祭ではヘブライ語で読むと神を讃える意味になるという説が紹介される。そして、着物姿の女性たちがキリストの墓を囲んで盆踊りを始め、会場はなんともいえない空気に包まれる（図2-3）。

　翌2014年も、キリスト祭に出かけた。前年は50回という節目であり、さらに参院選も控えていたため特に盛大だったようだが、この年も多くの観光客が訪れていた。高名な右翼思想家、関西の大学院で工学の勉強をしているという留学生などだ。彼らと行った村で唯一の食堂では、キリスト・ラーメンというただの山菜ラーメンを食べることができたし、墓の向かいにあるお土産屋「キリストっぷ」で、キリスト焼酎やキリストのハッカ飴を買うこともできた。

　東京に戻って少し調べてみてわかったのは、新郷村のキリストの墓は奇祭マニアやオカルト好きの間では比較的知られた場所ということだ。みうらじゅんの本でも紹介されていた。新郷村には、キリストの墓以外にも伝説の場所がたくさんある。キリストの墓から車で15分ほどの場所には大石神ピラミッドがあ

第1部　観光研究の視座

図2-3　キリスト祭でのナニャドヤラ

るし、十和田市との境にある十和利山も日本最古のピラミッドだ。さらに、その麓の迷ヶ平という自然休養林は聖書に描かれたエデンの園だというのである。

　キリストの墓やキリスト祭はどこまでも偽物の世界に映る。もっとも表面的な意味での観光地だ。何でも良いから目を引く場所を創りだし、メディアを通じて情報を拡散し、それにつられて観光客が集まり、消費活動が行われる。そこにはあらゆる意味で真正な物はなさそうだ。実際、キリストの墓が本物だと語る村人に出会ったことはない。そもそも村にはキリスト教徒の家は昔からなく、ほとんどが曹洞宗だという。キリストの子孫とされる家の人も、BBCなど海外メディアも含めて取材を受けているが、自分が本当に子孫かどうかはわからないし、聖書を開いたこともないと語る。

（2）軽んじられる偽物と真摯に受け止められる偽物

　筆者自身も、新郷村を作り物の観光地の典型ととらえていた。ちょっとした舞台装置とオカルト話で一時的に観光客を楽しませ、多少でも商売ができれば良い。観光客も真剣にキリストの墓だと信じるわけもなく、怒りだすこともないはずだ。さらには、観光振興のために村人たちが何らかの仕事を分担することで、サークル活動的なそこそこの充実感を味わえるのだろうと理解していた。

　しかし、2つの疑問から、こうした考えを改めざるをえなくなった。まず、

第2章　本物の観光資源はどこにあるのか

仮にキリストの埋葬という歴史的事実がなければ偽物だとするなら、ほとんどの観光地や聖地は偽物ということになる。特に筆者が専門とする聖地巡礼や宗教観光に関していえば、そこに神が降り立ったとか、そこで神々の闘争があったとか、聖人が奇跡を起こしたといった話がつきものだ。だが、これらのほとんどは神話や伝説、要するにフィクションだ。そうだとすれば、キリストが青森に来たというフィクションは軽んじられており、3人の女神が降り立ったという宗像大社（福岡県）のフィクションは真摯に受け止められ、国や県の後押しで世界文化遺産に登録されたのはなぜか。軽んじられるフィクションとそうでないフィクションは、どのように判別されているのだろうか。

特にキリストの墓ということでいえば、エルサレムの聖墳墓教会が知られている。この場所は、イエスが処刑されたゴルゴタの丘であったとされ、多くのキリスト教徒は同教会がイエスの墓所だと信じている。だが学術的には、同所がキリストの墓であると確定することはできない。さらに重要なのは、キリスト教の教義では、キリストの遺骸は存在しないことだ。キリスト教の信仰では、十字架上での死と復活を経て、キリストは天へと昇ったとされる。つまり、地上にキリストの墓が物理的に存在する余地はないのだ。それにもかかわらず、聖墳墓教会には世界中から真面目な巡礼者や観光客が集まる。エルサレムと新郷村のキリストの墓はいったい何が違うのだろうか。

そして、もう1つは村人の不思議な語りだ。後で詳しく述べるが、数年前、新郷村のキリストの墓は偽物だという新聞記事が掲載されたが、それに対して村人から反発が生じた。ある村人によれば、あの丘にキリストが埋葬されていないことなど当然わかっているが、しかし、その地の名は「キリストの墓」以外にありえないという。この明らかに矛盾する語りは何を意味しているのだろうか。

2　偽書『竹内文書』と神都調査団

キリストの墓は古くから新郷村（旧戸来村）に存在していたわけではない。1934年10月、戸来村村長・佐々木傳次郎の依頼で、鳥谷幡山(とやばんざん)が十和田湖周辺の

調査に訪れる。鳥谷は戸来村の近くの七戸出身の日本画家で、十和田湖を題材にした作品で知られていた。当時、十和田湖周辺の国立公園指定の動きがあり、戸来村に属する迷ヶ平が十和田湖と深い関係をもつことを周知するためのいわば広告塔として鳥谷は招かれた。そして、この頃、鳥谷が親しんでいたのが『竹内文書』と呼ばれる歴史書である。

『竹内文書』は、天津教を興した竹内巨麿(きよまろ)(1875？-1965)の家に代々伝えられた文書とされている。特殊な神代文字で書かれ、神武天皇以前の歴史など、一般に知られていない真の歴史が書かれているとされるが、おそらく巨麿が創作した偽書である。『竹内文書』の世界観は強烈な日本中心主義だ。文書によれば、キリストだけでなく、釈迦、孔子、孟子、モーセなども日本で修行した。近代以前の日本が長く劣等感を覚えてきた中国、そして近代以後は日本が常に後塵を拝した欧米の文明の根源が古代日本にあったと主張するものだ。

鳥谷は、『竹内文書』に基づき太古の「神都」が十和田湖周辺にあったことを実証しようとした。そして大石神ピラミッドを発見し、地元紙の東奥日報にこの地域が神都であったという記事を寄稿する。翌年夏、さらに詳しい調査を行うため、鳥谷は巨麿と共に再訪する。この2度目の調査行の様子は鳥谷自身が詳細に記して出版している(鳥谷 1936)。巨麿自身による調査は戸来の有志の人びとも強く望み、調査に同行したいという申し出もあったが、巨麿の意思で鳥谷とほか2名のみで行われた。

調査の間、一行は地元の旧家・政治家・軍人などの家に滞在しており、賓客としてもてなされたようだ。8月7日の朝、巨麿たちは五戸の旧家で朝食をとった後、雇い入れた自動車で戸来村に行く。旅館で一休みした後、巨麿の希望で、前年、鳥谷が発見した大石神ピラミッドに向かうことになる。墓はその途中で発見される。

車を駆って長峯部落にさしかかった一行は、地元で墓所舘(ハカドコタテ)と呼ばれる12メートルくらいの丘に登る。高台の上には丸塚が2つ並んでおり、それを見た巨麿は黙祷をした後、「ここだ、ここだ！」と力強く宣言した。そして、すぐに大石神ピラミッドに向かい、巨石を見ると、巨麿は再び黙祷をした後、「やはりここだ、ここだ！」といい、同行していた佐々木村長に丸塚を「十来塚」と名

付けることを命じたのである。その夜、旅館で開かれた懇談会には、村人も含めて30人あまりが参加した。巨麿たちは、村人から地元の伝承や不思議な地名などを聞き出し、翌日以降も神都の遺跡を次々と発見していったのである。

その後、戸来村のキリストの墓は広く知られるようになる。発見から4年後、新聞記者・劇作家・脚本家として活躍した仲木貞一（なかぎていいち）（1886 - 1954）が『キリストは日本人なり？――その遺跡を探る』という小著を出版している。仲木が訪れた時には、丘の麓には「基督（キリスト）墓所入口」と白ペンキで書かれた棒杭が立てられ、2つの塚の横にも十来塚、十代塚と書かれた棒があったという。そして現在、伝承館がある場所はキリストが暮らした館の跡地とされ、そこで発掘された水瓶や石の供物台などがユダヤ特有の遺物として戸来村役場で保管されていた。仲木は、墓の近くで暮らすキリストの末裔の家も訪ねた。そして、70歳を過ぎた当主に、同家に伝わる「開けたら目が潰れるといわれる秘密な物の入っている箱」を見せるようにいうが、「そんな物はありません！」と断られてしまうのであった（仲木 1939：7）。

仲木によれば、青森県庁の経済部長もこの箱を求めて戸来村を訪れ、世界各国から戸来村を調査したいという連絡が殺到していたという。また、仲木自身がプロデューサーと脚本を務める形で、国策文化映画協会が『聖灯に捧ぐ』というキリストの遺跡発見を追ったドキュメンタリー映画が制作されている。5時間近い大作のようだが、実際に公開されたかどうかはわからない。

ちなみに、墓の発見後の巨麿は決して幸福ではなかった。『竹内文書』の内容が神武以前の歴史を語っていたり、文書と共に長慶天皇や後醍醐天皇の真筆を所持していると巨麿が主張したため、不敬罪で起訴されたのだ。この時、『竹内文書』は証拠物件として押収されてしまう。終戦間近、巨麿は裁判で無罪を勝ち取るが、裁判所が空襲にあい、保管されていた『竹内文書』も焼失してしまったのである。

このように、キリスト伝承は新郷村の中で受け継がれてきたものではない。偽書に基づき、遠く離れた土地からやってきた人びとによって発見され、戦意高揚の文脈のもとで広まっていった。したがって、キリスト伝承はすぐに観光資源になったわけではない。ある村職員の方によると、かつて村おこしのため

図2-4　キリスト伝承館

にキリスト伝承に関わる物品の提供を頼んで回ったが、戦前戦中を村で過ごした人びとの中には、「キリストの墓を擁する村の者」ということで嫌な目にあったせいか、一切関わりをもとうとしなかった人もいたという（図2-4）。

　キリストの墓に再び光があたり始めるのは1970年代のオカルト・ブームの後だ。戦後、新郷村のキリスト伝承を早い時期に取材したものとして『毎日グラフ』（1973年12月23日号）がある。「新・にっぽん旅行」という枠で「キリストは日本で死んだ」というタイトルの記事だ。『竹内文書』に基づくキリスト伝承と共に、新郷村の独特の習慣が紹介されている。子供を初めて屋外に出す時に御守りとして額に墨で十字を書く風習、「ハラデ」とよばれる農作業時の独特の服装、ナニャドヤラ節などで、これらが大判写真と共に紹介されている。

　この記事の時点で、キリスト伝承は、すでに荒唐無稽なものとして面白半分に紹介されている。村にはキリスト教徒がいないことが冗談めかして書かれ、記事に登場する村人の語りも「村人は誰もキリスト伝承を信じていない」といったもので占められている。その後もキリストの墓は、無数のオカルト雑誌に加え、さまざまなフィクションの題材になった。広く知られる著者のものとしては斎藤栄『イエス・キリストの謎』（1974年）、高橋克彦『竜の柩』シリーズ（1989-2006年）などがあるが、これらに限らず、いずれにおいても伝奇や奇習として扱われている。

3 真正性からのアプローチ

（1）擬似イベント論と舞台裏論

　それでは、新郷村のキリストの墓とそれをアトラクションとしたキリスト祭は、どのように分析できるだろうか。真正性が有力なキーワードの１つになるだろう。真正性（authenticity）とは、要するに「本物らしさ」のことである。

　真正性概念が論じられるきっかけをつくったのが、観光現象は偽物で溢れていると批判したＤ・ブーアスティン『幻影の時代』である。1962年に刊行された同書で、ブーアスティンは、当時、経済成長とメディアの拡充の中で生じた米国の文化変容を嘆き続ける。そして観光については、旅（travel）と観光（tourism）を対比させながら、後者を徹底的に批判する。

　ブーアスティン（1964：89-128）によれば、旅とは偶発性に満ち、時に危険で不快である。例えば、18世紀イギリスで行われた、若い貴族の子弟の大陸への遊学がある。少数の特権階級の若者たちがパリ、ベニス、ベルリンなどを訪れ、時に遊蕩をして各地の王侯貴族の面識を得ながら見聞を広めた。これが旅だという。いっぽう、観光は計画的で快適だ。観光客は「アフリカの奥地にいても、自分の家にいるのと同じような快適さを楽しむこと」を期待する。そして、できるだけ日数と費用をかけず、効率的に見て回る。その象徴が美術館だ。昔の旅人は「実際にそこで起こっている事柄」を見た。ルーベンスの絵やゴブラン織の壁掛けは、旅人が招かれた王侯貴族の宮殿の壁にあった。しかし、観光客は、これらを美術館でまとめて目にする。こうした「観光客目当てのアトラクションは、すべて人為的で擬似イベント」に過ぎない。観光客は生きた文化に触れることはなく、「完全に人工的なもの」に騙されているとブーアスティンはいうのである。

　ブーアスティンがハーヴァード大学、オックスフォード大学、イェール大学で学び、シカゴ大学で教えた半世紀以上前の歴史家であることをさし引いても、一般的な観光客を見下したエリート主義的な見解に映るだろう。観光客を商品化された擬似イベントに騙される受動的存在としたブーアスティンに対し、観

光客の能動性に注目しながら表舞台・舞台裏という概念を提示したのがD・マキァーネルである。

マキァーネルによれば、観光客は単に騙されるだけの存在ではない。田舎風コテージ・ホテル、レストランの牧場風キッチンを見ると、しばしば観光客はその露骨さに戸惑い、作り込まれた表舞台ではなく、真正な舞台裏を見ようとする。そして、例えば地球への困難な帰還を行うアポロ13号計画の真っ最中にNASAの有人宇宙センターを見学した観光客は、自分たちが真正な経験をしたことを確信するというのである。しかし、マキァーネルは、こうした場所もまた真正な舞台裏ではないという。それは、あくまでも観光客や見学者のために、あたかも舞台裏のように作り込まれた表舞台であるとし、演出された真正性とよぶのである（マキァーネル 2012：118-23）。

ブーアスティンとマキァーネルは、観光客の能動性や知性に対する理解に関しては立場が異なるが、他方、どこかに真正なものが存在することを想定する点では共通する。マキァーネルにおいても、真正な舞台裏は観光客をそこへと駆り立てはするが、そこに観光客がたどり着くことはない。観光客が見るのは、あくまでも舞台裏のように装われた表舞台に過ぎないのである。

こうした観点から、キリストの墓やキリスト祭をとらえれば、それらは典型的な疑似イベントとして分析される。そもそもきっかけになったのは、国立公園指定に合わせた観光振興という村長の意図だ。それが偽史と接続され、図らずも神都として発見された。材料になったのは、どこの地域にもありそうな民俗伝承や少し変わった地名に過ぎない。そして戦後、戦争の文脈が消えたところで、あらためてB級観光地として再構成された。ブーアスティンやマキァーネルの真正性論から見れば、キリストの墓は徹頭徹尾、疑似イベントとして展開してきたと理解される。本物のキリストの墓やユダヤの文化に触れたければ、イスラエルに行くべきなのである。

（2）真正性から真正化へ

こうした議論に対し、真正性の多様な形と状況を論じたのがE・コーエンだ。コーエンは、ブーアスティンやマキァーネルが「真正なものがどこかにある

(が、観光客はそこにたどりつけない)」と論じていたのに対し、真正性は固定的なものではなく、社会的に交渉されるものであることを主張した。

　例えば、ペルーのクスコでは、毎年6月インティ・ライミという祭りが行われる。インカ帝国で崇拝された太陽神の祭だ。だが、インティ・ライミは、インカがスペイン人に制服された16世紀に禁止され、長い間途絶えていた。再開されたのは1944年だ。俳優たちがかつての宗教儀礼を再現したのだ。そして現在では、毎年数千人の観光客を前に、やはり俳優たちによって行われている。途中500年以上も祭りが途絶え、再開後も演劇的再現であることに注目すれば、インティ・ライミは疑似イベントだといえる。

　しかし、コーエンは、インティ・ライミは再開後すでに数十年続けられ、時とともに真正な地域文化として受け入れられており、こうした経年による真正性の獲得はディズニーランドにすら当てはまるという。ディズニーランドはあからさまに作り込まれたエンターテイメント空間だが、そうであるがゆえに米国文化の象徴でもある。コーエンは、将来、歴史家や民族学者すら、ディズニーランドを真正な米国の伝統として論じるだろうとしている（Cohen 1988：379-80）。

　さらにコーエンは、真正性が社会的に構築されるプロセスを強調するために、真正化（authentication）という動詞を用い、冷たい真正化と熱い真正化という2つの概念を提案する（Cohen and Cohen 2012）。冷たい真正化とは学者や専門家が対象が本物であることを公的に保証するあり方だ。典型は世界遺産である。対象となる自然遺産や文化遺産が専門家によって精査され、その学術的・文化的卓越性が確認されると、ユネスコの会議で登録するか否かが決定される。対象の真正性が学術的・制度的に調達されるのだ。

　いっぽう、熱い真正化は、社会的にそれほど認知されていなかったり、権威をもたない人びとが場所や物に価値を与えるあり方だ。対象に関わる人びとの思い入れや実践が価値の源泉となる。熱い真正化は、客観的証拠ではなく、感情や信念に基づく。コーエンたちが例にあげたのは、タイ東北部のメコン川上で行われる火の玉祭りだ。メコン川ではしばしば火の玉現象が生じるが、地元民はこれをナーガという蛇神によるものだと信じ、祭では数千人が熱狂する。

火の玉現象については自然現象あるいは人為的現象という客観的説明もなされるが、地元民がそうした学術的解釈を受け入れることはないのである。

　キリストの墓は冷たい真正性とは無縁だ。戦前から続く熱い真正化を指摘できる。鳥谷や巨麿は村外からの来訪者で、偽史に基づき戸来村を神都として誤読した。だがこの誤読も、前述の鳥谷の手記を見れば、村人との共同作業であったことがうかがえる。巨麿たちの一行には村長が同伴し、毎晩地元の人の家に滞在する。そして、そこに集まった村人たちから伝承や地名に関する情報を得て、新たに神都の遺跡が発見されたのである。

　そして鳥谷や巨麿も、ありとあらゆる情報を神都に結び付けた訳ではない。戸来村の調査を終えた一行は、その夜、八戸の温泉宿に滞在する。疲れ切った一行が眠っているところに、突然、巨麿の名をよぶ者が現れる。その人物は鳥谷たちの調査が熱心なものだったことはわかるが、神の神秘に属する事は簡単にはわからないので、自分の師を訪ねるべきだといい、自分自身はイザナギの直系子孫だと主張した。一行の1人が「無用帰れ！」と怒鳴って退散させたが、結局、この人物の語りを巡って夜中に大議論になってしまった。そのせいで寝不足になり、鳥谷は「誇大妄想狂」には困らされると書きつけている（鳥谷1936：25-6）。

　鳥谷や巨麿に与えられる情報もそれに対する彼らの解釈も、いずれも学術的ではない。だが、鳥谷や巨麿は提供される情報の取捨選択をしていた。その判断には、情報の内容だけでなく、情報が提供されるプロセスも影響していた。佐々木村長を始めとする村人たちから提供される情報の方が真正なものと理解されやすいのだ。その意味で、鳥谷や巨麿は一方的に戸来村を誤読した訳ではない。村人たちは、文化人や宗教家の知識・権威を利用し、共犯的に自分たちの村に個性や歴史を与えたといえるのである。

4　観光実践と真摯さ

　熱い真正化は現在も続いている。それがキリスト祭だ。キリスト祭は、1964年、戸来三嶽神社宮司の主導で始められた。当初は商工会中心の運営だったが、

現在では村の観光協会主催で毎年6月第1日曜日に開催されている。村長が大祭長となり、キリストの子孫とされる家の当主や観光協会会長も臨席する。

まず注目したいのはキリスト祭が村の民俗伝承に与えた影響だ。観光客の多くは奇祭を見るためにキリスト祭を訪れるが、実際のところ、十字架を囲んでの盆踊りを除けばそれほど奇異な感じはしない。祭のプログラムをよく見ると、もっとも時間をかけて披露されるのは田中獅子舞とナニャドヤラという地元の民俗芸能なのである。

ナニャドヤラは、『竹内文書』の枠組みでは、ヘブライ語で解釈可能な神都遺産と見なされる。だが重要なのは、歌詞の意味は不明でも、古くから村に伝わる歌ということだ。実はナニャドヤラは、村の人口減少のため、後継者不足に悩まされていた。だが、キリスト祭という披露の場ができたことで芸能保存会が結成され、今に伝わっている。偽物の観光イベントが真正な民俗芸能の伝承を可能にしたのである。

さらに、キリスト祭は新郷村最大のイベントでもある。通常の神社の祭りは、戸来村と野沢村というかつての村の単位で別々に行われる。つまり、キリスト祭は新郷村が一体となる数少ない機会なのだ。村発行の観光ガイドの表紙にもキリストの墓、キリストの遺書、ナニャドヤラの写真が用いられ、「歴史のロマンとキリストの里」「神秘の里への誘い」というキャッチコピーがつけられている。さらに、青森県が2011年に県内のミステリーゾーンとパワースポットを約60カ所選定して観光パンフレットを作成したが、キリストの墓はミステリーゾーンの1つとして掲載されている。キリストの墓があるからこそ、新郷村は近隣の町や村とは異なる場所として認識されるのである。

（1）継承される形

そして特に注目したいのが、キリストの墓をめぐるホストの語りである。前述のように、ホスト側からキリストの墓の客観的真正性が主張されることはない（むしろ、ごく少数だがキリストの墓に宗教的な力があると信じるゲストがおり、その点では宗教的真正性を巡り逆転関係にある）。だが、埋葬されているのはキリストではないにしろ、墓そのものの重要性が説かれる。キリスト祭を司式する神

職によれば、墓の主が誰であれ慰霊は大切であり、そのために毎年キリスト祭は行われる。そして、仮に墓に祀られているのがキリストであったとしても、八百万の神を擁する神道にとって何ら問題ない。祭のスタッフの村職員も、墓の主がキリストとは思わないが、葬られている人はおそらく村の先祖であり、古くから続いてきた供養を絶えさせてはならないと語る。

ホストにとって、墓や伝承の客観的真正性はあまり重要ではない。先祖から受け継がれてきた場所そのものへの愛着がある。そして、こうした傾向をよく示すものとして、ある新聞寄稿へのホストの反発が挙げられる。その寄稿では、地形を元に墓周辺にはかつて蝦夷の砦があり、墓の主は中央王権に抗して独立のために命がけで戦った英雄だと推理される。末尾では新郷村のキリスト伝承も簡単に紹介されているが、「勝手に「キリストにされた者」は草葉の陰で何を思っているのだろう」と結ばれている（高橋 2012）。客観的真正性という点では蝦夷説の方が無難に思われるが、同記事に対してはホストから多くの批判があった。この記事について村人の1人は以下のように語ってくれた。

> 「私は小さい頃からあそこを「キリストの墓」と聞いて育ちました。今さら急に「蝦夷の城館」と言われてもピンと来なかった。住民にとっては、あそこは「キリストの墓」に違いないのです。自分たちのルーツが蝦夷だということを理解しているつもりですが、あそこの地名は「キリストの墓」以外にないのです。地図にもそう書かれてあるし。「偉い人が葬られているから大切にしなさい」と先祖代々言われてきた。その場所より高いところに居宅を構えるなど、地元の人にはできません。館を構えた主が自分の家族を葬ったとして、家より低い位置に墓を築くことも考えにくい。こういう先祖を大切にする考え方をないがしろにして書かれてある。」

墓所舘(ハカドコタテ)という発見以前の地名も、この語りを客観的に裏付ける。キリストではないにしろ、村にとって大事な人が葬られていたことを想像させる。墓所舘という名は埋葬者を特定しないが、そこにキリストという埋葬者名を入れることで奇祭と観光が立ち上がった。ホストにとって重要なのは、キリストか蝦夷

かという歴史的事実ではなく、村で伝承が受け継がれてきたことそれ自体だ。伝承や墓の内容ではなく、それらを継承することそのものが肝要なのである。ある県職員によれば、キリスト祭は地域の民俗芸能の披露の場であり、すでに半世紀以上継続してきた祭それ自体が一種の伝統のようにとらえられている。時間をかけてキリスト祭は地域文化として次第に真正性を獲得してきたと考えられるだろう。

（2）歴史実践と真摯さ

　こうした状況については、より大きな視座からとらえ返すことも可能だ。ここでは夭折した歴史家・保苅実が提示した「ラディカル・オーラル・ヒストリー」を導きの糸にしてみたい。保苅の調査対象はオーストラリアの先住民アボリジニだ。アボリジニの間には、学術的には真正とはいえない歴史が受け継がれている。それによれば、例えば1924年、アボリジニを迫害して土地を奪った白人の牧場が洪水で流されたが、それは、アボリジニの長老が水を司る大蛇に依頼したからだ。あるいは、1960年代から1970年代にアボリジニへの土地返還運動が高まり、それが成功したのは、ケネディ大統領がアボリジニを訪れ、米国が協力することを約束したからだというのである。

　こうした「歴史」について、従来の歴史学や人類学は客観的真正性を見出さない。ケネディのアボリジニ訪問を否定し、大蛇がなんのメタファーであるのかを分析しようとしてきた。しかし保苅は、歴史は学術だけが作るものではないとする。アボリジニには学術的歴史学とは「異なる過去への接近法、異なる歴史哲学」があり、彼らは「過去のできごとや経験を現在に語りなおし、再現しなおし、それを倫理的、政治的、霊的、思想的にさまざまな分析をくわえ、歴史から何かを学び、何かを伝えようとしている」。そして、保苅が導くのは「ギャップごしのコミュニケーション」の可能性だ。荒唐無稽に聞こえる語りを神話やメタファーとして無毒化するのではなく、アボリジニの歴史経験への真摯さに共鳴するのだ。歴史経験自体は共有できなくとも、相手の歴史経験と自分の歴史理解の接続可能性や共奏可能性について共に考えようとするスタンスである（保苅 2018：27-30）。

保苅によれば、われわれの誰もが日常的に「歴史実践」を行なっている。恋人との温泉旅行の際に近隣の名所旧跡を訪れる、ジャズの名盤を聴く、お盆に墓詣りをする、ゲームの『信長の野望』をプレイする、夢枕獏の小説『陰陽師』を読むといったことはすべて同等に歴史実践であり、歴史のメンテナンスだ。そしてこうした視点に立てば、キリスト渡来伝承を受け継ぎ、キリスト祭を行うのが歴史実践であることはいうまでもない。そもそも鳥谷と巨麿たちの発見が、すでにホスト・ゲストの共犯的な歴史実践であった。そして、巨麿来村を巡る歴史実践は今もなお続いているのである。

新聞寄稿への反発も歴史実践と真摯さから理解できる。村人も寄稿の学術的妥当性が高いことは踏まえている。だが寄稿は、過去に村に暮らした人びとの歴史経験の真摯さを否定する。キリストの墓は常に村に益をもたらすわけではない。戦後はキリストを祀る村の人間として他所から批判されることもあり、現在でも村はB級観光地として語られる。だが、それでもキリスト渡来をめぐる歴史実践を続けてきた過去の村人の真摯さに、現在の村人たちは共鳴しているのである。

5 真正性から真摯さへ

本章では、偽史に基づいて作られた観光地を事例として、主に真正性の観点から考察してきた。ブーアスティン、マキャーネルらの静的な真正性概念から、コーエンらによる真正性が調達される動的プロセスに注目する観点への変遷を確認した。そのうえで、新郷村のキリストの墓には、冷たい真正化とは無縁だが、戦前から続く熱い真正化があることを論じてきた。さらに、保苅の歴史実践の多様性に関する議論を援用し、真正性から真摯さへの展開を試みた。

文化を資源とする観光地には偽物がつきまとう。普通だと思われている観光地でも、そもそも天守閣がなかった鎌倉時代の城に天守閣が付け足されていたり、事実としては過去にどのような様子だったかわからない建物が（学術的な検証を得たとしても）想像的に復元されていたり、特段の根拠はなく物に込められた古代人の心が読解されたりする。ほとんどの文化遺産観光は、多かれ少な

かれ、真正ではない側面を有している。

　したがって、真正性概念を冷たい意味で用いることにそれほど意味はない。物の真贋を基準に判断すれば、いつまでもブーアスティンやマキャーネルの視座から逃れられない。そうではなく、真正性調達のプロセスそのものに注目し、観光実践を真摯さをもった歴史実践の一形態としてとらえ返すことが今後の戦略になるだろう。

参考文献

斎藤栄『イエス・キリストの謎』徳間書店、1974年。

高橋克彦『竜の柩』祥伝社、1989年。

高橋大輔（2012）「「まつろわぬ者」蝦夷への祈り」『朝日新聞』5月12日朝刊。

鳥谷幡山（1936）『十和田湖を中心に神代史蹟たる霊山聖地之発見と竹内古文献実証踏査に就て併せて猶太聖者イエスキリストの王国たる吾邦に渡来隠棲の事蹟を述ぶ』新古美術社。

仲木貞一（1939）『キリストは日本人なり？――その遺跡を探る』銀座書房。

保苅実（2018）『ラディカル・オーラル・ヒストリー――オーストラリア先住民アボリジニの歴史実践』岩波書店。

ブーアスティン, D.（1964）『幻影の時代――マスコミが製造する事実』東京創元社。

マキャーネル, D.（2012）『ザ・ツーリスト――高度近代社会の構造分析』安村克己他訳、学文社。

『毎日グラフ』毎日新聞社、1973年12月23日号。

Cohen, E.（1988）"Authenticity and Commoditization in tourism," *Annals of Tourism Research*, 15 (3), pp. 371-86.

Cohen, E. and Cohen, S.A.（2012）"Authentication: Hot and Cool," *Annals of Tourism Research*, 39 (3), pp. 1295-314.

第3章
舞台としての観光地
――「小江戸川越」を創造する空間とパフォーマンス――

鈴木涼太郎

1 地元が観光地になる

　東京郊外のベッドタウン埼玉県川越市は、蔵造りの町並みが残る「小江戸川越」として人気の観光地となっている。筆者は、途中父親の転勤などを挟みつつ、幼稚園入園からの30年余りをこの街で過ごした。本章では、ありふれた郊外の「地元」がいつしか「観光地」へと変貌を遂げていった筆者の個人的経験を事例に、観光地という場所が成立する過程や仕組みについて考えてみたい。
　「どうしちゃったの？　観光だなんて」。中学2年生になる春休み、部活動の試合で隣町へ行くために駅で仲間と集合したときのことである。ほんの数日前まで何もなかったはずなのに、駅周辺の道路に「小江戸川越春まつり」と記されたカラフルな幟が立ち並び、中年男性が法被を着て何やら観光客向けのビラを配っていた。観光といえば修学旅行で行った京都・奈良ぐらいしかイメージできないわれわれは、自分たちの地元が「観光地」を名乗ろうとしていることに対して大きな違和感と困惑を覚えたことを今でも鮮明に記憶している。
　だが高校に入ると、自分の暮らす街が観光地へとまさに変貌を遂げつつあることを身をもって経験することとなった。通っていた高校は旧市街の一角にあったのだが、入学してほどなく学校周辺の道路で工事が始まった。通学路の近くだったので自転車で通りがかることもあったが、比較的交通量の多い道のため渋滞も多かった。その通りとは、後に蔵造りの町並みで全国的に知られることとなった一番街であった（図3-1）。町並み景観整備の一環として、電柱を撤去し電線を地中化する工事が行われていたのである。

第3章　舞台としての観光地

図3-1　一番街の蔵造りの町並み

　この通りには全国チェーンのコンビニエンスストアがあった。それがある時期からロゴマークをあしらった暖簾を下げるようになったのには驚かされた。気が付くとコカ・コーラの赤い自動販売機も濃紺に、宅急便の集配センターにもネコ印の暖簾がかけられるようになった。建物の改修工事も頻繁に行われ、次々と真新しい「蔵造り風」の建物が出現していった。これらはすべて景観に配慮したものだったのだろう。観光客に道を聞かれるようにもなった。「おもてなし」などという言葉を当時知る由もなかったが、周辺の寺社の場所を聞かれれば部活帰りのジャージ姿で親切丁寧に教えたつもりであった。それでも「なんでこんなところに観光に」という違和感はぬぐえなかったが。

　もちろん川越が城下町で蔵造りの建物があること自体は知っていた。しかしそれが観光資源であるとは思わなかったし、古利喜多院も初詣とお花見シーズン以外ではそれほど賑わいがあるとは思えなかった。秋になると名産のサツマイモ掘りが恒例行事で、2018年にユネスコ無形文化遺産にも登録された10月の川越祭りは大変な賑わいだったが、そこにいるのは地元の人間が大多数だったのではないだろうか。

　しかし大学を卒業し都内に通勤するようになると、地元が観光地「小江戸川越」となったことはもはや自明のこととして受け入れられるようになった。駅には観光案内所が設置され、改札周辺では毎日のように中高年の観光客が待ち

第Ⅰ部　観光研究の視座

図3-2　大正浪漫夢通り

合わせをしている。駅の構内や車内のあちこちには、「小江戸川越観光」のポスターが貼られている。

　友人から「川越が地元なんだ。だったら案内してよ」といわれたのを機に観光案内をしてみると驚かされることの連続である。駅前からはレトロなボンネットバスが主要観光スポットを巡回するようになり、景観整備が進む「蔵造りの町並み」の完成度はますます高まっていく。立ち並ぶみやげ店では、初めて名を聞く「川越名物」のお菓子や民芸品、さらにはご当地キティやパワーストーンまでが販売されている。地元民は普段まず行かない「菓子屋横丁」をマップ片手に恐る恐る訪れてみると、川越祭りさながらの大にぎわいである。巨大な麩菓子など駄菓子を売る店の前に行列ができている。最も驚いたのが「大正浪漫夢通り」である。高校時代は「銀座商店街」という名の寂れたアーケード商店街だった。昼間でも薄暗く、シャッターを閉めたままの店も少なくなかった。空き倉庫を利用したプロレス団体の道場があり、無精ひげの巨漢レスラーが出入りしていた。それが今ではアーケードを撤去し電線を地中化、「大正浪漫」よろしくモダンな洋館風にファサードを整備した建物が並ぶ石畳の道である（図3-2）。

　複雑な気分になることもある。高校時代、部活帰りにたびたび通った中華料理店では焼豚抜きで200円の「学生ラーメン」が人気だった。だがもはやその

第3章 舞台としての観光地

図3-3 時の鐘

メニューはなく、1,000円ほどの「川越ラーメン」が登場していた。幼馴染みが結婚式を挙げた川越氷川神社が恋愛パワースポットとして有名だとは恥ずかしながら全く知らなかった。いっぽうで各地に出店している「全国チェーン」のみやげ店で観光客が「川越みやげ」を購入しているのを見ると、なんともいえない後ろめたさも感じる。最近川越のシンボル「時の鐘」のすぐそばに町屋風のスターバックスコーヒーがオープンした（図3-3）。しかし、コンビニに暖簾が下がった時の衝撃には遠く及ばない。もうここが観光地であることに慣れてしまった。

とにもかくにも、筆者が中学生だった平成初期からの約30年で、郊外のベッドタウン川越は、埼玉県を代表する観光地「小江戸川越」になったのである。

2 川越と蔵造りの町並み

あらためて、埼玉県川越市は埼玉県南西部、東京から30km圏内に位置する人口約35万人の都市である。江戸時代には城下町として栄え、その後も周辺地域の中心都市となってきた。東武東上線、西武新宿線、JR川越・埼京線によって池袋・新宿・渋谷に直結しており、都心まで1時間程度でアクセス可能なベッドタウンであるが、少し駅から離れれば武蔵野の平地林や田畑が広がっ

65

ている。関越自動車道はじめ幹線道路沿いには工業団地が整備されており、川越は商業・工業・農業のいずれにおいても県内で有数の生産高を誇っている。

　この街が「小江戸」とよばれるようになったのは、江戸時代に城下町川越と江戸が密接な関わりをもっていたことによる。室町時代後期に扇谷上杉家の家臣であった太田道灌によって築城された川越（河越）城は、後に道灌が築いた江戸城のプロトタイプともいわれている。江戸時代初期、徳川家康の相談役として幕府に影響力をもっていたとされる大僧正天海の存在も、江戸と川越のつながりを緊密なものとした。彼が暮らした喜多院には、その縁もあり江戸城紅葉山別殿が移築されている。また川越藩は江戸北方の守りとして重要視され、柳沢吉保や酒井忠勝、松平信綱など、老中や大老を務めた幕府重臣の譜代大名が藩主を任ぜられていた。川越は、現在の国道254号線川越街道のほか、当時は新河岸川の舟運によっても江戸と直結しており、城下町には豪商が軒を連ね活気にあふれていたという。

　城下町川越の発展は明治時代に入っても続いたものの、1893年に川越の街を揺るがす大事件、市街地の3分の1を消失させた大火が発生する。しかしこの出来事は、その後の観光地「小江戸川越」の中心である蔵造りの町並み成立のきっかけともなった。大火によって城下町の商家の大半が焼失する中で唯一残ったのが、江戸で流行していた耐火建築の蔵造りをいち早く導入していた「大澤家住宅」であった。その結果、川越の商人たちはこぞって蔵造りを導入し蔵造りの町並みが誕生したのである。明治の終わりから昭和の初めにかけては鉄道も相次いで開通し、川越は1922年に埼玉県で初めて市制を施行している。

　戦後の川越は、戦前とは異なった形で発展した。地方から流入した人びとのベッドタウンとして、旧市街地周辺だけでなく都内にアクセスする3路線の鉄道各駅の周辺で宅地開発が進み、多くの新住民が川越で暮らすこととなったのである[1]。その結果、1955年の合併によって現在の市域となった際に約10万人であった人口は、1973年には20万人、1990年には30万人を突破した。

　高度経済成長期以降ベッドタウン化が進行する中で、川越の市街地には変化が起こりつつあった。かつて街の中心は川越城周辺、城下町として栄えたエリアであった。しかし都内へと通勤する新住民は、駅周辺を起点に生活を送る。

そのため市街の中心が徐々に城下町エリアから駅周辺へと南下する傾向が、以前にも増して一層顕著になったのである。それにより東武東上線とJR川越線が乗り入れる川越駅と西武新宿線の終着駅である本川越駅をつなぐ商店街、現在のクレアモールが最も賑わうこととなった。またマイカーの普及によってロードサイド型店舗も増加した。その結果、蔵造りの町並みのある一番街は商業地域としては次第に停滞することとなったのである（図3-4）。

いっぽうで1970年頃から一番街周辺は別の側面から注目されることになる。全国的な町並み保存の機運を背景に1969年から「民家緊急調査」が行われ、1970年には建築評論家・浜口隆一と東京大学教授・松村貞次郎が川越を訪問し、蔵造りの町並みの保存活動を提案する（溝尾 2007）。1971年には大澤家住宅が国重要文化財に指定され、たばこ問屋万文の建物が保存活動の結果、1977年に「蔵造り資料館」となる。いわば外部の専門家の働きかけがきっかけとなり、町並み保存活動がスタートしたのである。

しかし保存活動は必ずしも順調とはいえなかった。文化庁は1975年に全国各地に残る伝統的な町並みを保存する目的で、重要伝統的建造物群保存地区（伝建地区）を指定する「伝統的建造物群保存地区制度」を開始した。川越でも指定に向けた調査などの動きがあったものの、その最初の指定地区に川越の名はなかった。肝心の川越の街自体で足並みが揃わなかったのだ。

伝建地区に指定されることは、住居も含めエリア内の建築物の新築や改修に一定の制限が加えられることを意味するため、広く住民の理解が必要とされる。駅からやや離れているとはいえ人口の流入が続くベッドタウンである。蔵造りの建物にこだわるよりも、マンションや商業施設を建てたほうが街に賑わいが生まれるという考えにも一理ある。実際に一番街のすぐ近くには1979年に大型マンションが建設されている。

だが、このマンションの建設が町並みの大切さを多くの人びとに気付かせるきっかけになった。その後は1983年に発足した「川越蔵の会」の活動を始めとして、各種の取り組みが行われた。市も独自の文化財指定を行い、町並みの景観を守るため各種の補助金を活用しながら建物前面の改修や周辺道路の整備を進めた。その結果、1999年に川越の蔵造りの町並みは、重要伝統的建造物群保

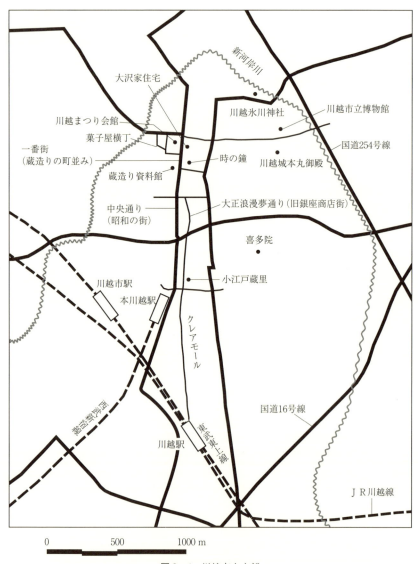

図3-4　川越市中心部

存地区に指定されている。

3 観光地「小江戸川越」の誕生

　紆余曲折の末、保存された蔵造りの町並みではあるが、そもそもこの活動自体は必ずしも観光客誘致のためではなく、「蔵の会」の人びとも直接的には観光を意識していた訳ではなかった。川越市は、人口流入が続くベッドタウンであり、地域活性化を目的に観光振興に取り組む必要がなかったのである。では、川越が観光地になったのは、何がきっかけだったのだろうか。

　観光地川越誕生の直接的な契機となったのは、1989年に放映されたNHK大河ドラマ「春日局（かすがのつぼね）」である。春日局は戦国時代末期から江戸時代へといたる乱世を生き抜き、徳川3代将軍家光の乳母として江戸城大奥を取り仕切ったとされる人物である。このドラマは、年間を通じて高い視聴率を維持し、2018年現在平均視聴率は大河ドラマ歴代3位となっている。[2]

　今も昔も大河ドラマでは劇中人物ゆかりの地が紹介される。先述のように川越と江戸は密接な関わりを有し、天海の縁によって江戸城紅葉山別殿が喜多院に移築されていた。そして紅葉山別殿の書院と客殿は、それぞれ「春日局化粧の間」と3代将軍「家光公誕生の間」であったとされており、まさに大河ドラマの主人公たちゆかりの地だったのである。

　大河ドラマの放映を機に、多くの観光客が川越を訪れることになる。1989年の入込観光客数は約340万人と前年に比べ100万人以上増加した。[3] 川越は山手線のターミナル駅池袋から東武東上線で約30分、新宿からは西武新宿線の特急レッドアロー「小江戸号」で約50分の距離にある。ドラマで紹介された春日局ゆかりの地へ気軽にアクセスすることが可能であったことも、観光客を呼び寄せる要因の1つであったと考えられる。大河ドラマの放映と観光客の来訪という、現在となっては人口に膾炙することになったフィルム・ツーリズムの先駆けのような事象が、平成初期の川越では起こっていた。ただしフィルム・ツーリズムはしばしば、放映終了や作品の人気低下などによって継続した観光客の誘致が困難なことも少なくないが、川越はそうはならなかった。

「春日局」放映をきっかけとした川越の観光地化が一過性のものに終わらなかった最大の要因は、観光地川越の資源が春日局ゆかりの紅葉山別殿だけでなく、昭和後期に保存活動が進んだ蔵造りの町並みでもあったことが挙げられる。大河ドラマを見て喜多院を訪れた観光客は、徒歩圏内の一番街へ周遊するルートを辿る。そこには東京の下町はもちろん首都圏近郊ではほとんど残っていない往時の江戸を偲ばせる「小江戸」の町並みが広がっている。観光地川越の知名度が高まるにつれ、蔵造りの町並みが残る場所として川越は知られることになったのである。

　もちろんこれは、川越市が取り組んだ観光地整備の成果でもある。それまで市の観光への取り組みは限定的なものであったが、大河ドラマの放映と同じ1989年、川越市は『川越市観光行政施策検討調査報告書——川越市観光行政指針』を策定した。この報告書では、「景観の整備」や「観光イベントの実施」など、その後の観光地川越の整備に関わる様々な提案がなされている。[4] まさに、筆者が中学生の時に見た「小江戸川越春まつり」や高校生の時に経験した電線地中化工事はその一環だったのである。

　平成以降、川越では観光地としての整備が着々と進められる。1990年には蔵造りの町並みを模した展示もある川越市立博物館がオープンする。1995年には、銀座通りのアーケードが撤去され、大正浪漫夢通りの整備が本格的に開始される。2003年には川越祭りで使用される山車を常設展示した川越まつり会館が開館する。このほかトタン看板の撤去と木製看板の設置など景観美化の取り組みや、休憩所やトイレの整備、各種の案内表示や観光案内所、観光マップなどの情報提供の充実も図られている。

　民間の事業者の進出も目覚ましい。一番街周辺には、みやげ物屋や飲食店が多数オープンし、「民芸品」「創作漬物」「トリックアート」など、どこの観光地でも見かける店舗が軒を連ねている。地元の交通事業者も観光スポットを巡回するバスをスタートさせたほか、東武鉄道や西武鉄道など市内に乗り入れる私鉄各社は乗車券と各種優待券をセットにしたクーポンなどを発売している。その結果、観光客入込数は2016年には700万人を突破している。

4 均質化した郊外に出現したテーマパーク「小江戸」

　ここまでは川越が観光地になる過程について整理してきた。川越が観光地となった背景に江戸時代の城下町としての歴史があることは確かだが、観光地「小江戸川越」の誕生にいたるまでの経緯は必ずしも単純ではなかった。少なくとも昭和後期の川越は観光地ではなく、東京郊外のありふれたベッドタウンでしかなかった。いわば平成の30年間で川越は、「小江戸」へと変貌を遂げたのである。そこで本節では、この変化のプロセスについて観光地という空間の生成に焦点を当てながら検討してみたい。

　社会学者の若林幹夫によれば、郊外という場所は「根無し草」的で均質的な空間であり「社会の歴史や伝統、文化や風土から決別」しているがゆえに、その場所を特徴付ける強烈な記号やイメージを欲望してやまないのだという（若林 2007：29）。若林は、郊外のベッドタウンに何の脈絡もなく出現する「地中海の町並み」や「アメリカ風」を謳った虚構に彩られた住宅街を事例に挙げながら、「浮ついた感じ」のポストモダン的な住宅街はまさにそれを象徴していると指摘する（若林 2007）。つまり、郊外の住宅地という均質化された空間は、同時に反動として強烈な差別化への志向をともなうのである。

　この均質化と差別化が表裏一体となったプロセスは、郊外という空間のみならず観光産業一般についても特徴的に見出される。その典型的な議論として、イギリスの社会学者ブライマンが提唱する「ディズニー化する社会」論が挙げられる（ブライマン 2008）。ブライマンは、サービス産業の合理化と均質化について論じたリッツアの「マクドナルド化する社会」論をふまえつつ、それを乗り越えるサービス提供の方法として「ディズニー化（Disneyization）」という概念を提示している。

　マクドナルド化とは、ファストフードレストランのサービス提供に象徴されるような、徹底した合理化思想に基づいた大量生産消費システムの世界的拡散のことである。合理的な商品生産のために業務の効率性や数値化が追求され、スタッフをマニュアルによってコントロールすることで予測可能で均質的な

サービスが提供される。リッツアは、世界中に展開するマクドナルドを事例に、合理性を志向した商品生産の在り方がもたらす脱人間化や環境問題などの「非合理的」な帰結について論じている（リッツア 1999）。

しかし現代において、均質化され画一化されたサービスだけでは、消費者をつなぎとめることはできない。サービス提供者は、均質的な商品を差別化するために新たな魅力を付加することが必要となる。そこでブライマンはディズニーランドなどに象徴的に見出されるサービス提供システムを「ディズニー化」と名付ける（ブライマン 2008）。そして彼がディズニー化の中でとりわけ重要だとするのが、空間のテーマ化である。

空間のテーマ化は、まさにディズニーランドを例に考えればわかりやすいだろう。ディズニーランドというテーマパークは、大量の来訪者に対応するためにきわめて合理的に設計された場所であり、キャストと呼ばれる従業員に対してもマニュアルに沿って一定の管理が行われ、その意味ではマクドナルド的に合理化された場所でもある。しかし、この場所がありきたりの遊園地と異なり、訪れたゲストに特別な経験を与える場所となっているのは、「夢と魔法の王国」の世界観で統一された空間設計によるところが大きい。

ひとたびゲートをくぐれば外部の風景から隔絶された夢の空間が広がっている。園内は西部開拓を再現した「ウエスタン（フロンティア）ランド」や科学技術の未来をイメージした「トゥモローランド」などのいくつかのエリアに区分され、それぞれの場所ではキャストの衣装からごみ箱のデザインまでテーマに合わせて統一されている。各種アトラクションやキャラクターによるパレードは、類似したものであれば他の遊園地にも存在する。しかし精密に作りこまれた空間で提供されるからこそ、ゲストたちはその世界に没入し特別で感動的な経験をする、いわばパインとギルモアが提唱する「経験経済」（パインⅡ＆ギルモア 2005）を具現する場となっているのである。このような空間のテーマ化によってマクドナルド的に合理化されたサービスを差別化する試みは、今やテーマパークのみならずホテルやレストランなど幅広い業種で行われている。

マクドナルド的合理化とディズニーランド的差別化は、若林が論じた均質化された郊外に出現した虚構化された住宅街を巡る議論と相似である。そしてそ

れゆえ、ベッドタウン川越と観光地「小江戸川越」の関係もまたそのような議論の延長で把握することが可能となる。川越は、高度経済成長期に地方から流入する大量の労働力が生活するための場として供給された住宅地である。東京から放射状に伸びるＪＲや私鉄の各路線は満員電車で効率的にサラリーマンを都心へと運ぶ。労働の場から切り離された休日の生活の場である郊外には、そのような人びとの暮らしに適合した商業施設が同心円状に拡がり、そこには均質な空間が広がっていく。マクドナルドをはじめチェーンのレストランや量販店がロードサイドに展開し、三浦展が名付けた「ファスト風土」が広がっている（三浦 2004）。

　均質化されたベッドタウン空間は、川越を関東近郊の他のどの街とも相違ないものにしている。市内を貫通する国道16号線を走ってみれば、南西には埼玉県狭山、入間、東京都八王子、神奈川県相模原、反対方向には埼玉県の大宮（さいたま）、春日部、千葉県の野田、柏と同じようなベッドタウンが続き、道端には主要なチェーン店が繰り返し登場する。労働力供給のための休息と消費の場としてとらえるのであれば、それらの街と川越に本質的な違いはない。ベッドタウン川越は、マクドナルド的に合理化された場所なのである。

　しかし、人口流入が続いた昭和後期から一転、平成の半ばころから郊外は少子高齢化の問題を抱えることになる。団塊世代は定年退職を迎え、人口は将来的に減少へと転じ、「16号線的郊外」は停滞したトーンで語られる場所となる（塚田・西田 2018）。そのため均質に発展した郊外都市には、効率性や利便性を超えた「他の街とは違った魅力」を創出することが求められるようになるのである。「観光まちづくり」の語が、地方だけではなく首都圏においても声高に叫ばれるようになったのは、そのような街の魅力を発信する必要性に迫られてにほかならない。

　だが、このような状況の中で、川越は他の郊外都市に先駆けて差別化する資源を有していた。「春日局」放映をきっかけとした観光地化の過程を振り返ってみれば、一番街を中心とした旧市街地で行われてきた取り組みは、均質化した郊外にディズニーランドのようなテーマ化された空間をつくりだし、他の郊外都市と差別化する営為としてとらえられるのである。

町並み保存活動自体は、観光を目的としたものではなかった。しかしドラマ放映後に進められた、電線の地中化や石畳の道路整備、建物保存や建物前面の修景、景観美化の取り組みなどは、「小江戸」というテーマに沿った空間形成としてとらえられる。さらに、以前は存在しなかった各種みやげ店や人力車、着物体験といった観光関連事業者の登場は、空間がテーマ化されたからこそ成り立つものである。

一度始まったテーマ化の流れは、観光客数の増加とともにさらに進行していく。町並み「保存」の一番街とは異なり、大正浪漫夢通りでは、アーケードの撤去から「大正風」のファサードの整備まで、まさにテーマに合わせて観光空間がつくりあげられていった。さらに一番街と駅をつなぐ中央通りの商店街では、「昭和の街」という名の下での整備も試みられている。周辺エリアでは市が歴史的建造物の購入を進め、西武新宿線本川越駅からほど近くに位置する「鏡山酒造跡地」は、酒蔵を改修してみやげ店やレストランが入居する観光拠点施設「小江戸蔵里」となった。東武東上線川越駅のホームやトイレが蔵造り風に改装されたり、旧市街周辺のマンションではエントランスが蔵造り風になったりするなど、「小江戸」を目指した空間のテーマ化は全面化している。

郊外のベッドタウンと伝統的町並み保存地域。一見両者は相反するようにも思えるが、むしろそれは表裏一体の関係にある。「小江戸川越」は、合理的に均質化された郊外を差別化するために出現したテーマパークなのである。[5]

5　観光地という舞台の主役

「小江戸」というテーマのもとに空間が統一され、川越は江戸時代にタイムスリップしたかのような体験ができる場所となった。だが単にテーマ化された場所が存在することそれだけでは、観光地は成り立たない。「夢と魔法の王国」ディズニーランドも、溢れかえるゲストたちが存在しなければ経営を維持することができないように、観光地は観光客の存在なくしては成り立たない。そこでここでは、川越を訪れる観光客に焦点を当てながら、「テーマパーク小江戸」を成立させる仕掛けについて考えてみよう。

大河ドラマ「春日局」の放映が観光地川越成立の大きなきっかけになったのだとすれば、マスメディアが観光客の来訪に果たした役割は非常に大きいことは明らかである。だがここで重要なのは、「春日局ゆかりの地」にせよ「蔵造りの町並み」にせよ、すでに何らかの魅力をもった場所が存在し、その情報をメディアが伝達したのではなく、観光客にとっての場所の魅力や意味それ自体の生成においてメディアが重要な役割を果たしているということである。

　マスメディアが作り出す新たな現実「疑似イベント」の一例として観光を取り上げたブーアスティンが指摘しているように、観光客は現実の観光地をありのままに見るのではく、メディアが生成するイメージというフィルターを通じて眺める（ブーアスティン 1964）。「春日局化粧の間」や「家光公誕生の間」は、単なる和風の木造建築物としてではなく、大河ドラマの物語の舞台として消費される。これらの建物は、ドラマがなければ全国の寺社のどこにでもあるような歴史的建造物の1つでしかなく、多くの人びとが訪れる価値のある場所として認識されていなかったであろう。同様に蔵造りの町並みは、その多くが明治時代中頃の建築であり、観光地化の過程で整備されたものであったとしても、建築物としての価値とは別に、時代劇に登場するような「まるで江戸時代」を再現した場所としてとらえられる。アーリが指摘したように、観光客は純粋無垢な目で観光地を見ているのではなく、社会的に構成され制度化されたまなざしを通じて観光地を消費しているのである（アーリ 1995）。

　とりわけ「小江戸」というテーマは、国内外を問わず現代観光に広く通底するまなざしの基調テーマであるノスタルジアに適合的であった。時代考証や学術的な価値とは別の水準で、メディアや観光産業を通じて生成された観光客のまなざしによって川越という街は消費されていく。一番街に登場したレトロボンネットバス、景観に配慮した自動販売機や木製看板などは、まさにその場所を現実の川越とは異なる「小江戸」としてまなざすことを可能としてくれる記号なのである。

　ただし、観光という行為はただ場所を見たり眺めたりするという行為だけで成り立っているわけではない。アーリが後にラースンとともに著した『観光のまなざし』の第3版において、「観光のまなざし」論への批判に応答しながら

強調しているように、観光は見ることも含めその場所で行うさまざまな行為、写真を撮ったり、名物料理を食べたり、実際にさまざまな事物に触れてみたり、いわば視覚だけではなく五感全てを通じて経験される行為である（アーリ＆ラースン 2014）。観光は、ある特定の場所で行われる多様なパフォーマンスの集積なのであり、その物理的環境との相互作用の中で理解されなければならない。

再びディズニーランドを想起してみよう。訪れたゲストたちは、園内のテーマ化した空間を眺めながら日常とは切り離された時間に身を置いていることを実感する。しかし園内の楽しみは、ただシンデレラ城を眺めるだけではない。テーマ化された空間だからこそ許される独特のコードに従って、カチューシャやキャラクターの衣装で身を包み、パレードではミッキーに手を振るといった一連の行為によってディズニーランド経験は成り立っているのである。

このように観光という営為を観光客のパフォーマンスをもとに理解しようとする議論の中で、ティム・イーデンサーはゴフマンの議論を援用しながら、観光をひとつの舞台演劇になぞらえて理解をしようとする（Edensor 2001）。すなわち、観光地とは観光客という主役が観光という劇を演じる舞台である。観光地の建造物や景観といった物理的環境は、舞台の背景であり大型の舞台装置である。そこで人びとは、メディアが作り出した筋書きに沿ってまさに「観光客」という役を演じる。ガイドブックは台本で、ガイドや旅行会社は演技を指導する演出家となる。

では川越という観光地を1つの舞台としてみてみよう。保存活動によってつくりだされた一番街の蔵造りの町並みは、「小江戸川越観光」という時代劇の舞台装置である。訪れた観光客は、メディアがつくりだした想像上の「江戸時代」をめぐる筋書きに従ってまなざすと同時に、「小江戸観光」の主役を演じる。時の鐘や蔵造りの建物の前で写真を撮り、菓子屋横丁ではサツマイモソフトを購入して食べ歩きをする。着物に着替え人力車に乗って一番街を散策する人もいる。「小江戸」を演じるための台本は、ガイドブックやネットの情報サイトにあらかじめ示されており、みやげ店をはじめとした観光事業者は、より良い演技に必要な小道具を提供してくれる。そして景観の美化や各種の施設整

第3章　舞台としての観光地

図3-5　着物姿で自撮りをする「舞台の主役」たち

備を行った行政や地域の住民は、この舞台劇を支えるスタッフ達であり、協力した専門家たちは芸術監督ないし総合プロデューサーなのである。こうしてしつらえられた舞台の上で、観光客が定番のルートを辿るパフォーマンスを遂行することによって観光という舞台劇は完結する（図3-5）。

　もちろん観光客一人ひとりの「演技」は、すべてが一緒であるとは限らない。どのように演じるのかは役者の個性によって異なるし、季節や天候、混雑具合にも影響を受ける。「いかにもガイドブックに書いてあるような」ふるまいをあえて避けようとするスノッブな演者＝観光客もいるだろう。

　留意しておきたいのは、主役がより良い劇を演じるためには、優れた舞台設定や脇役が必要だということだ。景観整備が進み、様々な観光客向けサービスが提供されることによって、観光客はますます観光客らしく振る舞うことができる。テーマ化された空間の完成度が高まればこそ、着物を着て食べ歩きをするというパフォーマンスが様になる。主役である自分を引き立ててくれる脇役や観衆、すなわち他の観光客が大勢いるからこそ、気持ち良く人力車で散策できる。周到に準備された観光地の物理的環境やそこで提供されるサービスは、単に観光客によって消費されるだけでなく、観光客がより観光客らしく演じることを促しもするのである。[6]

　観光客のパフォーマンスによって、「小江戸川越」は成り立っている。重要

なのは、観光地があるから観光客が訪れるのではないということである。自明の魅力を持った観光地という場所が存在するのではなく、観光客としてのパフォーマンスをしながら移動する人びとがいるからこそ、観光地は観光地として成立する。そして観光客が観光客となるためには、物語の筋書きを提供し、舞台設営を行い、まさに振り付けを演出するメディアや観光産業、行政や専門家が存在し、観光客を含めたそれら多様な主体の相互行為が交錯する場が観光地なのである。

6　もう1人の登場人物

　観光地「小江戸川越」という舞台劇には、町並み保存や観光とは直接的なかかわりをもたない川越市民という、もうひとりの登場人物がいる。観光エリアは、川越市のごく限られた一部であり、約35万人の川越市民の大多数は、テーマパーク「小江戸川越」とは無縁の場所で暮らしている。たとえ通勤や通学で旧市街周辺を通過していたとしても、観光スポットで写真を撮ることもなければ、まして着物で人力車に乗ることもない。

　現実の観光地には、テーマパークという比喩では十分に把握されない側面も存在する。塀に囲われた有料入場施設ではない以上、いくらテーマパーク的な場所であっても、一般住民の出入りは自由だ。日常の通勤や通学、買い物のために一番街を通過したり利用したりする人もいれば、旧市街にも観光とは無縁の生活を送る人びとが暮らしている。蔵造りの町並み周辺で「観光客立入り禁止」「ここは観光寺院ではありません」と書かれた看板を目にすることもある。

　大型連休や秋の観光シーズンには、一番街や菓子屋横丁周辺の道路に観光客が溢れかえり、車道への飛び出しや無理な道路横断が相次ぐ。市としても安全確保のために時期や曜日を限定して一番街の歩行者天国化や一方通行化を長年検討しており、社会実験も行われている。しかし、このような取り組みは根強い反対もあり実現していない。一番街は観光地であると同時に生活道路でもあるため、一方通行化などによって周辺道路に観光渋滞の余波が及ぶことが懸念されるからである。

むしろオフシーズンの平日、あるいは朝の通勤時間帯に蔵造りの町並みを訪れてみると、そこは一見観光地ではないようにもみえる。かつての筆者のように自転車で一目散に疾走する高校生、足早に駅へと急ぐサラリーマン、宅配のトラック、散歩する近所の老人。同じ舞台の上で移動する人間がいたとしても、観光客としての演技をしない人びとしかいないのであれば、小江戸川越もまた観光地にはなり得ない。その光景は、観光地という場所が観光客のパフォーマンスで成立していることを何よりも雄弁に語っている。

あらためて、小江戸川越という観光地を成立させているのは誰なのだろうか。観光産業やメディアという演出家と脚本家、一部の市民や行政がつくりあげた蔵造りの町並みという舞台装置、着物体験や人力車といった小道具を提供する事業者、そしてその舞台で「囲いのない自分だけのテーマパーク」の主役を演じている観光客の存在は当然必要である。だが小江戸川越という舞台には、観光客向けの物語とは無縁の、あるいはそれに意図的に抗する登場人物もまた存在する。それら多様な立場のアクターがせめぎ合うなかで観光地という場、そして観光という現象は成り立っているのである。

注
1) 例えば市内の地区別の人口動態をみると市街中心部（本庁管内）に比べ周辺地区での人口増加が著しい（川越市役所 2006）。
2) ビデオリサーチ社ホームページ〈https://www.videor.co.jp/tvrating/past_tvrating/drama/03/index.html〉（2018年12月27日最終アクセス）。
3) 川越市統計資料。なお観光客数が前年対比で40％以上、100万人以上増加したのは2017年にいたるまでこの年のみとなっている。
4) ただし当時財団法人日本交通公社地域調査室長であり川越市内在住であった溝尾良隆の指導によって策定されたこの報告書では、蔵造りの町並み関連の施策に限らず市内周辺部も含めた幅広い提案がなされている。
5) テーマ化は、空間を統一すると同時にそのテーマから外れた多様な歴史や記憶を排除する過程でもある。例えば武蔵野の平地林は、隣接する所沢市では「トトロの森」として保全活動が活発に行われているにもかかわらず、小江戸というテーマから外れた川越市では重視されていない。
6) このような観光を構成する場所やモノの物質性（マテリアリティ）やアフォーダ

ンスについても、先に引用したアーリとラースンの著作では検討されている（アーリ＆ラースン 2014）。

参考文献

アーリ，J.（1995）『観光のまなざし——現代社会におけるレジャーと旅行』加太宏邦訳、法政大学出版局。

アーリ，J.、ラースン，J.（2014）『観光のまなざし（増補改訂版）』加太宏邦訳、法政大学出版局。

川越市経済部（1989）『川越市観光行政施策検討調査報告書——川越市観光行政指針』川越市。

川越市役所（2006）『統計かわごえ』川越市。

塚田修一・西田善行編著（2018）『国道16号線スタディーズ——2000年代の郊外とロードサイドを読む』青弓社。

パインⅡ，B.、ギルモア，J.（2005）『経験経済——脱コモディティ化のマーケティング戦略』岡本慶一・小高尚子訳、ダイヤモンド社。

ブーアスティン，D.（1964）『幻影の時代——マスコミが製造する事実』星野郁美・後藤和彦訳、東京創元社。

ブライマン，A.（2008）『ディズニー化する社会——文化・消費・労働とグローバリゼーション』能登路雅子監訳、明石書店。

三浦展（2004）『ファスト風土化する日本——郊外化とその病理』洋泉社。

溝尾良隆（2007）『観光まちづくり 現場からの報告——新治村・佐渡市・琴平町・川越市』原書房。

リッツア，G.（1999）『マクドナルド化する社会』正岡寛司監訳、早稲田大学出版部。

若林幹夫（2007）『郊外の社会学——現代を生きる形』筑摩書房。

Edensor, T.（2001）Performing Tourism, Staging Tourism : (Re) Producing Tourist Space and Practice. *Tourist Studies,* 1 (1), pp. 59-81.

第II部

観光と地域

第4章
開発が変える地域
——白川郷・竹富島のコミュニティ・ベースド・ツーリズム——

麻生　美希

1　合掌造り集落の記憶

（1）住民に紹介された1冊の本

　合掌造りで有名な白川村荻町集落で調査研究をはじめて10年以上になるが、今でも研究をはじめたときの緊張が鮮明に記憶に残っている。

　修士論文を書くために、住民を数珠つなぎで紹介してもらい、話を聞かせてもらえないかアタックしていた。とある土産物屋の店主を紹介され、お店にうかがい、いつ話を切り出そうかと緊張しながら、お客さんが途切れるのを待っていた。ようやく時間が空いたところで自己紹介をし、世界遺産集落の保護と観光の関係について研究がしたいので話を聞かせてほしいと取材を申し込んだ。強面の店主は言葉少なめに1冊の本を差し出した。海野金一郎『孤村のともしび』（2006）だった。「ひとまず、これを読んでからもう一度来い」といわれ、当時間借りしていた合掌造り家屋のうす暗い部屋の中で読んだことを覚えている。

　『孤村のともしび』は、白川村の中でも特に奥地にあった加須良（かずら）集落で実際に起こった出来事について書かれた本だ。加須良は1967年に集団離村した集落で、今は基礎石のみが草むらの中に残されている。人が暮らしていたときも7世帯しかいない小さな集落だった。

　この加須良で幼い女の子が病気で亡くなってしまう。早く病院で治療を受けることができれば助かったかもしれないが、当時、加須良や近くの集落には常駐の医師はおらず、さらに季節は移動が困難な雪深い冬だった。それだけでも

悲しい話だが、問題はさらに続いた。医師の死体検案書がなければ葬式ができないため、村人たちは一致団結し、医師を大きな集落から呼んでくることを決断する。当時は、自動車もなく、除雪もされていない雪道を踏み固めて歩いていくしかない。決死の覚悟で医師を訪ねたものの不在で、泣く泣く少女の遺体は雪の中で保管することになった。その後も、なかなか医師を呼び寄せることができず、亡くなってから9カ月後にようやく変わり果てた亡骸を火葬することができた。

　この本を読み終えたとき、長年住んできた人が見ている風景と自分が見ている風景が大きく違うことに愕然とした。筆者は荻町集落を何の疑いもなく「世界に誇る伝統的な農村集落」としてしか見ていなかった。山深いところだが、東海北陸自動車道が全通した現在、白川郷ICを降りれば10分もかからずに荻町に到着する。約140世帯が暮らしている大きな集落では、多くの観光客が散策し、土産物店や飲食店は賑わっている。だが、少し時間を遡れば、世界遺産となったこの集落も、僻地ならではの生活の苦労を抱えていた。さまざまな困難の中で、先祖代々が生きてきた証がこの集落の姿なのである。豊かな伝統文化やのどかな環境には、悲しい過去も辛い経験も複雑に織り込まれている。

（2）住民による保存活動と主体性

　なぜ、かつて「陸の孤島」と呼ばれた僻地の農村集落は世界遺産になったのか。それは、村から合掌造り家屋が減っていくことを憂いた荻町のリーダー達が保存活動に立ち上がり、町並み保存運動の先駆者である長野県妻籠宿の小林俊彦氏に励まされながら、1971年に白川郷荻町集落の自然環境を守る会（以下、守る会）を組織するとともに、保存の強い意志を謳った「住民憲章」を制定し、1976年に国の重要伝統的建造物群保存地区の選定を受けて今にいたるというストーリーで説明される。

　しかし、こうした活動史が語られる一方、「貧しかったから合掌造りが残った」という話もよく聞く。荻町で保存活動が行われるようになったのは高度経済成長期であり、村内では発電のためのダム開発が盛んに行われていた。そしてダム開発に伴う用地等に対する補償金を得た集落では、合掌造り家屋の建て

第4章　開発が変える地域

替えが進んでいた。だが、荻町住民が所有する土地には開発が影響しなかったため補償金が入ることはなく、貧しいままであったという。苦しい生活を耐え忍ぶしかない状況の中で、なんとか生活を改善するために、集落景観と合掌造り家屋を生かした観光に取り組んだのである。

そして、保存活動が始まってから現在にいたるまで、集落住民が主体となった保存の取り組みが続けられている。伝統的建造物群保存地区制度が導入され、専門家による技術的な支援や、国から金銭的な支援が得られるようになったことも、合掌造り集落を守ることができた一要因ではある。しかし、そのような制度的な支援があっても、集落住民が費やした時間と労力なしには今の姿はあり得ない。貧しさを象徴していた合掌造り家屋を努力と工夫で守ってきたのである。

例を挙げるときりがないが、伝統的建造物群保存地区では、現状変更行為（建物の新築から、部分的な修理、樹木の伐採まで景観に影響を与えるすべての行為）を行う際には必ず申請書を出し、許可を得なければならない。通常ならば、教育委員会などの市町村の担当部署が景観保全のルールと照らし合わせて審査を行うが、荻町では守る会が毎月委員会を開き、そこで1件1件、適切な行為か否かを住民同士で議論し、集落の意見を教育委員会に提出する手続きをとっている。

加えて、景観保全上問題がある申請に対しては、守る会委員が直接住民を説得することもある。このように議論を重ねることで、ルールに縛られずに自由に住宅や店舗を建てたい、土地を使いたいという思いと、先祖が残してくれた景観を守らねばならないという思いの折り合いをつけてきた。40年間で2,300件以上の申請が出されているが、1件として議論されなかったものはなく、行政まかせにせずに集落運営の一環としてこの取り組みが継続されている。

観光車両の交通規制も集落住民による努力で成し遂げられた。世界遺産登録による想定外の観光客の急増は交通渋滞を引き起こし、住民の車も渋滞に巻き込まれ、緊急時に救急車や消防車が通行できないといった深刻な問題を引き起こしていた。そして、大量の車が集落内を行き交い、かつて水田だった場所に大型バスが何台も停まり、農村景観は台無しになっていた。

多くの専門家が、すぐにでも観光車両を集落内に侵入できないようにするべきだと声をあげ、危機遺産リスト入りをほのめかす人もいた。問題の大きさからすると、トップダウンで可及的速やかに対策を講じるべきであるように思えるだろう。

もちろん白川村行政も荻町住民も、観光車両の交通規制が必要なことは早くから理解していた。だが、集落内の観光車両の通行や駐車が制限されることで減収が予測されるレストランや土産物店、駐車場経営できないことで収入が途絶える世帯も存在する。それらの世帯を一方的に見捨てるのでなく、集落住民の話し合いのもとで問題解決するために10年が費やされた。

具体的には、集落住民で荻町交通対策委員会という組織をつくり、観光車両の規制区間などを細かく検討し、住民説明会を繰り返し、賛成・反対のどちらの意見も丁寧に聞いた。また、交通社会実験として実施日を限定した交通規制から始め、団体バスの進入規制を行い、最終的に観光車両全体を地区外の公共駐車場へ誘導するという段階的な対策が講じられた。規制による影響を抑えるため、観光客が一部のエリアに集中しないように分散化を図るための環境整備も行われた。時間はかかったが、集落住民が大きく分断されることなく、利害が絡むがゆえに難しい問題を集落の自助努力で解決したのだ。今も、より良い交通環境の実現のために対策委員会は定期的に開かれている。

集落住民による地道な活動が40年以上続けられていることで、荻町の集落景観は日本の原風景として評価され、世界遺産として海外にも知られるようになった。さまざまな観光パンフレットの表紙や旅行代理店のチラシに荻町集落の風景が使われ、旅行番組で取り上げられることも多い。日本の観光を牽引する集落の1つであるといっても過言ではない。集落景観の保全と活用による観光振興が成功を収めたのだ。全国各地で観光振興を視野に入れた文化財の保存と活用、景観保全、世界遺産登録を目指す活動が行なわれているのは、まさに荻町のような事例があるからだろう。

2　合掌造り集落は安泰なのか？

（1）観光振興によって得られたもの

　だが、白川村は本当に地域振興を成し得たといえるのか。筆者は、「イエス」でもあり、「ノー」でもあると考える。「イエス」の理由としては、「貧しかったから残った」とネガティブにとらえられていた集落の姿が「誇り」となったことがある。

　かつては「白川村出身である」ことは恥ずかしくていえなかったというが、今は誰もが一度は訪れてみたいと感じる地域が故郷だと自慢できるようになった。多くの住民が、FacebookなどのSNSで合掌造り家屋などの集落風景の写真を発信している。さらに、観光業によって現金収入が得られるようになった。白川村では、合掌造りという独特の家屋形態が生まれた背景となった伝統産業である煙硝（火薬の原料）の生産は明治期に、養蚕は昭和中頃に完全に失われた。それに代わる形で村を支えたのは建設業であった。しかし、公共事業の縮小や不景気などで、現在までに廃業した事業所は多い。

　こうした産業構造の変化の中でも生活が成り立つのは、旅館・民宿、土産物店、飲食店などを経営したり、そこで働くことができるからである。ちなみに農村集落であるため、農業生産額が一定程度あると勘違いされることもあるが、基本的に自給自足のための農業だ。農地も狭く、農家専業で生計を立てられるような産業ではないのである。

（2）未成熟な産業と止まらない人口減少

　しかし、「ノー」と答えざるをえない理由もある。まず、観光業に従事する住民は増えたが、産業として成熟したとはいえない。観光は裾野の広い産業であり、様々な業種に波及効果があるとされるが、もともと第1次産業や製造業が乏しい地域であったこともあり、観光業と既存の産業がつながることがなく、観光収益が村内で循環しないのだ。

　土産物屋や飲食店で提供されているものには、残念ながら村外産のものも多

く、観光収益が村外に流出している。さらに、観光客は世界遺産に集中して訪れ、すぐに近隣自治体の観光地に移動してしまう。そのため、観光業の売り上げも、特定エリアに集中している。また、観光業は家族経営が多く、家族以外に雇用ができたとしても繁忙期（時間）と閑散期（時間）があることからパートタイムの仕事が多く、家族を養えるだけの収入を得られる魅力的な雇用形態かといわれると、そうとはいえない側面がある。

　もう１つの「ノー」といわざるを得ない理由が、人口が減り続けているということである。日本全体で減少しているため、白川村でも減って当然ともいえるが、もともとの人口が少ないので致命的である。誰もが一度は訪れたいと思い、実際に年間170万人以上の観光客が訪れる村であるにもかかわらず、この先、村が維持できないということが十分に起こりうる。事実、荻町でも人口・世帯数ともに減っており、合掌造り家屋の空き家が増えている。

　観光振興は地域の文化資源の価値を高め、観光業を中心に経済効果をもたらすが、それは必ずしも地域振興とイコールではない。白川村は、自分たちのできる範囲の観光振興で集落を維持する段階から、将来を見据えて人口を維持し、産業を成熟させるための積極的な地域振興策を図る段階に来ているといえる。

（３）企業誘致という攻めの地域振興策

　実際、白川村は積極的な地域振興策を取ろうとしている。その１つが、世界遺産としての知名度やブランドを活かした企業誘致、つまり村外企業の進出による産業拡大という試みである。観光と親和性の高い食品生産・製造業、宿泊施設に特化した企業誘致を行なっている。

　フルタイムで働く機会が増えることには、村民にとって大きなメリットがある。また、誘致した企業で働く人が白川村に移り住めば、人口も増える。これまで高山や下呂から仕入れていた土産物を、少しでも村内で生産できれば、地域にお金が回るようになる。村内で提供できる観光サービスの幅も広がり、観光客にとってもメリットがある。村外企業の力を取り込んで村づくりをしていくことは、世界遺産という強みを持っている白川村の地域振興策として、妥当であるように思える。

しかし、2012年にホテルを誘致するという方針を打ち出したとき、住民の賛否が分かれることになる。白川村には年間170万人を超える観光客が来ているが、ほとんどが日帰り客で、約5％しか宿泊しない。村内の宿泊施設は、高速道路がなかった時代に日帰りできない工事等の従事者が滞在するための旅館や、世界遺産や平瀬温泉、山登りやスキーなどを目的にして訪れる観光客を泊める民宿が主だ。これらの旅館や民宿は家族経営で小規模である。

特に荻町集落内には合掌造りの民宿が20件ほどあるが、構造的に10名程度で満室になってしまう。しかし、景観保全のための厳しい制限があり、新たな宿泊施設をつくったり、増築で宿泊容量を増やすこともできない。したがって、5％しか宿泊していないというのは、村全体の宿泊容量が小さい、施設の多様性も少ないということが一因としてある。加えて、東海北陸自動車道で金沢や高山などの近隣都市や温泉地に移動が容易であるため、観光客にとっては白川村に宿泊する必然性もないのである。

ほとんどの観光客が、村外に宿泊してしまう状況を打破し、滞在時間を増やして観光消費額をあげるために、ホテルを1つ誘致する。これは、村の施策として妥当だと思われる。誘致するホテルは安価に泊まれるビジネスホテルではなく、比較的高価格帯のホテルだ。村内の既存の宿泊施設とは提供される空間やサービスが異なり、競合する可能性も低い。計画予定地も世界遺産を望めるような場所ではなく、荻町の集落景観に与える影響はない。けれども、荻町集落の一部の住民は、強い反対を表明した。なぜだろうか。

（4）魂としての合掌造り

反対意見の中には、純粋に大企業が進出することへの不安や競合への心配もある。いっぽうで、2013年に村が地域ごとに開催した住民説明会の記録と、強い反対を表明した住民へのインタビューからは、興味深い2つの論点が読み取れる。

「子供の頃は合掌造りが嫌だった。報恩講（親鸞上人や先祖のご恩に報いるために各家に門徒が集まり、説法を聞いたり精進料理を食べる浄土真宗の行事）の

ときになれば、子供部屋から荷物をすべて外に出さなければならなかったし、牛・馬・羊などと一緒に暮らしていた。ハエも多かったし、藁布団だった。暖かいがノミが多い。下を除雪しなければ屋根雪を降ろせない。今は除雪機があるが、昔は人ですべてまかなっていた。」

「最初は、本当に貧しい生活をしながら合掌を守ってきた。自分が嫁に来た時には、嫁に行くなら鳩谷(はとがや)集落か飯島(いいじま)集落といわれており、まだ、こんな集落があるのか……という印象だった。明らかに他の集落と格差があった。(中略)大変な苦労をして合掌を維持してきたことも理解してほしい。」

　１つ目の論点は、貧しい中で苦労して保全に取り組んできたこと、合掌造りでの過去の生活の大変さへの理解を求めるものだ。まさに、筆者自身が『孤村のともしび』を読んでから来いと言われた理由にもつながる。今の荻町は貧しくないし、合掌造り家屋も独特の不便さはあるものの、今の生活スタイルに合わせて内部の改装が行われている。だが、住民の中には、過去の生活が記憶として残っている。今の世界遺産の姿、観光客で年中賑わう姿のみを切り取って理解されることへの強い違和感があるのだ。

　こうした違和感は、荻町集落の住民だけが感じているわけではない。白川村が解体して保管していた合掌造り家屋を誘致するホテルに譲渡し、施設内で使ってもらう予定であることに対し、荻町以外の住民も「合掌という問題には感情論が入る」「合掌造りを譲渡することは、魂を売るということ」といった意見を寄せている。

　村としては、活用の目処も立たず、日の目を見ない状態で今後も倉庫の中で保管しておくより、ホテル内で生かした方が良いという判断であった。だが、さまざまな理由で失われたものの、かつては村全域に合掌造りはあり、荻町集落以外の村民も生活の場としての記憶をもっている。ホテルという営利企業が、合掌造りを施設の一要素として利用することに対しては、やはり違和感があるのだ。

　そして２つ目の論点は、住民の力を尊重し、もっと活かすべきというもので

ある。

> 「自分の祖母はなんでもできる人だった。何でも独学で取り組んできた。これが自給自足。白川村の姿。外の人を呼んできてやるのではなく、まだまだ白川村民ができることがあるはず。」
> 「観光客は、日本全国どこにでもあるものを白川村には求めていない。（中略）白川郷で過ごす意味は、白川郷の文化に触れること。それは村民でしかできないはず。」
> 「公衆トイレの掃除などもライトアップも、（誘致する）企業に委託したら？　という声もある。最終的には世界遺産内の合掌造りの空き家の管理運営を委託するようになり、世界遺産ならぬその企業の村になるのではないか。」

　荻町集落の保存は、住民憲章にある通り、「この自然環境を守ることができるのは、ここに住む私たち」であり、「売らない・貸さない・壊さない」という保存3原則にのっとってほぼ集落住民の手によって行われてきた。また、荻町以外の集落でも、移住者を積極的に受け入れるようなこともなく集落運営が行われてきた。その誇りが、今の白川村を支えている。
　いっぽうで、人口が減り続けているという問題を、村民が自分たちで解決することは難しい。このまま減り続ければ、集落運営における村民の負担が増すばかりだ。また、世界遺産登録以降、土産物屋などの小売業や飲食業以外には新たな事業展開がほとんど見られなかったことから、今後も村民や村の事業所を頼りにした産業の成熟は考えにくい。
　最終的に、村はホテル誘致を決め、このホテルは2019年3月に開業する。だが、反対意見の中に見られるこの２つの論点は、ホテルができるか否かに関わらず、地域振興の本質を問いかけるものであることに違いない。

3 開発に揺れる竹富島

（1）竹富島の住民主体の活動

　沖縄県の八重山諸島に位置する竹富島でも、環境や文化は大きく異なるが、荻町と非常によく似た集落景観の保全と観光活用が行われている。竹富島では、荻町で住民憲章が制定されたのと同じ1971年に、有志による「竹富島の声」という文章が発表された。

　そこには、本土復帰やリゾートの開発圧力などの社会経済の変化や、干ばつなどの災害に翻弄されながらも、「住民自身がたちあがって、自分の心と自分の手で島を守り生かさねばなりません」と書かれ、島を守る運動に協力をしてほしいという熱い思いが記されている。その後、1986年に島を守り、活かすための原則をまとめた「竹富島憲章」が制定され、その翌年、島の中心部が国の重要伝統的建造物群保存地区に選定された。

　現在、島には竹富島集落景観保存調整委員会（通称、まちなみ調整委員会）が設置されており、荻町の守る会と同様、現状変更に対する協議を行い、自律的な集落景観の保存に取り組んでいる。島民は、バスや水牛車サービス、レンタサイクルを提供する事業所、民宿などの宿泊施設や飲食店、土産物店などの観光業に携わって暮らしている。

　そして、今や白砂の道、サンゴ礁の石垣、赤瓦の家並みは、沖縄の伝統的な集落イメージの代表となった。石垣島の離島ターミナルから船で15分という近さから、アクセスが船に限られる離島でありながらも年々観光客は増え続け、今や年間約50万人が訪れている。

（2）不在地主の所有する土地、移住者の存在

　だが、荻町と大きく異なる点が2つある。1つは土地の所有状況である。荻町の場合、保存地区内および周辺農地などの多くは集落住民の所有であり、不在地主が所有している土地は一部に限られる。いっぽうで竹富島は、不在地主の所有する土地が多い。

もともと、竹富島の保存活動が始まった背景には、本土の不動産業者や観光資本による土地の買収があった。住民による土地の買い戻しも行われたが、現在も島外企業が所有する土地が複数箇所で見られる。加えて、島に住んでいない個人が所有する土地も多く、たとえ先祖や家族が島に所縁があったとしても、所有者は島を訪れた経験がないことも多いという。荻町と同様、「竹富島憲章」には「島の土地や家などを島外者に売ったり無秩序に貸したりしない」とあるが、法制度が担保している決まりではないため、土地は今後も転売される可能性が高い。

　もう1つ異なるのが新住民の受け入れである。荻町では、保存活動を始めた当時にすでに存在していた世帯がそのまま住み続けており、新たに転入してきた世帯はほとんどない。いっぽう、竹富島には、島のエビ養殖業や観光業で働くことをきっかけに、空き家を借りたり新しく家を建てるなどして島に住み始めた世帯が存在する。そして、30年ほど前には約250名まで落ち込んでいた人口が、IターンやUターンで現在は約350名まで増えているのである。

（3）島外企業による観光開発圧力

　竹富島も、荻町と同様、観光振興の成功事例である。さらに、竹富島は人口も増えている。だが、「竹富島の声」で最も危惧していたリゾート開発の阻止は、未だ達成できていない。

　実は、島の東部には「星のや竹富島」がすでに開業している。これは、竹富島東南部の一団の土地の抵当権が転売されてしまったことで、一気に高まった大規模な観光開発の危険性に対し、その土地の抵当権を買い戻し、その費用返済のために一部の土地でリゾート経営を認めたもので、一般的なリゾート開発とは背景が異なる。時間をかけて住民に対する説明や議論が重ねられ、最終的には公民館の臨時総会における投票で、受け入れが決まった。しかし、島外企業のリゾートホテルができたことに変わりはなく、2014年には別の企業が、島の南西の風光明媚な砂浜の近くにホテルを開発する計画を発表した。この計画に対し、2015年3月末の竹富公民館定期総会において、改めて「竹富島内においてすべてのリゾートホテル等の外部からの観光資本を受け入れない」という

決議がなされ、観光開発計画を受け入れないよう竹富町へ陳情された。ちなみに、竹富公民館とは竹富島の自治を行う組織だ。全国的に公民館は、地域の会合や社会教育活動を行う施設を指すが、八重山諸島では地域ごとに地域自治組織があり、その組織を公民館という（島袋他 2010：118）。竹富島では、祭礼行事の催行や、地域運営のための各種取り組みや問題解決のための話し合いが公民館のもとで行われている。

　しかし、多くの島民が島の環境を維持したいという意思をもっていたとしても、営利目的の企業や島の取り組みに関心のない個人が持つ土地に、法制度で制限されている以上の意思を反映させることは難しいのである。

4　観光開発理論からのアプローチ

（1）コミュニティ・ベースド・ツーリズムの目指すもの

　ここからは白川村や竹富島の地域づくりの現状を観光開発理論と照らし合わせながら考えてみよう。キーワードになるのは「コミュニティ・ベースド・ツーリズム（以下、ＣＢＴ）」だ。

　ＣＢＴは、1970年代に生まれた、地域社会の参加や能力向上を重視する新たな開発の枠組みを背景に、開発途上国や農村地域おいて展開されるようになった観光開発手法である（Andrea and Janet 2012：174）。こういった地域では、雄大な自然や文化的な景観、伝統芸能などの観光資源は、コミュニティが継承してきたものであるにもかかわらず、地域外の資本によって消費者側の価値観で開発が行われ、利益が国外・地域外に流出してしまうことがある。例えば、大規模なリゾート開発などがそれにあたる。ＣＢＴは、そうした収奪型の観光開発ではなく、コミュニティに裨益(ひえき)する観光開発を目指すものであり、コミュニティが自らの資源を自らの経済・社会・文化的発展のために活かしていく仕組みである（山村・石川 2012：231）。しかし、単に観光客が支払う対価が、コミュニティの収益になれば良いという話ではない。地域によって観光資源は多様であり、その資源はコミュニティの生活と切り離せない。また、持続可能性を考慮すれば、コミュニティが適切に資源を保存管理しなければならない。し

たがってＣＢＴは「コミュニティを基盤とし、コミュニティが主体性を持ち、自律的に観光振興を進めていくあり方」を目指し（山村他 2010）、実際、そうした理念に基づいて国内外様々な地域で観光開発が行われている。

それでは、開発によって利益をえるコミュニティとは、具体的にどのような存在を指しているのだろうか。1999年のICOMOS（イコモス）により採択された国際文化観光憲章を見てみよう。

この憲章は、遺産地域における観光開発のあり方を提唱したものだ。具体的には、生活への負の影響の抑制、計画策定へのコミュニティの参画、活動がコミュニティに裨益すべきことなど、観光開発を行う際のコミュニティの尊重や配慮に言及している。ＣＢＴと比較すると、文化遺産保護に主眼が置かれており、やや上から目線だが、この憲章の中では、遺産に関わるコミュニティについて「現在のホストコミュニティ（the present-day host community）」「先住の管理者（indigenous custodians）」「所有者（owners）」が取り上げられている。

「現在のホストコミュニティ」とは、遺産地域（または遺産と関係する周辺）に現在暮らしている人びとを指す。遺産の保存に関わったり、観光によって収益を得る存在だ。「先住の管理者」とは、遺産をつくりだし、それを継承してきた人びとを指す。すでに亡くなっていたり様々な理由で遺産地域に居住していないかもしれないが、遺産と精神的・文化的な繋がりをもつ存在である。そして「所有者」は、遺産地域を構成する土地や建物などの財産を法的に所有する存在を指す。こうした多様なホストを尊重するのが、文化遺産を活かしたＣＢＴの前提なのである。

（２）ＣＢＴの実践地域が抱える課題

荻町と竹富島は、地域住民が集落景観を生かして観光客を受け入れ、観光業に従事して生活を成り立たせている。そして、どちらも住民が景観保全に取り組み、その制約の中で観光振興に取り組んでいる点、地域が各種問題を議論しながら解決する力を持っている点から、コミュニティが主体性と自律性を有しており、ＣＢＴによる観光開発の成功例といえるだろう。しかし、白川村と竹富島の両者ともに課題もかかえている。それについて、特にコミュニティのあ

り方に注目して考えてみよう。

　白川村の場合、約7割の世帯が、明治中期から現在まで代々家を受け継いでいる世帯、もしくはそこから分家した世帯である。集落外から転入した世帯の多くも周辺集落からである。つまり、日常生活の中で合掌造り家屋や集落の原型を生み出した人びとの子孫が荻町集落に今も居住し続けているのだ。

　さらに、転入世帯も含め、合掌造りが文化財でも観光資源でもなかった頃の生活の記憶を受け継いでいる。加えて、集落外への不動産の売買や貸借がほとんど行われてこなかったため、集落内の土地や建物のほとんどは荻町住民が所有し続けている。したがって、現在のホストコミュニティ、先住の管理者、所有者のすべてが荻町住民なのである。

　しかし、今では人口・世帯数の減少、つまりコミュニティの縮小に直面しており、それにいかに対応するかが課題になっている。村外企業や新住民の受け入れなどで新たなアクターが加わる際には、先住の管理者としての生活の記憶をいかに共有できるか、また現在のホストコミュニティとして担っている保存の取り組みに協力してもらえるかが鍵となる。

　加えて所有者の問題、つまり土地の売買や不在地主の土地の増加への対応も迫られている。実際に、守る会が主体となって地域で議論が行われ、「売らない・貸さない・壊さない」という保存3原則のうち「貸さない」については、一定の居住条件を満たせば例外措置として認める方針が示されている。「売らない」については厳守とされているが、今後は売らざるを得ない状況も発生するだろう。

　竹富島の場合も、かつては現在のホストコミュニティ、先住の管理者、所有者のすべてが島民だった。しかし、本土復帰前後から土地の売買が進み、所有者は島民だけではなく、島外の企業や個人が大量に含まれるようになった。そのため、常に、リゾートホテル等の観光開発の危険性にさらされ続けている。今も、土地の売買に関する公民館等への相談は多いが、公民館は土地の購入ができるような財源を持たないため、今後も島外への売買が続く可能性は高い。

　そして現在のホストコミュニティには、先住の管理者だけではなく、移住者も含まれる。集落経営の観点からすると、移住により人口が増えたことは喜ば

しい。いっぽう、現在のホストコミュニティ全体に、先住の管理者にとってはあたりまえの自然や先祖への敬意、「うつぐみ」とよばれる協力の精神、祭礼行事や生活風習、各種地域活動への参加の理解を得ることは難しい。今後も教育・医療環境の維持や祭礼行事の継承など地域運営のことを考えると、島の人口を500名程度まで増やすべきであるという試算が行われているが、これ以上、島のことを知らない住民が増えることを懸念する声も聞かれる。

　また、先住の管理者つまり地縁・血縁を有している人も島に不在である場合が多い。石垣、沖縄、東京に竹富郷友会があり、祭礼行事などの支援はおこなっているものの、日頃の集落の維持活動は完全に島民に任せられている。竹富島の場合、現在のホストコミュニティ、先住の管理者、所有者が多様化し、島民以外にも多くの利害関係者が発生しているのである。

（3）竹富島の新たな取り組み

　竹富島では、ホテル計画などをきっかけに、課題解決にむけた新規プロジェクトが着手されている。1つは、島全域における環境保全である。町並み景観は伝統的建造物群保存地区の制度で保全しているが、その外側の農地や牧草地、樹林地の景観ついても保全できるよう、景観法に基づく準景観地区の制度の導入を検討している。これは、2005年に集落を一周する環状道路を整備した際に、環状道路の外側では（島民も含めて）開発を行わず、農地や樹林等の緑地として保全する、と決めた島内での議論を法制度により支援するものである。法制度により、島民以外の利害関係者が含まれる所有者にも等しく島の環境を守るためルールを課すことが可能になる。

　また、観光客に入域料を課し、自然環境や生態系保全のための活動費を徴収し、土地の取得管理を行うトラスト活動を可能にする地域自然資産法の導入も決まっている。このトラスト活動は、開発や転売の可能性のある土地取得を可能にするもので、所有者と現在のホストコミュニティとの差を少しずつ埋めることを目指すものである。

　もう1つは人材育成だ。伝統家屋を維持するために必要な建築技術について学ぶために、島の大工等の指導のもと赤瓦の屋根葺きをしたり、「グック」と

いうサンゴの石垣を積むワークショップを開催している。島の生活文化についても、青年が中心となり島の年長者に聞き取りを行い、その成果を「竹富島くらしごよみカレンダー」として島民に配布している。これは、先住の管理者がもっている記憶や技術、暮らしの知恵を移住者も含む現在のホストコミュニティに伝える取り組みである。

また、このような取り組みは、島に地縁や血縁がある先住の管理者がすべて企画しているわけではなく、移住者と先住の管理者とが協働で企画推進していることも多い。島外から婿入りや嫁入りした人びと、家族で移住した人びとの中には、地域の暮らしを理解し、積極的に地域活動に参加している人も存在する。

このように、新住民を含めた現在のホストコミュニティが、守りたい島の環境や暮らしの姿を再考し、それを維持するための制度を整えたり、地域を支える人材を育成する竹富島の取り組みは、新たなアクターが加わる荻町集落でも大いに参考になるだろう。

5 変わらざるを得ない地域とコミュニティ

白川村、竹富島のいずれも、集落景観を目的とした観光がコミュニティの中で収まらない経済規模となった。それに伴い、観光開発の機会も高まっている。その中で、白川村では村外企業によるホテルを誘致して村の活力とする政策を、竹富島では島外企業によるホテルをこれ以上受け入れたくないという意思表明を、どちらも地域のために行った。

筆者は、それぞれに状況が異なるため、地域外企業による観光開発を受け入れるべきか否かを議論しても意味はないと考える。それよりも、新たな観光開発や変わりゆく地域の中でも、コミュニティの主体性や自律性を維持し続けること、企業や新住民などの新たなアクターとの関係の築き方こそが重要だ。観光化が世界的に進む現在、そして人口減少期を迎えた日本では、多くの地域で住民のみでは観光開発のコントロールを含む地域経営が成り立たなくなっているが、すべての地域に当てはまるような正解は存在しないからである。

なぜコミュニティの主体性や自律性は大切なのか。それは、荻町集落と竹富島の取り組みは、いずれも、ここに暮らし続けたいという願いと、そのためにふるさとの姿を守るという覚悟から始まっているからだ。そして実際、生活の中で手をかけ議論を重ねながら生活と景観保全との折り合いをつけ、さまざまな困難を乗り越えてきた。だからこそ、人を魅了する地域となったのだ。その魅力を安易に消費する観光開発が増えれば、単なる観光地に成り下がるだろう。どのような観光開発が行われるにあたっても、地域を観光資源としてではなく、歴史の蓄積した暮らしの場として尊重すべきであり、観光振興のためにではなく地域振興のために開発は行われるべきなのである。

参考文献

海野金一郎（2006）『孤村のともし火』桂書房。

島袋純・中村優介・宮里大八・佐藤学（2010）「7．八重山地区の地域自治組織」『2009年度　自治講座：私たちが創る、沖縄の自治　最終報告書』琉球大学国際沖縄研究所。

山村高淑・石川美澄（2012）「北海道のコミュニティ・ベースド・ツーリズム振興に果たす小規模宿泊施設の役割に関する実証的研究――農産漁村地域の民宿と都市部のゲストハウスとの比較分析」北海道開発協会研究助成報告書。

山村高淑・小林英俊・緒川弘孝・石森秀三編（2010）『コミュニティ・ベースド・ツーリズム事例研究――観光とコミュニティの幸せな関係性の構築に向けて』北海道大学観光学高等研究センター、財団法人日本交通公社。

Andrea, Giampiccoli and Janet, Hayward Kalis (2012) "Community-based tourism and local culture: the case of the amaMpondo," *PASOS. Revista de Turismo y Patrimonio Cultural* 10 (1), pp. 173-188.

International Cultural Tourism Charter〈https://www.icomos.org/charters/tourism_e.pdf〉（2018年9月30日最終アクセス）

第5章
農村民泊が直面しているもの
──境界をまたぐ実践の良さと困難──

越智　正樹

1　意表を突く一言に立ち止まる

(1) 観光と地域の共栄という理想

　読者の皆さんはきっと、観光が地域のためにもなることを望んでいるだろう。地域が主体となって、その地域の魅力を観光によって発信し、それが事業としての継続性をもつことを通じて地域活性化につながる。これは、多くの人が抱く理想だと思う。その「地域の魅力」にはいろいろあるが、地域主導型観光や着地型観光に関する本には必ず、田舎らしさを魅力とする事例が挙げられている（例えば、尾家・金井編著 2008、大社 2013、佐藤・椎川編著 2011など）。「田舎らしさ」にもいくつかの要素があって、例えば農山漁村らしい景観や、伝統文化・芸能、郷土料理、個性的な方言、素朴で自然体のホスピタリティ、近隣の人びとの親密な関係性、などが挙げられる。こうした「田舎らしさ」のことを、英語圏ではルーラリティ（rurality）とよび、それを消費対象とする観光スタイルのことを、ルーラル・ツーリズムとよんでいる。もっとも日本では、グリーン・ツーリズムという言葉の方が一般的だろう。これは簡単にいえば、ルーラル・ツーリズムのうち、特に農林業・農山村に関するものを指す言葉である。[1]
　グリーン・ツーリズムという言葉が国内で広まったのは、農林水産省が1992年に発表した新農政プランという計画によるもので、同省は農山村振興のための1つの策としてグリーン・ツーリズムの推進を謳った。「地域資源を最大限活用して、人的な交流を重視し、そのことを通じて農村の自然や社会を保全・育成しつつ楽しむ」のがグリーン・ツーリズムだと位置付けたのである（青木

2007：189)。もちろん、農山村観光そのものの歴史はもっと古く、1960年頃の高度経済成長期にまで遡ることができるのだが (山田 2008：15)、それが、特に1980年代の農業・農村政策の転換を経て、国策としても観光と結び付いた農山村振興が謳われるようになったというわけである。その後グリーン・ツーリズムは順調に成長し、全国のグリーン・ツーリズム施設の年間宿泊者数は2012年度に延べ900万人を超え (農林水産省「都市と農村の交流などに関する資料」)、さらに昨今ではインバウンド需要の伸びも目立っているという (三菱ＵＦＪリサーチ＆コンサルティング (株)「農泊受け入れに関する実態調査結果公表のお知らせ」)。このように、農山村振興と結び付いた観光が成長していくことは、地域にとっても観光にとっても望ましいことであり、まさに冒頭に述べたような理想が実現されていると考えられよう。

　筆者もそのようなことを考えて関心を抱き、居住している沖縄県のグリーン・ツーリズムについて、詳しく知りたいと思った。観光立県を謳う沖縄において、観光が実際に地域に貢献している好例を見ることができると思い、関連機関に話を聞きに行ったのだ。しかし、そのときちょっと意外な一言に出くわしたのである。

（2）グリーン・ツーリズムは観光か？

　筆者が最初に赴いたのは、ネットで「沖縄　グリーンツーリズム」と検索すればトップに表示される、沖縄県農林水産部村づくり計画課だ。次いで、紹介を受けた (沖縄本島) 中部農業改良普及センターを訪ねた。農業改良普及センターは県内各地区にあって、当該地区のグリーン・ツーリズム研究会を所管していたのである。対応してくれたのは、当時主任技師を務めていた人物であった。この人は筆者の質問に対し、データや資料を示しつつ、グリーン・ツーリズムの現状や政策方針などについて、とても丁寧に説明してくれた。一通りの話を伺い、若干の意見交換もして、1時間半後に席を立ったときのことである。いただいた資料を鞄に詰める筆者の手元を漫然と見ながら、その人がぼそっと一言、次のような言葉を発した。「観光学部の先生が、グリーン・ツーリズムをやる (調べる) とは意外でした」。

第Ⅱ部　観光と地域

　筆者はそのとき、何と返していいか戸惑った。グリーン・ツーリズムが観光であることは当たり前だと思っていたからだ。だってツーリズムだし……と思いつつも、本当のところ、この人が何をいいたいのか、その真意をつかみかねていいよどんだ。それでその場は適当にお茶を濁して、今後ともどうぞ宜しくと引き上げたのだが、しかしその後もこの言葉が心に引っかかって、ちょっと立ち止まって考えてみることにしたのである。

　まず、実際に生じているホストとゲストの関係を考えると、グリーン・ツーリズムという行為そのものが観光であることは、やはり間違いないだろう。だが、それを推進するバック・グラウンドはどうだろうか。冷静に考えてみれば、グリーン・ツーリズムとは先述のように、農林水産省が政策として打ち立てたものである。筆者が訪問したのも、県農林水産部であり、その下の農業改良普及センターである。グリーン・ツーリズムは実のところ、少なくとも政策としては、これら農政側だけが携わっているのではないか。観光政策側からの積極的な連携アプローチは、想像以上に少ないのではないか。[4] 筆者は、農山村振興策に対し観光側からも貢献できるのがグリーン・ツーリズムだと安易に思っていたが、これは実は甘い考えだったのかもしれない。

　それだけでなく、先の一言から考えるべきことがもう1つある。観光系の大学教員あるいは研究者からのアプローチが、筆者の訪問までおそらく皆無だったのだろうということである。いっぽうで、この主任技師の口調からすると、農学系からのアプローチはあったのだろう。もちろん、これはこのセンターに限った偶然のことかもしれない。だがもしかすると、大学の中や研究者間でも、グリーン・ツーリズム研究に関する連携やコミュニケーションに不足が生じているのかもしれない。

　冒頭で述べたように、地域のためにもなる観光というのは、観光を学ぶ者も携わる者も、ほとんどが口にする理想である。その中でグリーン・ツーリズムは一見、観光振興と農山村振興がうまくつながっている例のように見える。しかし、実際にはそんなにうまく対等につながっていないのではないか。ひょっとしたら、グリーン・ツーリズム振興はもっぱら農政や農学に任せておいて、都合の良い時だけ「これは観光でもある」とわれわれはいっているのではない

か。あえて悪いいい方をすれば、観光サイドは後から、成果の上前だけを頂戴してしまっているのではないか。もちろん、そうではないと信じたいのはやまやまだ。ただ、そうではないのであれば、観光政策や観光学はグリーン・ツーリズムに対して何ができているのだろうか。

　こうした実態を知らずして、「だってツーリズムだし」と片付けてしまいそうになった自分も、もしかすると上前だけ頂戴することに加担しようとしてしまっていたのかもしれない。そのように考えた筆者は、むしろもっと積極的にグリーン・ツーリズムの実態について研究したいと思うようになった。そして、その典型的なスタイルである農村民泊の調査に着手したのである。

2　農村民泊は何のために

（1）農村民泊の特徴

　グリーン・ツーリズムには日帰り型（観光農園や農産物直売所の利用など）と、宿泊を伴う滞在型とがある。このうち後者の典型とされるのが、農家民宿の利用である（寺岡 2014）。三菱ＵＦＪリサーチ＆コンサルティング（株）が2017年12月に行った全国調査の結果によると、こうした滞在型グリーン・ツーリズムを行った国内旅行者の67.0％が、教育旅行として訪れている。このような統計調査でいうところの「教育旅行」とは、学校などの教育機関が主催する行事としての旅行であり、主には修学旅行を指す。すなわち英語で言えば school trip に近い。いっぽう、そもそもグリーン・ツーリズムは、観光サイドから見ればスペシャル・インタレスト・ツーリズム（ＳＩＴ）の一種と位置付けられるが、このＳＩＴとは「観光客が主体的に学習や教育を観光目的とする」ものであり、広義の「教育旅行（educational tourism）」に含められる（安村 2011）。つまり滞在型グリーン・ツーリズムは、狭義においても広義においても、もっぱら教育旅行として実践されているといえる。ただ本章においては、教育旅行という語は断りのない限り、狭義において使用することにしておこう。

　ところで上記の全国調査において、「宿泊施設の種類（複数回答）」を回答した84団体・組織のうち、52.4％が、「農家・一般民家（簡易宿所登録なし）」を含

図5-1　沖縄のある農村民泊民家

めて運営していると答えている。旅館業法を勉強している人はこれを見て、ちょっと驚くかもしれない。今では住宅宿泊事業法（いわゆる民泊新法。2018年6月公布）があり、要件を満たせば簡易宿所登録なしで宿泊事業を営むこともできるが、調査当時にこの制度はなかった。したがって宿泊事業を営むには、必ず旅館業法上の許可を得なければならなかったはずだ、と思うだろう。だが実は、住宅宿泊事業法施行以前の法解釈では、滞在型グリーン・ツーリズムに限って、簡易宿所登録なしでの観光客受入も事実上、認められていたのである。というのも、農村文化体験の一部としての宿泊の場合、対価として得ているのはあくまで体験料であって宿泊料ではなく、したがってこれは宿泊事業ではない、という理解が市民権を得ていたからである。

　この理解を広めたのは、大分県安心院町（現在は宇佐市安心院）のグリーン・ツーリズム推進協議会である。これによって安心院では、非農家や、比較的手狭な農家も含めて、地域住民全体で取り組む滞在型グリーン・ツーリズム、すなわち「農家民宿でも農家民泊でもなく、農村民泊」を確立することができたのである（青木 2004：71、傍点原典）。この安心院の先駆的な取り組みはその後、全国で参考にされることとなった。[5]こうして滞在型グリーン・ツーリズムの典型は、農家民宿もそれ以外の民家も含む「農村民泊（あるいは農泊）[6]」として周知されるようになった。逆にいうと、安心院方式が定着した2000年前後以降、

第5章 農村民泊が直面しているもの

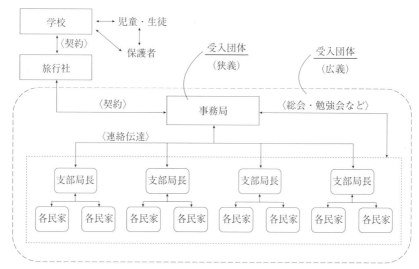

図5-2 農村民泊受入団体の典型的な組織図
出典:越智(2019)。

Airbnb型[7]の事業が席巻するまでの十数年間は、「民泊」といえばもっぱら滞在型グリーン・ツーリズムを指す言葉であった。このことをまずは、頭の片隅に入れておいてほしい。

さて、全国の農村民泊は一般的に、地域ごとに団体を組織して運営されている。その組織の典型的な構造を表したのが図5-2である。各団体には事務局があって、そこで旅行社との契約や、顧客の各民家への割り振りなど遂行全般の統括、さらには登録民家に対する研修などを行っている。「受入団体」という呼称は、この事務局そのものを指すこともあれば、事務局を核とする登録民家全体を指すこともあるが、本章では断りのない限り、前者の呼び方で統一しておこう。なお図5-2は教育旅行を前提としたものであるが、個人・家族旅行客の場合、簡易宿所の許可を得ている民家に対して直接予約を入れてくるケースも、もちろんある。

いっぽう、受入団体の法人形態はさまざまである。沖縄県の例をまとめたのが表5-1だ。これを見ると、観光協会が受入団体の役割を果たしているところが最も多いものの、割合としては全体の21.6%である。その他の形態では、

表5-1　沖縄県内の農村民泊受入団体（地区別・法人形態別）

	本島北部	本島中部	本島南部	本島周辺離島	先島地方	大東地方	計
観光協会	1		1	4	1	1	8
NPO法人	3	2	1		1		7
有限会社	1	1	2		1		5
合同会社	2	1			1		4
一般社団法人	1	1	1				3
株式会社	1			1	1		3
漁協					1		1
不詳	2	1	1		2		6
計	11	6	6	5	8	1	37

注：「一般社団法人」は観光協会を除くそれである。「不詳」はすべて任意団体だと推量されるが未確認である。
出典：越智（2019）[8]。

農村民泊に限らず観光業一般を主業としている団体もあれば、社会福祉や地域おこしなど他の事業を主としつつ農村民泊も営んでいる団体もあり、さらに農村民泊のために地域住民が新たに立ち上げた団体もある。つまり受入団体と一口に言っても、観光をメインにしていたりそうでなかったり、さまざまなのである。ただし、1県の中でこれほど多くの受入団体が存在するところは他に類を見ず、これは沖縄県の農村民泊の特徴の1つとなっている。もっとも、37団体のすべてが完全に独立しているわけではなく、旅行社との契約に際しては共通の窓口を設置している団体もいくつかある。

　沖縄県の農村民泊のもう1つの特徴は、教育旅行の受入が圧倒的に主だということである。（株）カルティベイトのデータ[9]によると、表5-1の37団体の2016年度受入実績では、回数ベースで93.9％、人数ベースで97.3％が修学旅行によるものである。これは、本節冒頭に示した全国調査の結果と比して、圧倒的に高い数値であることが分かるだろう。沖縄県の農村民泊と言えば、ほぼ教育旅行であること、そして受入団体は観光をメインにしていたりそうでなかったり、さまざまであること。これらのこともまた頭の片隅に入れておいてもらおう。

（2）受入団体の悩み

　さて前置きが長くなったが、筆者はこのような状況下にある沖縄県の農村民泊について、第1節に述べたような観点から検討するために、まずは受入団体の人びとに話を聞きたいと考えた。ここで筆者が幸運だったのは、ちょうどときを同じくして県村づくり計画課が、県内のグリーン・ツーリズム全体の組織化を図るべく、各受入団体間のネットワーク作り事業に着手したところだったことである。そのネットワークの設立に向けた準備委員会に、県内各地の受入団体とともに筆者も招かれたのだ。それによって、委員会での議論はもちろんのこと、会議後の懇親会などでインフォーマルにもさまざまな声を聞くことができた。ちなみにこの委員会の事務局を務めたのが、実は前節で述べた主任技師であった。その後県庁に異動していたこの人物が筆者のことを記憶していて、声をかけてくれたのである。もちろんこうした機会の獲得においては、筆者が大学教員であることのアドバンテージはあるが、しかし、フィールドにおいて自身の関心を明確に示せば後々に縁が縁をよんでくれるものだ、ということの好例でもあると思う。

　いっぽうで会議や懇親会においてはまず、筆者の聞きたいことを聞くというよりも、受入団体どうしの話し合いを促進する触媒としての役割に徹しようと考えた。というのは、それこそが当事者ネットワーク形成に向けて第三者としての筆者が果たすべき役割だと思ったからである。と同時に、第1節末に述べたことを踏まえれば、筆者が思い込んでいる「グリーン・ツーリズム」の像をいったん脇に置いて、当事者たちが語る自らの実践の何たるかを、ありのままに聞き取ることから始めねばならないと考えたからである。

　農村民泊のポジティヴな実態として聞かれたのは、何といっても生徒に対する教育効果であった。生徒は少人数単位で分かれ、民家とともに農作業に汗を流し、家に入ってともに料理をしたり語らったりして打ち解け、わずか1泊後には別れを惜しんで涙する人も少なくない。中には、いわゆる「やんちゃ」な生徒が1泊後にはとても素直に振る舞っているのを見て、先生が「いったい何を食べさせたの !?」と驚愕した例もあるという。そして、卒業後にも個人的にその民家を再訪する生徒がいることは、ほぼすべての受入団体が口にする事実

第Ⅱ部　観光と地域

図5-3　沖縄離島の農村民泊、港でのお別れ

だ。このような濃くて深い体験と交流の提供こそ、受入団体の大半が価値を置き、喜びを感じるところである。

　だが聞き取れたのはポジティヴなことだけではない。むしろ、受入団体間で話を交わすとき、農村民泊に関わる問題の方がよほど多く話題となっていた。その中には、例えば消防署の許可基準が市町村ごとに異なるなど制度面の問題も多々あったが、ここでは農村民泊の遂行中におけるトラブルに絞って簡単にまとめておこう。

　第1に、法規違反（生徒の飲酒喫煙、民家の道交法違反など）や、受入団体が自ら謳う趣旨に反する体験提供（生徒の放置、モラルに反する行為をさせるなど）、事故・怪我、そして生徒のアレルギーや持病への対応がある。これらはいずれも重大な問題だが、いっぽうで受入団体の対策としては、問題が発生しないよう徹底を促すしかなく、その点では分かりやすい問題である。

　第2に、過剰収容の問題がある。1つの民家が1回で多数の生徒を受け入れてしまうことで、就寝環境や体験の質が低下してしまうのだ。これも対策は比較的分かりやすいが、ただ、どの程度からが「過剰」なのかは、考え出すと意外と難しい問題である。適正人数の設定のためには、単に寝床の面積だけでなく、教育旅行（広義）としての農村民泊が絶対に保つべき体験の質とは何かを考えないといけないからだ。

最後に、最も対策の難しいことが、まさにこの質と直接関わる事柄である。この問題群には多種に渡るトラブルが含まれるが、まず多く挙げられるのが家屋内の虫の問題である。むろん、田舎生活の常識的レベルを超えた虫の侵入は避けるべきだ。しかし、中には家の中にアリが１匹いるのを見ただけで半狂乱になる生徒もいるという。また次の例として、自然食への拒絶を示す生徒もいる。例えば、食べられる野草を一緒に摘んで料理に供したところ、「雑草を食べさせられた」と不平をいう生徒もいるのだという。

　これらのことは、笑い話のように思う人もいるかもしれない。だが、生徒が先生や保護者に（電話などで）不平を伝えることで、実際にクレーム問題にまで発展しているのである。これらが体験の質と直接かかわる事柄だというのは、家屋内の虫や自然食はまさに「田舎らしさ」の要素でもあるからだ。観光業あるいはサービス業の勉強をしている人は、「顧客の求めることにノーはいわない」と習っているかもしれない。だが、アリ１匹出ないように家屋を管理し、付近の安全な野草も食さないよう制限を課すとしたら、それは本当にありのままの「田舎らしさ」の提供になるのだろうか？　つまりこれは、クレームに応じて再発防止策を徹底してしまうと、農村民泊の価値が低下してしまいかねない類いの問題なのである。

　同じ類いの問題は、民家ごとの個性に関わるところでも発生している。受入民家は、あくまで一般の農家・民家である。法遵守のため、受入団体の指示に従って簡易宿所登録をしている民家も多いが[11]、それはあくまで農村民泊時のためのものであり、それ以外のゲストは受け入れていない民家がほとんどだ。つまり農村民泊の民家は、プロの宿泊業者ではない。したがって、同じ受入団体（広義）に属していても、系列グループのホテルのような画一化は受けていない。一般の民家であれば、それぞれの家の設備も料理も異なるし、文化・芸能について知っていることも異なるのは当然だ。そのような民家に入るからこそ、ホテルや旅館では得られない生活体験ができるはずだ。だが、実際に参加する生徒の中には、それに納得できない人もいる。

　生徒の多くは滞在中、ＳＮＳを介して、他民家に滞在している友人とリアルタイムで情報共有する。それによって、「あっちの家が良かった」「家を替えて

ほしい」と訴える生徒が現れることもあるという。これも、観光業の立場からすれば、顧客の要望に極力応えるべきだと思われるかもしれない。あるいは、同じ価格の料金を支払っている以上、受けるサービスは均質でないといけない、と思う人もいるかもしれない。だがこの場合、受けるサービスとは、「料理」や「設備」など個々のものを指すのか、それとも「一般民家の生活を体験すること」そのものを指すのか。受入団体は、もちろん後者と考えている。あらゆる生徒に提供しているものは、「一般民家の生活の体験」という点において均質なのであり、そして「一般民家の生活」とは本質的に個性的なものなのである。したがってこれもクレームに応じた対策を徹底すれば良いというものではない。徹底してしまうと、民家が不自然に画一化されてしまい、もはや「一般民家の生活」ではなくなってしまうからだ。

　つまるところ、この類いの問題は、実は農村民泊の持続可能性にかかわる難問なのだといえよう。すべてのクレームに応じていては、農村民泊の質が損なわれてしまう。かといってクレームに全く応じなければ、顧客は減ってしまうだろう。ここに加えて難しいのが、教育旅行の場合、「顧客」が一枚岩ではないことである（永井 2011）。すなわち、体験をするのは生徒であるが、契約は学校と結ばれており、費用は保護者が負担している。生徒がちょっと漏らした愚痴に対しても、その場にいない「顧客」である保護者や先生が、過剰に反応してしまうこともあるのだ。例えば、生徒が田舎暮らし体験について「サバイバル生活している」とメールしたところ、「いったいどんなところに泊めてるんですか！」と電話でクレームしてきた保護者がいたという。また、「家を替えてほしい」という生徒に対し、先生が民家には内緒で連絡を取り合い、裏口からこっそり抜け出させてホテルに移してしまったケースもあるという。

　何度か経験のある先生であれば、「最初は多少の愚痴をいっていても、そのうち打ち解けるもんだ」と知り泰然としていてくれるが、経験の浅い若手の先生の中には、こうした過剰反応をしてしまう人もいるのだそうである。受入団体としては、生徒も学校も保護者もみな顧客のうちであるので、過剰反応であれ丁寧に対応せねばならない。と同時に受入団体は、民家も守らねばならない。こんな家は嫌だといわれたり、何の断りもなく逃げ出されたりしたら、民家と

しては大きなショックであろう。実際、それまでの学校からは評判の良かった民家が、ある学校の生徒の激しい拒絶にショックを受けて、受け入れをやめてしまったケースもあるという。

　繰り返すが、受入民家は専門の宿泊業者ではない。宿泊業者ならば「宿を替えてほしい」という顧客の反応も粛々と受け止めねばならないだろうが、自分の子や孫のように生徒を受け入れようと心がけている一般民家が、そのように割り切ることは困難だろう。むしろ簡単に割り切れるような接し方を身につけてしまっては、ホテルや旅館では得られないような濃くて深い体験と交流の提供はおぼつかない。こうして受入団体は、ただひたすらに顧客の要望に従うことで済ませるわけにもいかず、随時起こるトラブルへの臨機応変な対処が求められ、顧客と民家の双方のケアに奔走しているのである。

　また、民家のケアを要する問題としては、いわゆる「受入疲れ」も挙げられる。受け入れを連続して行った結果、民家の心身の負担が過剰になってしまう問題である。これは、団体運営において商業的経営志向をどの程度にとどめるのか、という難題と大きく関わる。むろん、事業継続のために商業的経営は必要不可欠である。また民家の中には、収益増を望んで、もっと受入頻度を上げてほしいと団体に要望する人もいる。農家所得の向上は、グリーン・ツーリズムの重要な目的の1つなので、こうした民家の要望は的外れではない。だが問題はやはり、民家はプロの観光業者ではないということと、農村民泊の質の低下だ。プロの観光業者ではない一般民家は、いかに受入経験を積もうとも、精神的な疲れを隠して相手と同等の新鮮味を感じているように振る舞うことは難しい。どうしても応対が流れ作業になってしまったり、雑さが出てしまったりする。ともに長く時間を過ごす生徒はこれに敏感で、実際にクレームが生じたこともあるそうだ。もちろんプロであれば、自身の感情をコントロールして、かけがえのないときをともに楽しんでいる様を、相手に伝えるべきだろう。このようなサービスの仕方のことを、社会学では「感情労働」とよぶ（神田 2013：5-6；ホックシールド 2000）。だが、民家があまりに感情労働のスキルを身に付けてしまい過ぎると、それはもはや観光業者による応対と変わらず、「素朴で自然体のホスピタリティ」ではなくなってしまうのではないだろうか。し

たがって、いかに農家所得向上がグリーン・ツーリズムの目的の1つだとしても、商業的経営志向はどこかで抑えをきかせないといけないのである。

このような意味を込めて、ある受入団体の代表は、登録民家たちに対して、「あんた達は農家だよ。観光業になっちゃったらダメだよ」といい続けてきたという。収益増の要望が強すぎる民家は受入停止としたこともあり、新規参入申請の場合は断っているそうだ。「民家数は本当は足りてないよ。本当は民家を増やしたいよ。でも、それ（収益増志向の強い民家を増やす）をやっちゃったら民泊じゃなくなるから」と、代表は語った。この言葉にはこの人物の、「自らの実践の何たるか」に関する思いが如実に込められており、「民泊」とは何であるかの考えがはっきりと表れている。こうした受入団体の毅然とした姿勢が、顧客と一般民家をつなぎ、商業的経営と質の維持とのバランスを取り、農村民泊を持続可能にしていくうえで、とても重要な役割を果たしているのだろうと筆者は思った。

ところが、その代表がある日、次のような言葉を漏らしたのである。「もう、なんで民泊やってるのかわかんなくなった……」。

（3）衝撃の一言の背景を探る

この言葉の背景にあったのは、「民泊」をめぐる国内情勢の変化と、各種規制の急激な整備であった。2015年秋頃から国は、空き家・空き室の利活用と東京オリンピック時の対応のために、民泊の規制緩和を謳い始めた。ちょうど先述のグリーン・ツーリズムネットの設立準備委員会が始まったばかりの頃である。その後、民泊をめぐるトラブルが各地で報道されたことをきっかけに、規制緩和と同時進行で新たな規制も設けられることになった。

規制緩和で新たに参入するのは、主に都市部における Airbnb 型の民泊である。いっぽうで新たな規制は、農村民泊（特に簡易宿所登録のない民家）も等しく受ける。先述のように、かつては「民泊」といえば滞在型グリーン・ツーリズムを指しており、「田舎らしさ」を前提とした濃くて深い体験と交流のことだった。が、国が「民泊サービス」という言葉を新たに作って以降、「民泊」という言葉は、住宅を活用した宿泊サービスを意味するものに変わってしまった。

こうした民泊サービスは、いわゆるシェアリング・エコノミーの1つと見なされる（山田 2018）。そもそもシェアリング・エコノミーとは、一般的な市場経済と変わらない商業活動と、利益を求めるだけでなく社会的・文化的機能も備えた贈与経済的活動とのあいだに、広くまたがっているものである（スンドララジャン 2016：51）。その中でAirbnbは、商業的傾向の強い形態にあたる（同上：66）。では農村民泊はどうかというと、これは厳密な意味でのシェアリング・エコノミーではない。ただシェアリング・エコノミーに模して考えてみると、遊休資産（空き室など）の市場化というより「濃くて深い体験と交流の提供」を重視している限り、贈与経済的傾向が強いといえるだろう。

　だがこれは、同じ農村民泊でも受入団体ごとに温度差のあるところである。商業的傾向の強い団体もあり、そうした団体に移籍したいと考える民家もいるという。国策等はこうした商業的民泊事業に焦点を当て、規制しつつ振興する方向性にあるが、その規制は贈与経済的農村民泊も等しく受ける。各種規制が整備される中で、観光政策が農村民泊に対して要求する観光業的規律も増強され、安全・安心の徹底がさらに厳格化されている（越智 2019）。このように商業的な観光業の理屈に従うよう求める情勢が急激に強まり、「観光業になっちゃったらダメ」「それをやっちゃったら民泊じゃなくなる」と贈与経済的志向を示していた人物の口から、ついに「もう、なんで民泊やってるのかわかんなくなった」という一言が発せられたのである。この一言は筆者にとって衝撃であった。これに対して自分は何ができるのか。どう答えられるのだろうか。

　問題の1つは、「民泊」という概念が混沌としていることにあるだろう。都市型も農村型も、家主不在型も交流型も、商業型も贈与経済型もすべて一緒くたにされているため、実践者たちの志向と規制する側が求めることに、ズレが生じているのではないか。規制はすれば良いというものではなく、度を超すと農村民泊の質の低下にもつながりかねないことは、先に確認したとおりだ。では、農村民泊の質とは何か。他の「民泊」と差別化されるべき、固有の価値とは何か。これは誰もが知っているようで、農家所得のようには数値で表されないため、放っておいても誰もが重視してくれるものではない。上述の代表だって、「なんで民泊やってるのか」はもちろんよく知っているはずだ。だが、そ

れをどう表現して理解してもらえばいいのかが、もはや分からなくなってきたということであろう。質や価値の認識が、実践者の間だけにとどまるのではなく、旅行予定者や潜在的旅行者にも共有されるためには、誰かがどうにかしてこれらの人たちに伝えなければならない。このような伝達は、受入団体だけで何とかできるものではなく、それこそ観光サイドが、特に学校と直接やり取りをする旅行社が果たすべき役割もあるだろう。ではまずその旅行社は、実践者らにおける質や価値の認識を、どの程度共有しているのだろうか。

このような疑問を抱いた筆者は、受入団体と旅行社を対象として、それぞれに農村民泊ならではの価値をどのように認識しており、それがいかに共有・伝達されているのかを、インタビュー調査並びに資料分析により明らかにすることにした。ここで調査結果を詳述することはできないが、簡単に述べると、まず、両者の価値認識自体には相通ずるところが多くあった。ただし、民家の非観光業性への価値の置き方は、むしろ旅行社の方が若干強かった。いっぽうで観光業的安全管理の面については、むしろ受入団体側が、旅行社の想定よりも厳しく自主規制している点があった。これは、旅行社と受入団体とが契約主従関係にあり、弱い立場にある受入団体は旅行社からの責任追及を警戒しているためだと考えられる。だがその厳しめの自主規制は、筆者が考察するには、農村民泊の価値低下につながりかねないところがある。価値低下を避けるためにはこの警戒を緩和する必要があり、緩和するためには意思疎通が必要であり、意志疎通が進むためには、農村民泊ならではの価値を両者間で明確に言語化して共有することが必要である。このような言語化は、学校側への伝達の改善にもつながるだろう。筆者の研究は以上のことを指摘し、また言語化の試論も、調査結果に基づいて同時に提示したのである（越智 2019）。

3　ごっちゃになっているものを解きほぐす

（1）都市とも言えず農村とも言えず

最後にもう1つだけ、ちょっと別の話を紹介しておこう。沖縄本島中部に、中城村という村がある。この村は那覇市から車で約20分から30分の近距離にあ

り、農林統計上も「都市的地域」に分類されている。ところが、村の全面積に占める農地面積の割合は21.9％に及び、沖縄本島27市町村のうち第5位に位置している（2011年度現在）。この村において、地域住民が発足させた村おこしNPOが、2013年から農村民泊事業に着手した。ただし参加世帯の中に農家は少なく、自給畑や家庭菜園、あるいは親戚や隣人の畑を借りて農作業体験を提供しているという（2014年度現在）。こうしたあり方は、まさに前節で述べた、地域住民全体で取り組む農村民泊的な方向性といえよう。

ところがこの中城村は、「農村」としてアピールすることが難しい地域である。なぜなら里山的な自然の乏しい「都市的地域」だからだ。かといって実感としては、那覇市のようないわゆる都市でもない。これに対してこの団体の代表らは、「じゃあ『マチに近い田舎』を、ちょっとPRしていこうやと」考えたという。しかし、「マチに近い田舎」には何があるのか。「中城に住んでると『何もないのに』というのが必ずいわれる（…）それ（農地の多さ）が謳い文句になるということ自体がみんなあまり、感覚的に、ね（ない）」。

実は中城村に限らず、日本全国において、都市でもなく農村でもなく両方の要素が入り混じっている地域の方が、圧倒的に多いとされる（山田 2011：32）。全国的に観光が地域のためにもなることを目指すなら、こうしたところでの「地域の魅力」の発信についても考えるべきだろう。ではこのような地域において、農村民泊的な活動を実践する人たちは、どのように自身の実践を表現すれば良いのだろうか。筆者がかつて出した答えは、「農村的自然（里山的景観）」と「農的自然（農に関わって身体化される自然）」とを区別することだ（越智 2015）。里山的景観が乏しい地域でも、営農を通じた自然との関わりが豊かな場合はあるし、前者が豊かでも後者が実は乏しいという地域もあるだろう。であれば、「マチに近い田舎」の農的自然を、民泊の魅力の1つとして表現することはできるかもしれない。そしてそれは、都市的地域において、Airbnb型民泊との明確な差別化にもつながるかもしれない。

（2）分節化とエポケー

ひるがえって見れば、本章で取り上げた農村民泊は、いくつもの境界線上に

またがって存在していた。観光振興と農山村振興、観光業(宿泊業)と一般民家、商業活動と贈与経済的活動、そこに加えて都市と農村にまたがる例もあった。このような境界をまたぐところにこそ、観光であって観光でないような「地域の魅力」が発揮されるといえよう。だが同時に、境界をまたぐということは、いろんなものがごっちゃになってしまう危険性もはらんでいる。そこに、実践者たちの苦悩がある。自身の実践のことは当事者が一番よく知っているはずだが、いろんなものがごっちゃになっていくと、その実践の個性をどう表現して良いかが難しくなり、ひいては目の前の課題とどう向き合えばいいのかも分からなくなることがある。境界をまたぐ実践は、個性的な魅力を発揮する一方で、どっちつかずの不安定さもあるのだ。ここで重要なのは、安定を求めて境界線のどちらか一方に押し込めようとするのではなく、魅力ある不安定な状態をいかに持続可能にするかである。そのためには、ごっちゃになっているものを考えなしに消し去るのではなく、まず客観的な区分と整理によって解きほぐして理解することが重要で、その手伝いを第三者が行うことが有益だ。現場の事実をこのように分析して解きほぐすことを、文化理論では「分節化(articulation)」と呼ぶ。この分節化を行うためには、「グリーン・ツーリズムとはこういうものだ」という先入観や、「ツーリズムと名がつくものはぜんぶ観光の理屈のもとにある」という思い込みをいったん脇に置いて、一緒くたにされているものは何かをありのままに見る必要がある。この、いったん脇に置く作業を、社会学などでは「エポケー(epoché)」とよんでいる。

　観光が地域のためにもなることは、観光に関わる誰もの願いだ。地域主導型観光や着地型観光に、その希望を抱くのは何ら間違いではない。ただ、読者のみなさんが本当にこの願いを叶えたいのであれば、先入観を疑わずいわれるままにコンテンツ作りや販促戦略などを手伝うだけでなく、一度エポケーを試みて、そこで実践されていることをありのままに見つめてみてほしい。そうすれば、実践者が実は呑み込まれてしまっているような、実践者自身も表現が難しいような、より大きな問題が見えてくるだろう。それを適切な調査で明確にし、分節化することも、持続可能な振興に向けたとても重要な手伝いになるはずである。

第5章 農村民泊が直面しているもの

注
1) 漁業・漁村を対象とするものはブルー・ツーリズムとよび、国交省と水産庁が所掌している。
2) その経緯を詳しく知りたい人は、例えば生源寺他（1993）などで農政の歴史を学んで欲しい。
3) 筆者の所属先は当時、観光産業科学部という名称であった。
4) 筆者のこの訪問は2014年4月のことであるが、実は同年1月には農水省と観光庁が「農観連携の推進協定」を締結していた。ただ、協定締結後も事態は大きく変わっていないと筆者は感じている（2018年10月現在）。
5) 安心院町ではあわせて無料会員制を導入することで、あくまで親戚付き合いの延長としてのツーリズムであることを示した。詳しくは青木（2004：75-79）参照。ただしこの無料会員制については、必ずしも全国で導入されたわけではない。
6) 「農泊」はNPO法人安心院町グリーンツーリズム研究会長の登録商標である。ただし同会の申出により、農林水産省も専用使用権の設定を受けている（2018年6月より）。
7) Airbnbは、民泊のホストとゲストをつなぐ世界最大のウェブプラットフォームであり、事業主体の企業名でもある。Airbnbが紹介する民泊には、宿泊時にホストが不在のものも含まれる。またホストの大半が、交流などの社会的動機よりも利益のために空間を貸したいという理由で参加しているとされる（スンドララジャン 2016：75）。このようなタイプの民泊を本章では「Airbnb型」と呼んでおく。
8) 本表は（株）カルティベイトより提供を受けた、2017年度調査におけるデータに基づいて作成している。同調査は同年度「沖縄の農家民宿一期一会創造事業」（県村づくり計画課）の一環として実施された。
9) もととなった調査は注8と同じ。
10) これは後に、「沖縄県グリーン・ツーリズムネットワーク」として2017年1月に発足にいたった（初発の正会員は8団体）。その経緯について詳しくは越智（2017a）参照。
11) 注8の調査時点で、沖縄県では受入民家のうち64.9％が簡易宿所登録していた（沖縄県農林水産部村づくり計画課 2018：7）。
12) この人物のエピソードの初出は越智（2017b）。
13) その詳細は本章で書く余裕がないので、例えば浅見・樋野（2018）などを参照してほしい。
14) 2016年頃、厚生労働省サイト「民泊サービスと旅館業法に関するQ＆A」による。

15) シェアリング・エコノミーの要素のいくつか（クラウドベース性など）を満たしていないからだ。シェアリング・エコノミーについて詳しく知りたい人はスンドララジャン（2016）や山田（2018）を参照してほしい。
16) 以下の話の初出は越智（2015）。

参考文献

青木辰司（2004）『グリーン・ツーリズム実践の社会学』丸善出版。
青木辰司（2007）「農村の多元的価値を『引き出す』ツーリズムを目指して」日本村落研究学会編・池上甲一責任編集『むらの資源を研究する——フィールドからの発想』農山漁村文化協会。
浅見泰司・樋野公宏編著（2018）『民泊を考える』プログレス。
尾家建生・金井萬造編著（2008）『これでわかる！着地型観光——地域が主役のツーリズム』学芸出版社。
大社充（2013）『地域プラットフォームによる観光まちづくり——マーケティングの導入と推進体制のマネジメント』学芸出版社。
沖縄県農林水産部村づくり計画課（2018）『平成29年度　沖縄の農家民宿一期一会創造事業に係る委託業務　実施報告　概要版』（非売品）。
越智正樹（2015）「農の観光的現象と農的自然」『西日本社会学会年報』13、pp. 19-32。
越智正樹（2017a）「沖縄県におけるグリーン・ツーリズムの現状と新たなネットワーク形成事業」『西日本社会学会年報』15、pp. 69-74。
越智正樹（2017b）「〈研究の窓〉『観光に期待』をどう対象化するか」『村落社会研究ジャーナル』47、pp. 57-59。
越智正樹（2019）「教育旅行民泊における平準化と個性維持——観光アクター間での価値規範の共創について」『西日本社会学会年報』17（本書刊行時ページ未定）。
神田孝治（2013）「ホスピタリティとは」青木義英他編『ホスピタリティ入門』新曜社、pp. 1-7。
佐藤喜子光・椎川忍編著（2011）『地域旅で地域力創造——観光振興とIT活用のポイント』学芸出版社。
生源寺真一他（1993）『農業経済学』東京大学出版会。
スンドララジャン, A.（2016）『シェアリングエコノミー——Airbnb、Uberに続くユーザー主導の新ビジネスの全貌』門脇弘典訳、日経BPマーケティング。
寺岡伸悟（2014）「グリーンツーリズム」大橋昭一他編『観光学ガイドブック——新

しい知的領野への旅立ち』ナカニシヤ出版、pp. 180-183。
永井宏明（2011）『公立高等学校における修学旅行の現状と課題——神奈川県内公立高等学校の事例を参考に』琉球大学大学院観光科学研究科修士論文。
ホックシールド，A. R.（2000）『管理される心——感情が商品になるとき』石川准・室伏亜希訳、世界思想社。
安村克己（2011）「スペシャル・インタレスト・ツーリズム」安村克己他編著『よくわかる観光社会学』ミネルヴァ書房、pp. 36-37。
山田耕生（2008）「日本の農山村地域における農村観光の変遷に関する一考察——『グリーン・ツーリズム』登場以前の1992年まで」『共栄大学研究論集』6、pp. 13-25。
山田貴大（2018）「『シェアリング・エコノミー』における民泊の位置づけ」浅見泰司・樋野公宏編著『民泊を考える』プログレス、pp. 95-113。
山田良治（2011）「変わる都市・農村関係」橋本卓爾他編『都市と農村——交流から協働へ』日本経済評論社、pp. 25-39。

参考 Web ページ
厚生労働省「民泊サービスと旅館業法に関するＱ＆Ａ」
https://www.mhlw.go.jp/stf/seisakunitsuite/bunya/0000111008.html（2018年8月28日最終アクセス）
農林水産省「都市と農村の交流等に関する資料」『農林水産省企画部会』
http://www.maff.go.jp/j/council/seisaku/kikaku/bukai/H26/pdf/140722_2_2.pdf（2018年8月28日最終アクセス）。
三菱ＵＦＪリサーチ＆コンサルティング（株）「農泊受け入れに関する実態調査結果公表のお知らせ」
http://www.murc.jp/publicity/press_release/news_180322.pdf（2018年8月28日最終アクセス）。

第6章
文化遺産は誰のものなのか
――台湾における日本統治時代の建築――

波多野　想

1　台湾・金瓜石鉱山というフィールド

（1）フィールドとしての台湾

　大学院の博士課程を終えた筆者は、その1年半後、台湾の大学の建築学科に勤務し始めた。2004年のことである。今考えれば、大変無謀なことをした。話せる中国語は、「你好(ニーハオ)」と「謝謝(シェーシェー)」くらいだった。

　しかし着任以来、気が付けば、ほぼ7年も台湾で生活していた。その間、建築デザインの教育や建築史の研究に従事するとともに、日本統治時代に出自がある文化遺産の保護や活用の現場に関わるようになった。[1]

　周知の通り、1895年から1945年までの50年、台湾は日本の統治下にあった。その間に、日本（人）は台湾において、都市開発や産業開発を積極的に行った。現在の台湾には、その時代の建築や産業遺構が数多く残る。それらを文化遺産として保護・活用しようとする現場は、文化遺産の真正性とはどうあるべきかを改めて考えさせられた場であり、他方で、台湾政府と地方自治体、企業、地域住民、観光客など多様なアクターが各々に空間的実践を行い、「誰の遺産なのか」そして「遺産は誰のものか」という潜在的な問題が研究者の目には先鋭的に映る場でもあった。

（2）金瓜石鉱山というフィールド

　その中でも、筆者が現在も関わる金瓜石(きんかせき)鉱山を、本章の舞台としよう。日清戦争の結果、台湾を清国に割譲させた日本が、台湾総督府を通して積極的に進

第❻章　文化遺産は誰のものなのか

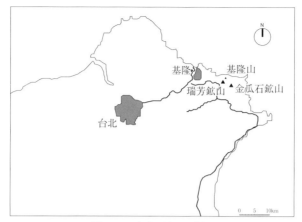

図6-1　金瓜石鉱山の位置
注：新北市の北端にあり、台北からは鉄道とバスで1時間ほど
　　で到着する。

めた事業の1つが、鉱山開発であった。まず台湾総督府は1896年9月、台湾北東部に位置する金瓜石山一帯と九份山一帯の開発を行う日本の鉱山会社を募った（図6-1）。

　その結果、釜石鉱山（岩手県）を運営した田中長兵衛（1858-1924）率いる田中事務所が、金瓜石山一帯の鉱業権を獲得した。田中事務所はすぐさま技術者や鉱夫を現地に派遣し、金瓜石山頂上付近で採掘を開始した。さらに、そこから降りた平坦な土地に製錬所を建設し、1907年前後までには、複数の坑道や製錬所のほか、日本人技術者や鉱夫のための住居、医療・教育・信仰に関わる施設を整備し、金瓜石は近代的な鉱山町に変貌した（波多野 2015a：50-70）。

　その後、金瓜石鉱山の経営権は、1925年に田中事務所から実業家の後宮信太郎へ、さらに1933年に日本鉱業株式会社へと移転した。戦後は、1955年に台湾政府が設立した台湾金属鉱業股份有限公司が経営を担った。しかし徐々に負債が膨らみ、1987年にいたり閉山した。現在、旧金瓜石鉱山地域の土地は、負債処理を担った台湾電力股份有限公司（以下、台電）と台湾糖業股份有限公司（以下、台糖）の所有となっており、公有地や私有地は極端に少ない。

　また旧金瓜石鉱山地域のごく一部が、現在、新北市立黄金博物館という文化

施設に活用されており、敷地内には日本統治時代に建設された坑道や建築が点在している。黄金博物館はそれらの保護・活用に関与し、複数の施設を用いて鉱山の歴史を伝える展示をおこなっている。

他方で、台湾政府は、この金瓜石鉱山と隣の瑞芳鉱山（一般に九份と呼ばれ、台湾有数の観光地となっている）を一体として世界遺産に登録することを目指している[2]。そのためいくつかの建築と産業遺構が文化資産（日本の文化財に相当）に指定されている。

黄金博物館エリアの内外で起こっている、文化遺産に関わるさまざまな出来事の一部を、次節で紹介していこう。

2　遺産の保護？

黄金博物館の観覧施設の1つに、太子賓館と呼ばれる建築がある。1923年、当時の皇太子が台湾を行啓することになり、金瓜石鉱山が訪問地の1つとなった。その際、鉱山会社が皇太子の休憩施設として建設したのが太子賓館である（図6-2）。建築としては台湾に残る和風建築の代表例とされ、新北市指定の文化資産（古蹟）になっている。来訪者は、この建築を庭園からのみ観賞する。所有者の台電がまれに使用するため、室内は公開されていない。

2012年のある朝、黄金博物館の学芸員が太子賓館をみて驚いた。台電が外壁をすべて紫色に塗っていたのである。元来塗色されていなかったため、この状態では文化資産としての真正性が問われる[3]。博物館はすぐさま新北市政府を通じて、台電に抗議した。そもそも、文化資産保存法で指定されている文化資産を無断で改変するのは違法である。文化局は原状回復を求めたものの、結果は紫色が少し薄まった程度であった。

山を少し登った場所に、鉱山の神を祀る黄金神社がある。日本鉱業株式会社が1930年代に建設したもので、神社本体は本殿の基壇と拝殿の柱のみが残り（図6-3）、参道上には2基の鳥居がある。これも、新北市の文化資産に指定されている。

所有者の台電が、またも黄金博物館を驚かせた。拝殿の柱と鳥居にあった複

第6章　文化遺産は誰のものなのか

図6-2　壁が紫色に塗られた太子賓館

図6-3　黄金神社

数の陥没部分に、セメントのようなものを充填してしまったのだ。色が元来の素材と全く異なり、違和感が大きい。ここでも博物館は、文化資産保存法の禁止事項に抵触していることを理由に、新北市政府経由で抗議した。しかし、その結果は、なぜか現状維持となった。

　台電はなにも自ら所有物を破壊しようしているのではない。むしろ美的価値を高めようとしたのだろう。あるいはメンテナンスをしたつもりなのかもしれない。しかし、法に抵触し、真正性を脅かす行為であるがゆえに、黄金博物館

や市政府にとって問題となる。

　次のエピソードは、黄金博物館の敷地外で、かつ文化資産に指定されていない物件にまつわるものだ。

　黄金博物館の敷地のすぐ側に、祈堂老街(きどうろうがい)と呼ばれる古い町並みがある。ここは、田中事務所の鉱山事業に従事する台湾人が自ら住居を建設し形成した町並みだ。鉱山会社によって管理されていた日本人居住地と異なり、雑貨屋、床屋、料理屋など多様な店が連なる賑やかな町であったという。この町並みは金瓜石鉱山の特色を示しており、文化遺産としての歴史的価値が高い。しかし、ここは生活地域であることから、紆余曲折を経て、文化資産指定にいたっていない。

　この町の中央付近に長い階段がある。2017年7月、黄金博物館の学芸員から筆者に怒りの一報が入った。とある住民が階段の欄干を赤、青、黄、緑と色彩豊かに塗ってしまったというのだ。その住民は、より華やかで美しい町並みにしたかったらしい。しかし、インターネット上では、「古い町並みの破壊だ」「悲しい」「醜い」などと大変に批判された（呉 2018）。ここは黄金博物館の敷地外であり、文化資産指定もされていないので、博物館は抗議のしようもない。だから今でもそのままである。それどころか、観光客が写真をSNSにあげる「映える」場所になっており、町並みの観光資源化に一役買っている。

　では、当の黄金博物館はどうか。文化遺産的真正性の旗印のもと、模範的な存在なのか。

　博物館施設の建物は、そのほとんどが鉱山施設を再利用したものである。それらの外観デザインは、博物館としての再利用を率先した当時の政府（台北県政府、現新北市政府）と、デザインを手がけた建築事務所によって大きく変更されており、煉瓦造の建物の外観が下見板張り風にかえられている（図6-4）。日本統治後期に建設された日本家屋が周囲に残るなかで、博物館施設としての再利用が決まった戦後の建物を「日式（日本風）」に変更し、景観の統一性を強化する意志が働いたのである。これらの建物は、当時も今も文化資産指定されていない。文化資産としての価値がオーソライズされていない以上、それらの建物をどう改変しようが自由だ。しかしそうした物質至上主義と「日式」というコンセプトは、歴史的地域の真正性を、むしろ大きく揺るがす結果となって

第❻章　文化遺産は誰のものなのか

図6-4　下見板張り風に仕上げられた煉瓦造の建物

いないか。少なくとも、文化遺産を保護する立場からは、批判的にならざるを得ないだろう。

　これらのエピソードが示すように、物理的環境のさまざまなところで、文化遺産的真正性が揺動している。金瓜石鉱山を世界遺産にしたいのならば、いずれの行為も、法的制限の有無に関わらず問題となる。しかし筆者は、従来の文化遺産的真正性を持ち出して、これらの問題を単純に批判することに積極的ではない。この地の世界遺産登録に懐疑的であることも自身の考えに影響していようが、可視的な物質に重きを置く物質至上主義的な態度によって、この地とその文化遺産をとらえるには限界があると思う。また法的な制限がなく、ただ単に文化遺産保護の立場から問題視される場合も多く、地域の将来像に対する倫理的問題として考えるべき状況であるともいえる。ならば、どのようなアプローチでこの地の現象を分析し、将来の方向を模索すべきか。

3　文化遺産としての金瓜石鉱山を巡る現象と人びと

　前節でみた多様な空間的行為の実態を明らかにするためには、まず①現象の歴史的背景をつかみ、そして②金瓜石鉱山に関わる人びとの行為を分析することが必要だ。さらに問題解決のための理論的枠組みも必要となる。

(1) 文化資産に指定される日本統治時代の建築

　1895年から日本の植民地となった台湾において、台湾総督府は同地の都市化と産業化を進め、台北などの都市部においては道路網を再編成するとともに、鉄道等のインフラ整備を実施し、洋風の官庁建築、学校、銀行、病院などを建設した。それと同時に、製糖業、農業、鉱業などの産業開発を積極的に進め、台湾全土に多数の産業施設が建設された。

　台湾総督府のこうした開発方針は「2次的な『西洋化』」(周 2003：127)とも言われ、辮髪や纏足の廃止とともに、台湾を日本のように作り変えていくことを目指した。しかし、忘れてはならないのは、植民地化とは宗主国が求める利益を植民地から搾取することを主目的の1つにしていたという点である。そのため、経済的搾取はもとより、居住地の分離や賃金格差など被植民者に対する差別的待遇もみられた。

　したがって、植民地の近代化と搾取・差別は一体であり、後者なくして前者の達成はあり得なかった。それにもかかわらず、あるいはだからこそ、台湾では被植民時代の建築や産業遺構を文化資産に指定し、それらを保護してきた。

　台湾の文化資産保存法において、有形文化資産は、古蹟、歴史建築、紀年建築、聚落建築群、文化景観、史蹟、考古遺址、古物、自然地景に分類される。2018年9月現在、自然地景を除く有形文化資産の総数は4,285件にのぼり、そのうち古蹟が927件、歴史建築が1,417件、古物が1,812件と、この3類型が大半を占めている(文化部文化資産局國家文化資産網)。

　さらに内訳をみると、古蹟927件のうち、日本統治時代の建築が329件を占める。それに対して、清朝時代のそれは306件だ。歴史建築の場合は、1,417件のうち、日本統治時代のものが551件、清朝時代が158件である(文化部文化資産局國家文化資産網)。日本統治時代の建築の数には儒教の廟など漢人によって建設されたものも含まれているものの、日本統治時代が50年間、清朝時代が1683年から1895年の200年以上の間であることを考えると、その圧倒的な数量差は歴然としている。

　上水流 (2011) は、1982年の文化資産保存法施行から2006年までに指定された古蹟の数を整理することで、日本統治時代にかかわる遺産の指定が1995年以

降に増加していくことを明らかにし、その傾向が本土化と関連していると考察した。本土化という台湾文化の復権を目指す動きの中で、日本統治時代の建築が注目されたのである。換言すれば、日本による植民地支配を独自の経験ととらえ、その経験の過程で生み出された建築を文化資産として残すことで、台湾の独自性を強化していくというのだ。こうした日本統治時代の建築の文化資産指定を推進する人びとは、植民地支配を脱構築し、それを台湾の独自性ととらえなおす。

しかし、日本統治時代の遺物を積極的に保護する態度に対して、批判的な人びとも一定数存在する。その人たちは、日本による支配を、あくまでも抵抗すべき過去と位置付け（上水流 2011）、日本（人）の産物を法的に保護し権威付けることを否定する。別の言い方をすれば、この立場の人びとは、日本統治時代の遺物と台湾人の自我は無関係に存在する、と考える。

日本統治時代の建築に対するこうした両極的な立場の存在こそが、台湾の文化遺産における「誰のものか」という問題の複雑さを特徴付けている。歴史学者の周婉窈が記しているところが非常にわかりやすいので、引用しておこう。

> 結局のところ、植民統治の「業績」はすべてがマイナスだけではなく、英語に "colonial heritage"（植民地遺産）という用語があるように、"heritage"（遺産）というからには、賞賛すべき点も存在するのである。しかし、植民地統治がいかに豊富な遺産をとどめたにせよ、近代植民地統治の遺した最大の傷痕は、おそらく、植民地人民から彼ら自身の伝統・文化や歴史認識を剥奪し、「自我」の虚空化・他者化を招いたことであろう（周 2013：220）。

（2）金瓜石鉱山の文化遺産化・文化資産化

それでは、こと金瓜石鉱山においてはどうだろうか。まず、文献資料の解読、先行研究のレビュー、黄金博物館の学芸員や地域住民に対するインタビューなどを通して、金瓜石一帯の閉山後から現在にいたるプロセスをみていこう（波多野 2015b）。

①1980年代:文化的「本土化」による注目

戦後の台湾では、1949年に中国大陸から渡ってきた中華民国政府によって持ち込まれた政治や社会制度が採用されてきた。しかし、1970年代より本省人（1949年以前から台湾に居住する人びと）のエリートを政治面で登用する動きが「本土化」の名称とともに始められた。さらに1987年の戒厳令解除以降の民主化によって本省人と外省人（1949年以降、中国大陸から移住してきた人びと）の間の政治的不平等が解消されていき、それに伴い主に1990年代以降、台湾文化の復権を目指す、「本土化」が実践されるようになった（菅野 2009：227）。

こうした文化的「本土化」の動きのなかで、金瓜石鉱山は、九份の瑞芳鉱山とともに再発見された。洪瑞麟（1912-1996）や蔣瑞坑（1922-）といった画家らが、金瓜石や九份の自然や鉱夫が働く現場を描き、大きな注目を集めた。

また、玉音放送が日本による台湾統治の終わりを告げる場面からはじまり、中華民国が渡ってくるまでの台湾社会を描いた映画「悲情城市（1989年公開）」の監督である侯孝賢やその関係者が、設定した時代の景観や雰囲気を残した場所を捜していた。寂れた村落の景観、日本家屋の外観、畳が敷かれた室内空間を求める侯孝賢らは、台湾中を巡り、ここにたどり着いた（張 2011）。映画では、瑞芳鉱山の鉱山町を貫く階段とそこに張り付く家屋群が台湾社会に蠢く人間関係を描き出す舞台、金瓜石鉱山に残る日本統治時代の理髪店が主人公が経営する写真館として用いられた。また数人の男性による政治的な議論は、畳の上に置かれたちゃぶ台を囲み、その背景に床の間、掛け軸、襖など日本家屋の要素が配された室内でなされた。日本文化の影響が残る台湾の姿として、金瓜石や九份の景観要素が選択されたのである。

②1990年代:商業地の形成とまちづくり運動

こうして再発見された金瓜石と九份は、1990年代に入り、都市住民の日帰り観光地として注目され、まちづくり再開発が計画された。戒厳令が解除された1987年、15人の芸術家が「九份藝術村」構想を台北県（現新北市）政府に提出した。この構想は、芸術家たちが住み着いて注目を集めた1960〜1970年代のニューヨーク SOHO を意識し、九份を舞台にアートの創作や展示のために鉱山施設を再利用して、観光促進と文化産業振興を目指したものであった。その

後、芸術家の洪志勝が「九份茶坊」と名付けた茶芸館を開店したことで、九份で茶を楽しむことがブームとなり茶芸館が増加した。そして、九份を訪れる観光客は増加の一途をたどり、地域住民は、1993年に九份義工隊というまちづくり組織を立ち上げた。

他方、日本統治時代の金瓜石鉱山における台湾人の生活を描写した映画「無言的山丘（王童監督作品）」が1992年に公開され、金瓜石が改めて注目を集めた。観光客が増加するなか、地域住民は1996年に「瑞芳觀光發展協會」を組織し、町のあり方について考え始めた。

③2000年代：地域の文化遺産化

さらに、金瓜石の地域住民は、まちづくり推進の一環で、1996年に「金礦博物館」なるものの設立を計画した。地域住民は、金瓜石鉱山を自らの遺産と認識していたのである。その計画は1999年以降、台北県（現新北市）による博物館建設計画に引き継がれ、土地所有者である台電・台糖との土地利用に関する交渉が自治体の主導で始められた。同時に、坑道の観光資源化、煉瓦造建築の木造風への改装、展示施設の整備が進められ、2002年に台北県立黄金博物館が開館した。

さらにこの時代、鉱山の遺構を文化遺産と認識する見方が台湾政府内にも萌芽した。その契機のひとつは、2003年にTICCIH（国際産業遺産保存委員会）が採択した「ニジニータギル憲章」にある。同憲章は、産業遺産保護を促進するもので、これにより産業遺産の重要性が世界的に認識されるようになった。そこで、台湾政府は、2003年以降、金瓜石・九份の鉱山遺構を文化資産に指定した。その主だったものが、先の太子賓館や黄金神社であった。

このように、金瓜石鉱山やその周辺は、閉山後、「本土化」による再発見、住民自らによるまちづくり運動の開始、住民自らが鉱山を文化遺産と位置付ける意思の胎動、産業遺産の保護に対する国際的機運の高まりを契機とする公権力による文化資産化という過程をたどってきたのである。

（3）遺産としての金瓜石鉱山を巡る人びとの実践

では、「本土化」に端を発する住民の文化遺産認識と博物館建設計画、台北

県(現新北市)による黄金博物館建設、台湾政府による国際的動向を前提とした産業遺産のオーソライズ、この3つの局面にはどのような関係があるのだろうか。金瓜石鉱山を巡る人びとの実践を通してみていこう。

①地域住民

前述のとおり、金瓜石全体を博物館にしていく構想は地域住民からあがったものであった。その段階で、地域住民は金瓜石鉱山を自らの遺産とする認識を有していた。しかし、台北県政府が建設した博物館は、地域住民が運営に関与できない体制となった。本来博物館の運営を担うはずの住民は、博物館設立の主導権を行政に奪われただけでなく、博物館そのものからも埒外とされてしまった。地域住民の黄金博物館に対する不信感は大きく、現在も尾を引いている。

図6-5は、金瓜石に建設された商店である。実は、シャッターがある位置が博物館の敷地境界線となっており、道が博物館敷地内、店舗側が博物館外となっている。博物館の運営から閉め出された地域住民の一部が、博物館の開館当初、博物館との境界に店舗を設置し、博物館側に向かって入口を開いたのである。それは、公権力による地域住民の空間的排除に対する空間的対抗関係を構築すべく行った行為だった。また集落が博物館から排除され、文化資産としてオーソライズもされていない以上、地域住民にとって、「日式」は自らの日常生活と無関係な概念である。

それどころか、地域住民は、毎年多額の土地使用料を支払う義務を負っており、台電・台糖両社とも軋轢が生じている。その軋轢は地域住民の町に対する無関心を引き起こし、多くの家屋が廃墟化する事態が起こっている。

②黄金博物館

黄金博物館は、博物館建設計画を地域住民から引き継ぐなかで、「日式」を主要概念とした。そして、日本統治時代に建設された建築を修復し、展示施設にする一方で、戦後の建築を日本風に仕立てた。この「日式」を主要概念とする態度は現在においても継続しており、博物館が主導する研究や保護プロジェクトは、いずれも日本統治時代に焦点を当てるものになっている[6]。

しかし、黄金博物館による文化遺産保護とまちづくりに関しては、大きな問

第 6 章　文化遺産は誰のものなのか

図 6-5　地域住民が設置した店舗

図 6-6　黄金博物館の一部

題を孕み続けている。本来ならば一定の広がりをもつ領域において、点在する遺産を対象にし、住民自身が管理運営を担うエコミュージアムの概念に基づき設置されたにもかかわらず、博物館の領域は博物館施設に転用された鉱業施設が点在する小規模な範囲に限られ（図6-6）、日本統治時代に建設され現在も多くの住民が生活する集落や、鉱山本体や大規模製錬施設などが所在する範囲は博物館の領域外におかれている。

　黄金博物館は、一部範囲に対してのみ保護管理の責任を負っており、その範

囲の外に位置する建物の修復事業等がなされることはない。黄金博物館の学芸員は、博物館範囲外にも文化資産に指定されていない多くの貴重な文化遺産が存在していることを十分に理解している。しかし、それらの遺産に対して、文化遺産的真正性を脅かす行為があっても、対策を講じられない。また黄金博物館の学芸員が文化遺産と認識している建築が、新北市政府内の他部局によって突然改築されてしまうこともある。

③台湾政府

　台湾政府の金瓜石鉱山に対する介入は2003年以降のことである。台湾政府が世界遺産候補地を独自に選定する活動を始めたのが2003年であり、また先にみた産業遺産に対する国際的な関心の高まりを受けた文化資産指定も同年のことであった。それ以来、台湾政府は、同地の遺産がもつ価値を現地調査に基づき評価し、保存管理のための計画を策定する活動を主導している。

　金瓜石鉱山とその周辺を世界遺産候補地にするにあたって、台湾政府は「台湾における鉱業発展の歴史を示す代表的な遺産」とその歴史的価値を評価している。日本統治時代の同鉱山は、時代によっては佐渡を上回る日本最大の金山であった。また日本の植民地支配は当地の産業化を積極的に進めたところに特徴があり、新聞紙上でたびたび取り上げられた金瓜石鉱山はまさにその象徴のひとつであった。しかし、台湾政府の評価軸はある時代の産物という点にはなく、台湾発展史全体のなかに金瓜石鉱山の価値を見出しているといえ、同時に、植民地支配という過去をここでは等閑に付している。

④台湾電力公司（台電）と台湾糖業公司（台糖）

　台湾金属鉱業股份有限公司の財政破綻を受け、同地の債務処理と土地の管理を引き受けたため、金瓜石の土地のほとんどは両社が所有している。両社は土地のみならず鉱山会社が建設した施設の所有者でもある。台電と台糖は、土地と所有物件に対する所有者意識が高く、鉱業権も保持している。特に、生活する土地を買い取りたいという住民の要望に長年応じず[7]、住民の土地に対する意識に影響を与えてきた。太子賓館や黄金神社などの所有物件に対して、法規制を無視して行った行為は先に見た通りである。これらの行為は、所有物の維持に主眼が置かれており、地域の歴史性とは無関係にある。

⑤黄金博物館ボランティア

　博物館エリアで観光客の案内を任されているのは、博物館による教育を受けたボランティアである。ボランティアの大半は、金瓜石の居住者ではなく、外部からバスなどで通勤している。ボランティアは、博物館が作成した研究報告書や専門家による講義を通して、日本統治時代の鉱山としての歴史や、和風建築の建築的特徴などの知識を獲得していく。

　ボランティアは文化遺産と観光客を媒介する役割を担っているとはいえ、しかしその多くは金瓜石の外部に居住しており、土地との濃密な関係をもたない。したがって、金瓜石の文化遺産は、地域住民不在の中で理解され、客観的かつ物質的存在として定位されていくことになる。

⑥観光客

　観光客は、ガイドマップを片手に博物館施設を巡るか、あるいはボランティアガイドの手を借りる。その過程で、鉱山の歴史を展示物によって学び、実際に使用されていた坑道を体験することができる。しかし観光客の多くは、博物館エリアのみを観光し、その外部を巡ることはほとんどない。したがって観光客のまなざしは、博物館そのものにのみむけられ、鉱山全体には向けられていない。

　以上、各アクターの空間的実践や態度についてみてきた。地域住民による文化遺産に対する認識の胎動は、黄金博物館に引き継がれ「日式」という新たな概念に収斂した。しかし地域住民にとって、「日式」はさほど重要ではなく、むしろ遺産を自分たちのものと位置付けることに意味があった。だからこそ、博物館が自分たちのものにならないと分かったとき、店舗を建設し、空間的対抗関係を鮮明にしたのである。

　その後、産業遺産に対する関心の国際的高まりを受けた台湾政府は、金瓜石鉱山を台湾全体の遺産としてとらえ直し、さらに「日本統治時代」という歴史性を後景に追いやった。

　現在、「日本統治時代」という歴史性に対する態度は、アクター間で一様ではない。しかし、その相違は必ずしも政治的態度によるものではなく、金瓜石鉱山という空間に対する関与の仕方の差異に過ぎない。すなわち、日本統治時

代の産物を文化遺産ととらえるか否かという問題そのものが、当地に関与する人びとの間では必ずしも顕在化していないのだ。黄金博物館だけが、日本統治時代に拘泥しているのである。それこそが、先のエピソードにあった行為関係の本質であり、「いつの遺産か」を前提とする文化遺産的真正性の重要性が後景に退くことを意味する。

　そのため、金瓜石鉱山という文化遺産の空間的現場においてより重要なことは、まちづくり運動や博物館の設置運動を通して住民自らが鉱山を文化遺産と位置付けていたのに対して、企業が土地や物件の所有権を維持し、公権力が博物館の設置と文化資産化を通して住民の立ち位置を奪った点にある。特に、住民による文化遺産化と公権力による文化資産化の間には大きな隔たりがあった。前者が自らの居住地の将来像を具体的に描くための空間的実践であったのに対して、後者のそれはあくまでも地域の権威付けである。公権力による実践の特徴は、文化資産指定と世界遺産登録に向けた計画に端的に示されており、それは国家的にオーソライズし、さらには国際的なお墨付きを得るための行為に他ならない。それらの行為は否定されるものではないものの、その過程において住民を排除した点が大きなしこりとなって現在にいたっている。

　さらに外部から来る博物館ボランティアは博物館によって編まれた公式の歴史（後述する「歴史的な過去」）によって地域を理解し、それを観光客に伝える。また観光客にとって、金瓜石鉱山とは黄金博物館のことに過ぎない。すなわち、鉱山の外部に居住する人びとは、金瓜石鉱山を矮小化して理解せざるを得ないのが実態なのである。

4　モノとしての文化遺産／コトとしての保護・活用

（1）モノから、モノとコトへ

　文化遺産の保護とは、対象の物質性が保護されればよいというものではなく、多様なアクターそれぞれの思惑を整理し、惹起する問題を解決することに他ならない。このようなアプローチが重視され始めたのは、世界的にも1990年代以降であり、決して古くない。それまで文化遺産保護といえば、考古学や建築学

などモノを扱う学問分野が中心となってきた。現在でも、こうした学問の重要性に変わりはない。しかし1990年代に入り、文化遺産に関わる諸アクターに注目せざるを得なくなる新たな動向がみられるようになった。その最たる例が、UNESCOが世界文化遺産のカテゴリーとして導入した文化的景観（Cultural Landscape）である。

　文化的景観とは、人びとの日常的営みや社会的諸活動が地域の自然や文化の中で積み重ねられ具体的に形成され、また人びとによって知覚されるものである（本中 2009：9）。換言すれば、文化、社会、経済、政治、信仰など非視覚的な要素に影響を受けつつ具現化されると同時に、それらの要素を通して認識されるのが文化的景観である。したがって、多くの場合、その景観内に居住する人びとの日々の営為やモノの見方など、いわゆるコトが否応なしに景観に影響を与える。また観光地であれば、来訪者の意向やブームといった無形の存在が景観を変化させる場合もある。こうしたモノとコトが分離し得ない文化的景観という考え方は、文化遺産をモノの側から考えてきた段階に対して、根本的な発想の転換を要求した。

　だからこそ、文化遺産の現場における「遺産は誰のものか」という問題は、より複雑化する傾向にある。しかし、それとは逆説的に、金瓜石鉱山のように、個別性がより大きな枠組みに回収されることも多い。ではこの問題に対して、いかに切り込むか。ここではイギリスの政治哲学者であるM・オークショットが提唱し、アメリカの歴史学者のH・ホワイトが新たに展開させた「実用的な過去」という概念を切口に考えていきたい。

（2）実用的な過去と文化遺産

　まずオークショットは、「歴史的な過去（historical past）」と「実用的な過去（practical past）」を区別する。ホワイト（2017：xiii-xiv）によれば、「歴史的な過去」とは、「過去のうち、研究がなされたあとで、慣例的に『歴史』と呼ばれており、何が『本来』歴史的なものであり、何がそうでないかを決定する権限を与えられた専門的な歴史家たちによって『歴史』であると承認されているジャンルのなかで表象（あるいは提示）される側面を指したものでできている」

もののことであり、ホワイトはそれを「様々な出来事や事物の総体として理解された過去のなかから選択されたひとつのヴァージョンにすぎない」(ホワイト 2017：xiv) と批判的にとらえる。この選択という行為があってはじめて歴史は成り立つ。しかしだからこそ逆説的に、歴史修正主義の立場が存在し得ることになる。

いっぽう、「実用的な過去」は、「人々が個人ないし集団の成員として、日々の生活や極限状況（破局、災害、戦闘、法廷闘争その他の抗争など、生存がかかった状況）のなかで判定し決断をくだすために参照する過去」(ホワイト 2017：xiv) である。すなわちそれは、歴史学による客観主義的な科学的記述内容と異なり、人びとが日常において参照点とする生きられた過去である。そしてホワイトは、ドイツの歴史家コゼレックが「経験の空間」とよんだ、記憶、観念、価値観などが収蔵された、現実の問題を解決するためのアーカイブこそが、役に立つ過去であるという（ホワイト 2017：14）。そして彼は、次のように述べる。

> わたしたちは、《わたしは（あるいは、わたしたちは）何をすべきか》という問いに直面したとき、記憶や夢、空想、経験や想像など、実用的な (practical) 過去をあてにする。歴史的な過去とは、そうした場合、わたしたちの何の助けにもなりえない。なぜなら、それが教えることができるのはせいぜい、別の時間、場所、状況にいた人々がその時その場所で何をしたか、ということだけだからである（ホワイト 2017：14）。

文化資産・文化財の指定に際して扱う過去はいずれか。それは文化資産・文化財がナショナルヒストリーの構築に寄与するという点において、「歴史的な過去」であり、同時に選択的過去でしかない。それは「経験の空間」というアーカイブとはまったく異なるものだ。また、住民が自らの過去を文化資産・文化財に反映させる機会は極めて限定的だ。だからヒューイソン (Hewison 1987) のように、文化遺産を非民主的で、社会的・空間的不平等や、商業主義・消費主義を覆い隠すと批判する見方もある。

第6章 文化遺産は誰のものなのか

　それでは、住民が文化遺産保護におけるアクターの立場を奪還するには、どうすればよいのか。学問対象としての文化遺産から導出された真正性は、ここでいう「歴史的な過去」の補強には重要な役割を果たしているし、文化遺産である以上、その点を過小に考えるべきではない。それでもなお考えるべきは、ホワイトが「実用的な過去」を重視する姿勢が、倫理の追究と不可分にある点だ。「歴史的な過去」は、選択的行為の成果であるという点で、個々人の倫理的な関心に対する判断には与し得ない。それは個人が「歴史的な過去」に触れる際に、すでにその作成者によって判断されているからだ。それに対して、「実用的な過去」は誰かによって選択されたものではないという点で、社会的問題の解決や倫理に関する判断の状況において、個人の判断以前になにかしらが判断されていることはなく、その過去は排他性を伴わない。これは、保苅（2018）がいう「歴史への真摯さ」、あるいはテッサ・モーリス＝スズキ（2014）がいう「"真実"（トゥルース）ではなく"真摯さ"（トゥルースフルネス）」と共鳴するものでもある。

　ここでようやく、人びとの日常生活が焦点化される。世界遺産に登録された地を訪れた観光客が、住民の私有地に足を踏み入れたり、玄関を勝手に開け室内をのぞく行為などは、よく耳にする話である。金瓜石鉱山ではむしろ同様の問題は少ない。生活文化の相違もあろうが、そもそも生活地に足を運ぶ観光客が少ない。それは前述のとおり、生活地が博物館の範囲外とされ、地域開発から住民が取り残されたことに起因する。遺産としての保護対象から外れ、観光の対象からも外れたのである。さらに土地を所有する権利からも遠く、自身が生まれ育った土地に対する愛着が湧きようもない。住民は博物館への反発もあり、観光客から収入を得ようとする。そのしたたかさがなければ、生活地はとっくに消滅していたかもしれない。

　鉱山の生活地というのは、閉山すれば消滅する事例の方が圧倒的に多い。鉱山開発が止まれば、大半の仕事がなくなる。そこに住み続ける意義は、当然ない。だから鉱山町の大半は消滅の運命にある。ならば、なぜ金瓜石鉱山の町は消滅しなかったのか。それは、閉山後早々に、住み続けることを住民が決断したことが大きい。閉山と映画「悲情城市」の撮影はほぼ時期を同じくし、映画

公開で注目された土地に「金礦博物館」を建設する構想ができるまでわずか数年である。所有権の有無にかかわらず、自分たちの土地をなんとかしようとする住民の動きが、地域を存続させた。それにもかかわらず、遺産保護からも観光からも排除される結果となったのは[8]、あまりにも悲しい。いかに遺産保護がうまくいき、観光客が多数押し寄せようと、地域がゴーストタウン化すれば、観光は決して持続的にはならなかっただろうし、今後いつまでも観光客が来るとは限らない。

5 「実用的な過去」から迫る地域の実態

このように考えてくると、金瓜石鉱山を、物質至上主義的に、文化遺産的真正性のなかにのみ位置付け続けるのは、やはり現実的でない。また日本統治時代に出自があるという点にこだわることも、当地の実態とかけ離れている。世界遺産としての、そしてそれ以前に文化遺産としての価値を追究するあまり、筆者自身も含め、価値評価やマネジメントで中心的役割を担っていると思っている者たちが「歴史的な過去」を尊重し、「実用的な過去」を過小に位置付けていたのではないだろうか。「歴史的な過去」という一方的で、場合によっては独善的となる過去のみによるのではなく、住民の生きる術になり得る「実用的な過去」を重視することで、「遺産は誰のものか」という問題自体を乗り越えることができるのではないだろうか。それは文化遺産的真正性を担保しつつ、それと文化遺産に関わる多様なアクターが共存するための新たな視座の獲得でもある。

注
1) 本章では以下の通り用語を使いわける。
    文化遺産：法的指定の有無にかかわらず、歴史上・学術上価値が高く、将来世代に託すことが期待される文化的産物。
    文化資産：台湾の文化資産保存法に規定され、指定の扱いを受けているもの。
    文化財：日本の文化財保護法に規定され、指定の扱いを受けているもの。
2) 台湾（中華民国）は、中華人民共和国との関係上、国連に加盟していない。その

ため、国連の下部機関であるユネスコにも加盟しておらず、台湾は世界遺産登録の埒外にあるのが現状である。
3) UNESCOの世界遺産センターが出す「世界遺産条約履行のための作業指針」によれば、当該遺産の形状・意匠、材料・材質、用途・機能、伝統・技能・管理体制、位置・セッティング、言語その他の無形遺産、精神・感性、その他の内部要素・外部要素、が有する表現が真実かつ信用性がある場合に、真正性の条件を満たすことになる。したがって、本事案のように本来ない塗色がなされることは、真正性に疑義を生じさせることになり、法的にもその行為は認められていない。この真正性を、本章では文化遺産的真正性とよぶ。
4) 橋谷弘は、その特徴を「本国との同質性」とよぶ（橋谷 2004：103）。
5) 古蹟、歴史建築、紀年建築は主に建築物単体が対象であり、聚落建築群はまさに建築群あるいは街区、文化景観は人びとと自然の相互作用によって形成された場所、史蹟は過去になんらかの出来事が起こった空間を指す。
6) 黄金博物館学芸員に対するインタビューによる（2014年11月27日実施）。
7) 近年、土地の売却を始めつつある。しかし売却先が地域外の企業である事例も散見され、売却が地域の商業地化に拍車をかける可能性も指摘されている（黄金博物館学芸員に対するインタビューによる：2018年8月9日実施）。
8) 住民たちによる「空間的対抗関係の構築」は観光収入等の経済効果には帰結せず、住民が配備した空間は図6-5にあるように廃墟化してしまった。

参考文献

上水流久彦（2011）「台北市古蹟指定にみる日本、中華、中国のせめぎ合い」植野弘子・三尾裕子編『台湾における〈植民地〉経験——日本認識の生成・変容・断絶』風響社、pp. 25-53。

呉淑君（2018）「祈堂老街被漆上繽紛顏色彩 網友嘆：金瓜石要毀了」『聯合新聞網』〈https://udn.com/news/story/7266/3390266〉（2018年9月28日最終アクセス）。

周婉窈（2013）『増補版 図説台湾の歴史』濱島敦俊監訳、平凡社。

菅野敦志（2009）「台湾における『本土化』と言語政策——単一言語主義から郷土言語教育へ」『アジア太平洋討究』No. 12、早稲田大学アジア太平洋研究センター、pp. 223-249。

張静蓓（2011）『凝望・時代——穿越悲情城市二十年』田園城市。

橋谷弘（2004）『帝国日本と植民地都市』吉川弘文館。

波多野想（2015a）「明治30年代瑞芳及金瓜石礦山之設施與空間配置的實際狀態」『新

北市立黃金博物館學刊』第三期、pp. 50-70。
波多野想（2015b）「台湾における『文化景観』の遺産化」瀬川昌久編『東アジアの世界遺産と文化資源』（東北アジア研究センター報告19）、pp. 77-86。
文化部文化資産局國家文化資産網〈https://nchdb.boch.gov.tw〉（2018年9月15日最終アクセス）。
保苅実（2018）『ラディカル・オーラル・ヒストリー——オーストラリア先住民アボリジニの歴史実践』岩波書店。
本中眞（2009）「国内外の文化的景観に関する最近の動向」『ランドスケープ研究』Vol. 73、No. 1、pp 6-9。
ホワイト, H.（2017）『実用的な過去』上村忠男監訳、岩波書店。
モーリス＝スズキ, T.（2014）『過去は死なない——メディア・記憶・歴史』田代泰子訳、岩波書店。
Hewison, R. (1987) *The Heritage Industry : Britain in a Climate of Decline,* London : Methuen Publishing.

第7章
リズムを消費する
―― K-POPとソウルのトランスな観光空間 ――

金成玟

1　K-POPとソウル

　筆者が日本の大学院に留学したのは2006年で、その後も毎年ソウルを訪ねている。生まれも育ちもソウルであるが、ソウルに行くときはあえて実家には泊まらず、市内のホテルやゲストハウスに泊まることにしている。資料収集やインタビュー調査などの作業を効率よくおこなうのはもちろん、ソウルを「フィールド」としてみつめ、そのいろいろな感覚を敏感に受けとるためである。そして今まで多様な場所で時を過ごしながら、住んでいたときには見過ごしていたさまざまなソウルのすがたを自分の中に蓄積することができた。

　毎年といっても年に数回に過ぎないので、想定外の変化に衝撃を受けることも少なくなかった。その衝撃というのがまたさまざまで、6歳の頃祖父に連れられて初めて高校野球を観た東大門野球場（トンデムン）が2008年に撤去されてから6年後、その跡地で「東大門デザインプラザ（DDP）」という巨大施設（設計したのはあの有名なザハ・ハディドである）を目にしたときのような視覚的衝撃もあれば、自分が慣れていた場所の「中身」が変わっていることを感じたときの文化的衝撃もある。瞬間的な衝撃は前者の方が強いが、衝撃の余韻が後々残るのは後者の方である。外形はそれほど変わっていないのに、町の雰囲気と人びとのすがた、そこに向けられるまなざしが変容していることを感じるとき、筆者はフィールドとしてのソウルの面白さを実感したりする。

　そのひとつが弘大（ホンデ）だった。弘大とは、日本でいうと渋谷や下北沢的な雰囲気をもつ街で、90年代から「音楽の街」として知られている場所である。2000年

代半ばにも、ここはインディーミュージシャンを中心としたインディーズ文化と先端の商業文化が複雑に混ざり合う若者のたまり場だった。ライブハウスとクラブ、そして路上から流れるさまざまなジャンルの音楽が、毎日のように増えていくヒップなカフェや多国籍レストランとともにソウルはもちろん全国の若者を惹き付けていた。そしてギター1台あるいはバンドによる路上ライブは、弘大という街の風景を表す象徴のようなものだった。

　2015年のある日、久々に弘大を訪れた筆者は、この街の何かが大きく変わっていることに気付いた。空間そのものはそれほど変わっていなかったので見逃していたが、その中のいろいろな感覚が以前とは違うものになっていたのだ。その変化を感じさせてくれたのは、路上ライブだった。観客の群れができているところに行ってみると、そのほとんどがK‐POPのカバーダンスや新人アイドルグループのライブで、さらに観客の多くを外国人観光客が占めていた（図7-1）。

　K‐POPとは、90年代に先端のポップと融合しながら形成し、「韓流」とともに拡張した2000年代を経て、2010年代にはグローバルに消費されるポップとして定着した韓国のポップ音楽である。先端のサウンドと華麗なパフォーマンス、SNSを中心としたコミュニケーションなどを特徴としながら、世界中で献身的なファンダムを築いてきた（詳しくは、金 2018を参照）。弘大の路上ライブにも顕著に表れていたのは、そのK‐POPの影響に他ならなかった。

　そこから丁寧に弘大を見つめ直してみると、なるほど実際に多くのことが変わっていた。商店街はもちろん、数百軒のゲストハウスと大きなスーツケースを転がしながら歩いている若い観光客、「Korea Tourist Police」と書かれた交番、「動く観光案内所」という名のガイドスタッフなどの姿は、弘大がすでに国際的な「観光空間」になったことを物語っていた。しかしそれは、単に外国人観光客が増えたという意味ではない。90年代からのこの街の姿を考えると、より根本的な何かが変わっていた。そして何より、それは弘大だけではなく、ソウルという都市空間そのものから感じられるものでもあった。それは何か。筆者は、弘大を含め、2010年代のソウルから感じ取ったその変化について考えることにした。本章は、そのフレームワークである。

第7章　リズムを消費する

図7-1　弘大(ホンデ)のK-POPバスキング

2　ソウルの物語としてのK-POP

　K-POPは、ソウルの観光空間に多大な影響を及ぼしている。例えば、2017年にソウル市はK-POPグループ・BTS（防弾少年団）を「ソウル市名誉観光広報大使」に委嘱した。以来、BTSのイメージは、ソウル観光の魅力を表すものとして活発に用いられている。YouTube、Facebook などのSNS、世界各国のテレビ広告や国際観光博覧会などでは「BTS' Life in Seoul」「With Seoul」「My Seoul Playlist」のような観光スポットを紹介する映像が流れ、ソウル市の観光情報ウェブサイト「visitseoul.net」では、ソウルのさまざまな観光商品が「BTSが送る7つの特別なソウルのプレイリスト」として紹介される（図7-2）。

　　私のように、ソウルで、あなたも。旅行の一番の醍醐味は、現地の人々のように過ごしてみること、そして本当の自分を見つけること。スタイリッシュな流行の仕掛人も、情熱的な冒険家も、過去へと旅立つタイムトラベラーも、日常からの脱出を夢見るロマンチストも、あなたがどんな人でも、何を望んでいてもその全てが叶う場所、ソウルへようこそ。今、最も自分

第Ⅱ部　観光と地域

図7-2　ソウル市観光公式サイトのイメージ[2]

らしいソウルに、そして本当の自分に出会ってみてください。(ソウル市観光公式サイト[1])

　BTSだけではない。2018年には同じくK-POPグループEXOが、韓国文化体育観光部と韓国観光公社から「韓国名誉観光広報大使」に委嘱された。その後EXOが出演した広報コンテンツが、次のメッセージとともにYouTube や Facebook にアップされ、それぞれの映像が数百万回の再生回数を記録している(図7-3)。

　　好きなK-POPアイドルのコンサートで熱狂したことはありますか？好きな俳優のヘアスタイルを真似したことはありますか？　K-POPスターのダンス、メイク、ライブコンサート等々、EXOと一緒に体験できる楽しい韓流トレンドを想像してみてください。今まであなたが経験したことのない、韓国でしかできないことを発見してみてください！
　　(「Imagine your Korea」YouTube ページ、2018年8月12日公開[3])

　このようにソウルのさまざまな場所がK-POPとともに消費されている。コンサートホールはもちろん、大型競技場、各放送局、大学の講堂、そして弘

第 7 章　リズムを消費する

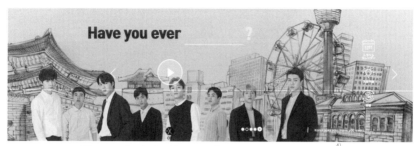

図 7-3　韓国観光公社サイト「visitkorea.net」のイメージ[4]

大クラブと路上でアイドルグループ公演は毎日のように行われているし、消費文化と若者文化であふれる空間には当然のようにK-POPが流れ、多くの観光客で賑わう。K-POP商品が含まれたパッケージ・ツアーも盛んだ。K-POPがつくられる芸能事務所の社屋を始め、芸能事務所が直接または行政と協力して手掛けたエンターテインメント施設、行政が設置した展示物、関連グッズの販売施設、渋谷109のようなビルの外壁など、商業施設に飾られるさまざまな広告まで、K-POPは、そこで流れる音楽とともにさまざまなイメージで表れる（金 2018：161-164）。

　これだけでも、ソウルという都市空間と観光空間両方に及ぼされるK-POPの影響がいかに大きいのかがわかるだろう。いうまでもないが、ソウルは朝鮮時代初期の1394年以来の首都としての歴史をもち、いまや人口1千万人のメトロポリスである。そのソウルの場所イメージが先端のポピュラー音楽とここまで強く絡み合うようになったのは、当然「国家によるK-POPの観光資源化」のような単純なフレームでは把握できない。K-POPによって変容する観光空間に表れるのは、ソウルという都市空間を構成する実践やまなざし、そしてあらゆる感覚の変容だからだ。

3　メトロポリス・ソウルの都市性

　そもそも都市は、創造されるものであり、変容するものである。その創造と変容の興味深い過程は、われわれがメトロポリスとして知るあらゆる都市の歴

史の中に確認できる。例えば、1848年のフランス革命以降のパリは、万国博覧会（1855年、1867年、1878年、1889年、1900年）とエッフェル塔、デパート、美術館、劇場、商店街などのさまざまな「スペクタクル」とともに「19世紀モダニティの首都」と呼ばれた（ハーヴェイ 2017）。またニューヨークのマンハッタンは、1890年から1940年にかけて次々と建てられた「摩天楼」とともに、20世紀メトロポリスの建築様式はもちろん、現代の生活様式までも新たにつくり出した（コールハース 1999）。

　もちろん都市を成り立たせるのは規模だけではない。20世紀初頭、マンハッタンの摩天楼の建設は、単なる高いビルの量産ではなく、空間の再創造であり、既存の秩序とイデオロギーに挑戦する実験であった。そしてその影響が20世紀を通して世界に及ぼされたように、都市が生まれ、変容する過程においてもっとも重要な要素は、都市性（Urbanity）と現代性（Modernity）である。今も世界の各都市は、衰退・荒廃しないように、つねに自己の都市性と現代性を発明しつづけている。例えば、ロサンゼルスが農業と石油産業から映画・音楽産業、金融、航空宇宙産業まで、次々と自らを更新しつづけてきた過程と、一時期世界の自動車産業の拠点でありながらも結局人口蒸発と財政破綻を招いたデトロイトの運命の対比は、都市性の維持と新たな発明という意味でも興味深い（Sudjic 2016：4-11）。

　メトロポリスとしてのソウルも、そのような再創造と発明の過程を経て生まれた。都市の規模でいえば、ソウルは1970年代を通してすでに大都市化していた。1960年代後半から急速な高度成長を経験したソウルの人口は、1970年に5,433,198人を、1980年に8,364,379人に達した。1969年に現在の漢南大橋が完成し、本格的に開発された漢江の南側、つまり江南（カンナム）に建てられた膨大な量の集合住宅と商業施設を中心に起きた建設ブームと不動産バブルが、人口と資本の爆発的な流入を促した結果だった。

　しかし、ソウルの都市性と現代性がグローバルな回路と接続するかたちで「転換」したのは、人口が１千万人を超え（10,612,577人）、江南開発の社会文化的効果が表れた1990年前後のことだった。日本でも有名な映画『1987、ある闘いの真実』が描く民主化や冷戦体制の崩壊による旧東側諸国との関係構築、

1988年ソウルオリンピックが促した国際化と文化開放などのプロセスが急速に進み始めたその時期である。

特に江南という場所のアイデンティティとイメージは、ソウルに新たな都市性と現代性を付与した。当時の文化研究者たちは、江南の拠点でもあった「狎鴎亭洞」(アックジョン)のことを「ユートピア・ディストピア」と称した。「世界各国からの先端の消費材と感覚的ファッションが集まり、文化的混合と混成が行われる江南は、都市中心で再編される世界規模の資本主義体制が創造した都市空間」として認識された（チョ 1992：55）。

漢江の北側にある旧都心とは区別される、そういった都市の感覚と生活様式、社会関係資本と文化資本が誘惑する新しい都心に「住むこと」は、国民国家の秩序に基づいたローカルなスケールで、その強固な経済資本や社会関係資本に基づいた場所のアイデンティティを再生産することであった。同時にその新たな場所イメージを「消費すること」は、資本主義の力が都市を中心に再編されるグローバルなスケールで、江南のアイデンティティが生み出した欲望とまなざしを自ら再生産することでもあった。

こうした欲望とまなざしが向けられた江南のアイデンティティは、1990年代を通じてソウルそのものの都市性として急速に拡張した。高級アパートとデパート、海外のファストフードや小売店が並ぶ大通りは、韓国の新たな「資本主義文化」の到来を象徴するものとして、繁華街に集まる若者のファッションと消費パターンは、「産業化時代」からの脱却を表象するものとして認識された。そしてそのイメージは、メディアを中心に、それまでのソウルの都市イメージを構成していた記号と表象、社会意識と規律との複雑なせめぎ合いをつうじて構築されていった。つまり、いまのメトロポリスとしてのソウルの都市性は、グローバルとローカルのさまざまな水準における再構造化(リストラクチュアリング)が全世界の規模で起きた時期に行われた再創造とともに構築されたのである（金 2017：19-26）。そしてＫ－ＰＯＰは、まさにこのソウルの新たな都市性や現代性とともに生まれた。

4　K‐POPが変えたソウルの都市性

　都市の都市性は、その都市にしかないリズムで表れる。そのリズムは、聴覚と視覚、感受性、（単なる嗅覚ではない）匂いなど、あらゆる感覚からなる。そこには日本で「空気を読む」というような社会的マナーやテレビ番組表で構成されるメディア的時間のような日常的秩序も含まれる。同じパチンコ屋の音でも、田舎のものと都市のものは違うリズムをもつのである。アンリ・ルフェーヴルが、「欲望は自分のリズムをもち、欲望は１つのリズムである」（Lefebvre 2004：26）と述べたように、都市のリズムは、都市の欲望そのものを表すからだ。

　そういった現代都市のリズムを、「資本主義のリズム」と一概によぶこともできるだろう。しかし、20世紀を通して経験してきたように、都市性、つまり都市のリズムは各時代の現代性とともにつねに変化する流動的なものであることを考えれば、より繊細な分析が必要とされる。

　都市のリズムをつくり出し、変容させるさまざまな要素の中で、重要な役割を担うのはいうまでもなく音と音楽である。とりわけ音楽は、その時代の新たな都市性を認識させるとともに、人びとの日常的認識に新たな現代性を浸透させる。例えばニューヨークで摩天楼が次々と建てられた1920年代に、人びとは自動ピアノやラジオ、レコードとともに、コンサート・ホールから街の中へ漏れ出した音楽を通じて「モダンなもの」への憧れをもち、「音楽に囲まれた生活」を、時代の先端をゆくモダンな人びとにふさわしい新しいライフスタイルとして認識した（渡辺 2012：116-126）。

　日本においても、銀座が同時代の人びとにとって「モダンなるもの」の象徴になっていた1920年代を語る際、アメリカ映画の影響を強く受けながら、モダンボーイ・モダンガール（モボ・モガ）が理想とした「モダン」なスタイルが表現されていた「当世銀座節」と「思い出の銀座」などの流行歌を外すことはできないだろう（吉見 2008：236-242）。また、1970年代以降「東京でもっともファッショナブルな空間」として若者の感性に強い影響を及ぼしてきた渋谷の

第 **7** 章　リズムを消費する

変容過程も（吉見 2008：296）、同時に「シブヤ」の音楽空間としての変容なしでは把握しきれない（牧村・藤井・柴 2017）。

　そして音楽によって都市のリズムが変わる過程は、単に流行する音楽ジャンルが変わるということではない。それは、都市を巡るあらゆる感覚と秩序、そしてその都市性と現代性を生み出す欲望そのものが変わるということを意味する。ある時期の都市性と現代性には、そのリズムを顕在化する音楽が存在するのだ。

　このような文脈で考えると、K‐POPが、ソウルの都市性が大きく転換した時期に生まれたのは決して偶然ではない。新たなポピュラー音楽から表れる聴覚（サウンドとビート）、視覚（ファッションとパフォーマンス）、感情（歌詞と雰囲気）、匂い（クールさ）は、メトロポリス・ソウルの新しいリズムを表すものであり、同時に新しいリズムをソウルに与えるものだったからだ。

　K　POPは、1980年代後半から1990年代にかけて、メディア環境の変化と新たな生産・消費主体の台頭による「観る音楽」と「アイドル」の登場、アメリカのブラックミュージックの導入とともに生まれた。韓国語ラップやアイドル・グループのパフォーマンス、マネジメントシステム、献身的なファンダムなど、今のK‐POPを構成する要素の多くは、この時期に形成されている。ソテジワアイドゥル、H.O.T、神話、S.E.S、g.o.d など、K‐POPの原型となるアーティストたちもこの時期にデビューしている。

　K‐POPの形成過程は、韓国のポピュラー音楽が、それまでの「韓国歌謡」の音楽的・産業的・社会的秩序から脱却し、アメリカを中心に世界中で消費される先端のポップ音楽を目指し始める過程でもあった。それを担ったのは、新たな生産・消費の主体として浮上した新世代だった。「X世代」とも呼ばれる主に1970年代生まれの新世代は、民主化以降初の若者世代であり、カラーテレビとビデオ、ポータブルカセットプレイヤー、パソコン、ポケベル、インターネット、携帯などを、1980年代から1990年代に次々と受容した世代でもあった。とくに彼らの高い教育水準は、親世代との文化的乖離を生みつつも、国際的感覚と流行に敏感に反応することを可能にした。最新の文化をリアルタイムで生産・消費するための環境と能力を備えていた彼らの欲望は、ポピュ

ラー音楽の世界を通じてもっとも強烈に表出された（金 2018：34）。

1992年にデビューしたソテジワアイドゥルの成功とともに定着したラップを初めとする新たなサウンドと表現様式は、当時、社会的に注目されていた世代間ギャップを象徴していた。「ラップは聞き取れないしうるさい」といった旧世代の不満が高かったが、それは「ソウルの新たなリズムについていけない」という不安の表れでもあった。

新しいリズムがもっとも顕著に表れたのは、いうまでもなく江南だった。ソウルの拡張にともなう文化産業地図の急速な変化の中で、Ｋ-ＰＯＰのあらゆるヒト、モノ、コトが江南に集中していた。ＳＭエンターテイメントをはじめとする芸能事務所やレコード会社はもちろん、音楽専門ケーブル放送「Mnet」のようなメディアやアーティストたちのスタジオまで、Ｋ-ＰＯＰの生産と流通のシステムそのものが江南に築かれた（金 2018：156-157）。

江南のリズムは、さまざまな音楽を通じて表れた。アメリカ発のヒップホップはもちろん、ヨーロッパ発のテクノや日本のＪ-ＰＯＰを流すクラブやカフェが続々と登場した。それらの音楽に合わせ、若者のファッションも急速に変化した。街の風景そのものが音楽とともに変わっていった。そして、「新世代、音楽のある場所で待ち合わせ」というタイトルの下記の新聞記事でもわかるように、音楽は、若者の動線とたまり場をも変えていった。

> 若者の待ち合わせ場所がソウル市内中心から江南へと移っている。（…）90年代の後半に入り（…）若者がもっとも使う待ち合わせ場所は、江南駅交差点にある「タワーレコード」の前である。（…）本より音楽に興味をもつ新世代の嗜好に合う里程標が生まれたのである。もちろん以前から人気のあった鍾路書籍前（旧都心：引用者）も依然多くの人が待ち合わせ場所として利用している。しかし（…）鍾路書籍の前は20-30代がほとんどで、タワーレコードの前は10代後半から20代前半の新世代でいっぱいだ。（「新世代、音楽のある場所で待ち合わせ」『ハンギョレ』1997年9月19日）

音楽を通じてソウルのリズムを変容させたもう１つの都市空間が、冒頭で紹

第 **7** 章 リズムを消費する

介した弘大だった。江南が、1990年代から集中した生産・流通・消費システムのうえでＫ－ＰＯＰのかたちと中身を育て上げ、さらにＫ－ＰＯＰの象徴性を共有してきた場所だとするならば、弘大は、1990年代以降、さまざまなスタイルとの混淆を通じてＫ－ＰＯＰに斬新な感覚を注ぎつづけた場所である。

　弘大とは、弘益大学校の略であるが、一般的に「弘大」というと、地下鉄2号線の「弘大入口」を中心とした周辺地域全般のことを指す。「江南」が江南区を超えた複雑な象徴性をもつように、弘大も、弘益大学校の略ではとらえられない場所・記号としての意味をもつ。もともとこの地域は、韓国を代表する美術家やデザイナーを多く輩出した弘益大学校の影響で、美術・デザインのメッカであった。そこに、より多様な文化と人で賑わう「弘大」という意味を与えはじめたのは音楽、とりわけインディーロックのライブクラブだった。地下鉄で1駅しか離れていない新村（シンチョン、延世大学校の前を中心に1970年代から若者の流行を主導した大学街・商業地域）とは差別化された「インディー文化」が1990年代半ば頃から形成されたのである。2000年代に入ると、個性あるカフェやヒップホップなど多様なジャンルのクラブ、ミュージシャンたちのバスキング（路上ライブ）などで賑わう「音楽の街」として定着した。とくにインディーロックとヒップホップにおいて、弘大は「聖地」ともいわれる重要な拠点となった（金 2018：158-159）。

　次のような1990年代の新聞記事には、江南とは差別化されたかたちで弘大の音楽と若者がつくり出す新たな都市空間の活気がよく表れている。

　　弘益大の前の空気は、若者を自由にする。テクノ音楽とファンク文化が活発化した唯一の町。ソウル・ソギョドン・弘益大前。（…）10代から30代までが共存するたまり場であり、既成文化に新たな生命力を吹き入れる「アンダーグラウンド文化」の産室として根を下ろした。（「街・人・文化（7）」『東亜日報』1998年10月23日）

　　夕日が沈む頃になると、ソウル・弘益大前のピカソ通りは起き始める。（…）ドラムの音とともに路上ライブが始まる。サックスとリードギター、

リズムギター、ベースギターが加わり、ノリが広がる。(…) 毎週週末の夕方には欠かさず路上ライブが行われるこの場所は、いつの間にか弘大の名物となっている。(「弘大前の路上バンド」『ハンギョレ』1999年6月2日)

つまり当時韓国の多くの人びとは、江南と弘大を中心に消費される新たな音楽文化を通じてソウルという都市空間の転換を肌で感じ、また説明しようとした。今も多くの韓国人が1990年代を(正確には1997年のアジア通貨危機までを)「文化的黄金期」と呼んでいることでもわかるように、K-POPが生まれた1990年代における音楽の影響は、ソウルという都市のリズムをもっとも感覚的に表すものだったのだ。

5 K-POPが媒介するリズム

都市性の変容において、そのリズムを日常的に顕在化するのが音楽だとするならば、その都市性を非日常的なものとして発見し、まなざしを向け、消費するのは、観光客である。興味深いことに、パリがモダンな生活様式とスペクタクルとともにメトロポリスの都市性を確立した19世紀半ばから後半までの時期は、鉄道の発展により、初めて大衆旅行が可能になった時期であった。この時期から地理的な移動が大衆化されるにつれ、さまざまな場所のあいだに趣味の徹底的な品格的区別立てが定着し、独特の風景や町並みに目を向けると同時に、その他の感覚に特定の昂揚をもたらす「観光のまなざし」(アーリ 2003:212-215) が形成された。そして、19世紀パリはもちろんのこと、20世紀初頭のニューヨークのマンハッタンでも、東京の銀座と渋谷でも、新しいリズムが生まれるあらゆる都市空間には、まるで目撃者のように、多くの観光客が存在していた。観光客は、都市が「都市」になったときから、その都市性と現代性を消費してきたのである。

そして、ポピュラー音楽がレコード、ラジオ、テレビ、ポータブルオーディオなどの電子メディアとともに変容し、世界的に消費されていくにつれ、音楽

第 7 章　リズムを消費する

と都市の関係、またそれを巡る観光のあり方も大きく変容した。ビートルズを産んだイギリス・リバプールのように、新しい音楽は、都市のアイデンティティとイメージを認識させ、消費させた。つまり、音楽の消費が都市性そのものを生み出すことで、その都市空間を「音楽が媒介する観光空間」と化するようになったのである。

　しかし、ソウルとＫ－ＰＯＰの観光空間を理解するためには、もう１つの文脈が必要となる。それは、1980年代から1990年代にかけて加速化したトランスナショナルな文化フローと、ポストモダン文化の台頭である。アーリとラースンが述べているように、モダンにあった文化と生活、ハイ・カルチャーとロー・カルチャー、芸術と大衆芸能、選良的消費と大衆的消費などの区分・区別は、ポストモダンにおいては存在しなくなった。それは、「マルチメディア」での事象ともいえるもので、マスメディアでいえばテレビが果たしてきたような中心的役割を、特定の領域に分類したり位置付けたりすることは難しくなったのである（アーリ＆ラースン　2014：152-153）。

　都市におけるリズムの複雑性を生み出すポストモダンの「脱分化」は、アパデュライが「乖離構造（disjunction）」と呼ぶグローバルな文化フロー（cultural flows）にもつながる。アパデュライは、新たなグローバルな文化経済は、複合的で重層的、かつ乖離的な秩序であるとし、それを理解するためには、既存の中心－周辺モデル、消費者－生産者モデルなどに依拠することはできないとし、経済、文化、政治の間に存在している根源的な「乖離構造」を理解するために、グローバルな文化フローを構成する５つのランドスケープ──「エスノスケープ（民族の地形）」「メディアスケープ（メディアの地形）」「テクノスケープ（技術の地形）」「ファイナンススケープ（資本の地形）」「イデオスケープ（観念の地形）」を提案した。グローバルな文化フローをとらえるために必要なのは、その流動的かつ重層的な構造をみつけ出す想像力なのである（アパデュライ 2004：68-69）。

　したがって現代都市のリズムを理解するためには、ナショナル／ローカルな次元における都市の変容過程と、さまざまなスケープをもつこのグローバルな文化フローを同時にとらえなければならない。それは、そのリズムをつくり出

す要素であるポストモダンな音楽が、ナショナル／ローカル／グローバルの次元を横断しながら生産・流通・消費されていることを考えれば理解しやすいだろう。

　Ｋ－ＰＯＰをめぐる音楽空間と都市空間が本格的に「観光空間」と化したのも、情報化が加速する中でソウルの都市性の変容とグローバルな文化フローが活発に交錯しはじめた2000年代以降のことだった。2000年代は、ドラマや映画を通じてアジアを中心とした「韓流」現象が起きる一方で、Ｋ－ＰＯＰが、東方神起、BIGBANG、Wonder Girls、少女時代、2NE1、f(x) などが登場した2000年代をとおしてその生産・流通・消費の構造を備え、グローバル化しはじめた時期である。

　とくにYouTubeとFacebook、Twitterなどのソーシャルメディアは、Ｋ－ＰＯＰのグローバルな消費だけではなく、ソウルの場所イメージの新たな消費を可能にした。そして、多くのＫ－ＰＯＰアーティストがアジアを越え、欧米の市場とファンダム、評論にまで到達した2010年代初頭になると、メディアを媒介したソウルの場所イメージの消費は、直接的な観光に影響を及ぼしはじめた。韓国を訪問した観光客の数が、979万人（2011年）から1,114万人（2012年）へと、１千万人を超えた時期である。

　ソウルの観光客も急増した。特に2012年7月に発表され、5カ月でYouTube の再生回数10億回を超えるなど、世界的な現象を巻き起こした「江南スタイル」が観光に及ぼした影響で、Ｋ－ＰＯＰに対する行政や観光業界の関心が急速に高まった。それもそのはず、2011年にソウルの江南区を訪れた外国人観光客の数は76万人だったが、「江南スタイル」のヒットが続いた2013年には500万人まで爆発的に増加した。江南区は直ちに反応した。2012年11月に観光振興課が新設され、2013年には観光情報センターが設立された。

　2015年には、Ｋ－ＰＯＰアーティストの所属事務所が集中している狎鴎亭洞から清潭洞までの1.08 kmを、江南区が「Ｋスターロード（K-Star Road）」として指定した。1999年にＳＭエンターテイメントの社屋が建てられるなど、芸能事務所やレコード会社はもちろん、音楽専門メディアやアーティストたちのスタジオまで、Ｋ－ＰＯＰの生産と流通のシステムそのものが築かれており、

第 7 章　リズムを消費する

図 7-4　「Kスターロード」の出発点を示す江南ドル

多くの若者や観光客の「聖地巡礼」の場所として賑わってきた場所である（金 2018：156）。K‐POPという音楽空間とソウルという都市空間がもっとも活発に交錯してきた空間を、行政が政策的に観光地と化したのである。

　東方神起、少女時代、BIGBANG、EXO、BTS（防弾少年団）などのPOPアイドルグループをモチーフにした「江南ドル（GangnamDol）」と呼ばれるアートトイが並ぶ「Kスターロード」の周辺地域には、BTS（防弾少年団）が所属する Big Hit エンターテインメント、IUが所属する loen エンターテインメント、CNBLUE が所属するFNCエンターテインメントなど、主な芸能事務所のほとんどが江南に集まっている。そして周辺を囲むように、ビューティーショップ、クラブ、歌・ダンス塾、高級ジム、美容整形外科などが存在する（金 2018：157）。K‐POPを構成するその総体的な生産・流通・消費のメカニズムこそ、この地域のリズムをつくり出す場所であり、ファンと観光客、K‐POPアイドルを目指す若者などによる観光のまなざしが向けられる場所である。

冒頭で紹介した、筆者が2010年代に遭遇した弘大の新たな観光空間は、このような都市空間と音楽空間の変容のうえでさまざまなスタイルと混淆しながら築かれたものとして理解することができよう。

> 弘益大周辺は若い。バラードからヘビーメタルまでライブが行われ、アンダーグラウンドの実験舞台が開かれたりもする。弘大文化をつくっていくミュージシャンも、弘大を訪れる人びとも若い。(…) 平日の昼から若者で賑わっていた。小さな服屋から行列ができるレストランで埋まっており、大きなスーツケースを転がしながら歩く外国人も多い。(…) ダイナミックな韓国のインディー文化をみるために世界各国の旅行者が集まってきた。そこにK‐POPと韓流ブームによって、1日中街を歩く外国人が増えた。ソウルに1000軒のゲストハウスがあるが、弘大だけで300軒が集まっている。(「ソウル、街を読む(10)」『京郷新聞』2017年3月9日)

ソウルという都市に新たなリズムを与えてきたK‐POPは、観光の対象になるだけではなく、観光空間そのもののリズムをつくり出す。海外から訪れたK‐POPファンたちは、空港に降りた瞬間から見えるK‐POPスターたちの広告と展示物、町中で聞こえてくるK‐POPを楽しみながら、これらのスポットを訪ねることになる。コンサート観覧や江南・弘大での聖地巡礼、YouTube や Instagram でみたレストランやカフェ、屋台の体験、そしてK‐POPショップでのショッピングなどをパッケージで行うのだ。

こうしたK‐POPの観光空間は、K‐POPとソウルという2つの空間が互いを媒介しながら拡張しつづけているということをもっとも顕著に表すものでもある。K‐POPがソウルで生産され、展示され、発信されると同時に、ソウルのイメージもそのK‐POPを通じて生産され、展示され、発信されるのだ（金 2018：163-164）。

6　消費される都市のリズム

　クレジットカード会社のマスターカードが毎年発表する「世界渡航先ランキング」[5]によれば、ソウルは、2015年1,035万人（9位）、2016年1,020万人（10位）、2017年1,244万人（7位）、2018年954万人（10位）と、毎年1千万人前後の規模を維持している。そのソウルの観光空間においてＫ‐ＰＯＰがいかに重要な位置を占めているのかはすでに検討してきた通りである。

　しかしＫ‐ＰＯＰがソウル観光に与えた影響は、単に1千万人という観光客の数や観光収入などのような量的データや行政・業者による観光化戦略を検討するだけではとらえきれないだろう。それは、ナショナル・ローカルな次元における都市の感覚と生活様式の変容過程や民族、メディア、技術、資本、観念のさまざまなランドスケープが音楽空間と都市空間を通じて重層していく過程がつくり出したソウルという都市のリズムそのものだからだ。

　したがって、ソウル市観光公式サイトと韓国市観光公式サイトに載っているＢＴＳとＥＸＯのイメージと「My Seoul Playlist」を紹介し、「Have you ever?」と問いかける彼らの動きは、Ｋ‐ＰＯＰが形成・変容し、グローバルに拡張した過程が、ソウルが再構造化し、新たな都市性と現代性を構築してきた過程と重なることを考えれば、それ自体でソウルのリズムを表しているといっても過言ではない。「メトロポリス」の都市性と現代性が度重なる再創造と発明の過程を経て生まれるとするならば、Ｋ‐ＰＯＰはまさにソウルの都市性と現代性を生み出した再創造と発明の産物である。そして同時に、Ｋ‐ＰＯＰをめぐる観光空間におけるさまざまな実践もまた、ソウルのリズムを生産・消費するグローバルな文化フローである。つまり「都市観光における音楽の意味」と「音楽観光における都市の意味」を考えるというのは、その2つの次元が相互作用しながら生み出す「リズム」がどのように消費されるのかを理解することであろう。

第Ⅱ部　観光と地域

注
1) http://japanese.visitseoul.net/LiveSeoulJa（2018年11月15日最終アクセス）
2) http://japanese.visitseoul.net/LiveSeoulJa（2018年11月15日最終アクセス）
3) https://www.youtube.com/watch?v=xBAk7m81XX0（2018年11月15日最終アクセス）
4) http://japanese.visitkorea.or.kr/jpn/index.kto（2018年11月15日最終アクセス）
5) これらの数字は、マスターカード社のホームページ内に掲載されたプレスリリース「MasterCard Global Destinations Cities Index」の2015年版、2016年版、2017年版、2018年版をそれぞれ参考にしている。

参考文献
アパテュライ, A.（2004）『さまよえる近代──グローバル化の文化研究』平凡社。
アーリ, J.、ラースン, J.（2014）『観光のまなざし（増補版訂版）』加太宏邦訳、法政大学出版局。
アーリ, J.（2003）『場所を消費する』法政大学出版局。
韓国文化産業交流財団（2013）『2013韓流白書』。
金成玟（2017）「戦後ソウルと日本人旅行者──江南誕生による場所の再構造化」金成玟・岡本亮輔・周倩編『東アジア観光学──まなざし・場所・集団』亜紀書房。
金成玟（2018）『Ｋ‐ＰＯＰ──新感覚のメディア』岩波新書。
コールハース, R.（1999）『錯乱のニューヨーク』ちくま学芸文庫。
チョ・ヘジョン（1992）「狎鴎亭空間を見つめるまなざし──文化政治的実践のために」『狎鴎亭洞──ユートピア・ディストピア』現実文化研究、pp. 35-59。
ハーヴェイ, D.（2017）『パリ──モダニティの首都』青土社。
牧村憲一・藤井丈司・柴那典（2017）『渋谷音楽図鑑』太田出版。
吉見俊哉（2008）『都市のドラマトゥギー』河出文庫。
渡辺裕（2012）『聴衆の誕生──ポスト・モダン時代の音楽文化』中公文庫。
Lefebvre, H. (2004) *Rhythmanalysis: Space, Time and Everyday Life*, London: Continuum.
Sudjic, D. (2016) *The Language of Cities*, London: Penguin Books.

第Ⅲ部
観光と共同性

第8章
関係性としての地域開発
――佐渡の集落に見る伝統・街並み・再帰性――

門田　岳久

1　過疎と再帰性

(1) 目に見える過疎化

　本章では現代日本において、ローカルなコミュニティの住民は自分たちの地域を他者に向かってどのように表現するのか、ということを考えてみたい。ここでいう地域（ローカリティ）は自治体や近接性という地理的範疇を前提としたものというよりは、人類学者のアパデュライに倣い、人びとが関係し合う文脈であり、関係性に基づくさまざまな実践が行われる場であると考えておきたい（アパデュライ 2004）。アパデュライがいうようにローカリティは本来的に壊れやすく、前近代でも儀礼や宗教観をもって意図的に維持されてきた。

　自分たちの地域がどのようなものであるか振り返り、それを言葉やモノに表して他者に伝達することは、とりわけ現代社会において頻繁になされるようになっている。このような自己への省察は「再帰性」とよばれる。社会学では個人のレベルでの自己省察だけでなく、社会システムのレベルでも用いられる抽象度の高い概念だが（ベック他 1997）、ここでは観光の文脈に引きつけ、地域や個人が自己にまなざしを向けること、と考えておきたい。観光や街づくり的な地域開発において再帰的なまなざしが卓越するのは、上記のような地域の「壊れやすさ」が過疎化によって加速しているからだといえる。

　過疎化というのは第一義的にはある一定の空間から人がいなくなること、人口が減ることをいうが、減少の速度があまりに顕著だと、過疎化という抽象的な概念も、目に見えて理解が可能になる。つまり文字通り景観や建造物、施設

といった物質的な変化が目に見えるということであり、人の減少がモノの変化に確実に表れるのである。

　新潟県の佐渡島に筆者がはじめて行ったのは2002年のことであるが、その2年後に10市町村あった自治体が合併して佐渡市となった。以来さまざまな研究テーマをもって通い続けているが、合併時から2018年までの間に、佐渡の島内人口は約69,000人から54,000人へと減少した。毎年1,000人ほどが減っている計算なので、通りのあちこちで住居が空き家になり、店舗の閉鎖や更地も目立つようになった。知り合いの石材店の収益の1つは、学校の閉校記念碑の設置と墓の撤去だという笑えない話もある。

　財政合理化の観点から行政の施設は次々に統廃合され、例えば2004年当時37校あった小学校は2018年度時点で22校になった。そのほか博物館、自治体の出先機関、消防・警察署といった公共施設はもちろん、バブルの時代にこぞって作られた温泉施設も民営化や廃止が相次ぐ。幹線道路は今でもそれなりに公共事業の対象として整備が進むが、山間部の道になると台風や雪害など、自然災害からの復旧にかなり時間を要するようになり、陥没や土砂崩れで長期間通行止めになる箇所も増えている。

　過疎化は単に「にぎわい」や税収が減るというものだけではなく、こうした目に見えるモノやインフラストラクチャーの変化・消失に直結する。というよりも、過疎化というのは必然的にモノの変化として表れる。その変化が緩やかなものであれば気付かないこともあるかもしれないが、わずか1、2カ月島に行かなかっただけであれもこれもなくなっていくことにはさすがにショックを受ける。もちろん新たに建てられる家、新規オープンした店舗、移転新築の校舎などを目にすることも少なくないが、増減数で言えばマイナスが上回る。

(2) 発展する伝統

　過疎化と各インフラストラクチャーがいかなる定点で維持されているのかを観ることは、研究的には興味深いことではあるが、住民の視点に立てば耐えがたい焦燥に駆られる。しかし島の人も衰退を傍観しているだけではない。こうした島では当然のことながら観光により活性化しようという声が立場を問わず

第 8 章　関係性としての地域開発

図 8-1　宿根木全景

上がってくる。筆者が通っている集落の1つ、宿根木という場所は近年飛躍的に発展した集落だ。宿根木は佐渡島南部にある戸数48戸の小集落だ。谷地とよばれる海岸段丘の窪地に家が所狭しと並び（図8-1）、かつては廻船業で栄えたものの、船舶が近代化された明治以降その地位を失って久しい。しかし今、宿根木は佐渡を代表する観光地となっており、夏から秋のシーズンにかけてはひっきりなしにレンタカーや大型バスが入ってきては立て込んだ集落景観や名刹を見て、カフェでパスタやコーヒーを楽しんで去って行く観光客で賑わっている。2002年に初めて訪れた際も多少は人の訪れる場所であったにせよ、現在のようになったのはこの数年である。

　だが、この集落の発展は観光地としての開発によるものではなく、近代的な建物が建ったりおしゃれ空間が整備されたわけでもない。むしろその景観は限りなく古く、正確には「より古くなっている」といっても過言ではない。例えばこの地域では屋根に瓦を敷く代わりにコバと呼ばれる薄く切った檜の板を屋根に敷き詰め、その上に丸石をいくつも並べることが古くからの作りであったが、昭和期に瓦屋根へと新しく改良された家も、現在、あえてコバ葺き屋根へと戻りつつある。

　また昭和後半にコンクリートやモルタルなどに作り替えられた近代的な家屋は、徐々に、能登や佐渡に特有の黒い板壁を利用した家屋へとリニューアルや建て替えが進んでいる（図8-2）。集落の集会所である「宿根木公会堂」も、

図8-2　新たに修景つつある建物

内部はエアコンが入り快適になったが、外観は1950年代に作られたかつての意匠そのままに再塗装された。また1970年頃に集落中心部に建てられた近代的な意匠のドライブインはすっかり取り払われて、飲食を供する板壁作りの伝統的な意匠の建物へと建て替えられた。

　このように宿根木集落の「発展」はモノが増えたり「新しさ」へと向かって進展したりするというわけではない。むしろあまりモノは増えず、「古さ」へ向かって後退するものだといえる。この「後ろへ向かう発展」は、伝統らしさを資源とし、それを消費する現代観光の仕組みと密接に絡んでいる。宿根木を訪れる観光客は、他でもないこの伝統らしさを建物や景観から視覚的に取り込み、そこに懐かしさを看取することを目的にやってくる。もちろん、その「懐かしさ」は実体験と結び付けられた記憶の反芻というよりは、ある程度大勢が共有している「昔の風景・暮らし」という曖昧なイメージに結び付けられたものだ。だからこそ、そのような暮らしを実際にしたことのない人であっても観光経験を共有することが可能となる。

　こうした外部のまなざしを内面化した宿根木は、過疎化が進む佐渡においてほとんど例外的に「発展」を遂げた場所となっており、今や佐渡を描いたガイドブックの中では分量、掲載場所ともに玉座を占めているといってよい。

　そうなると当然、住民の地元意識も他者からのまなざしを存分に受け止めた

ものへと変化している。「宿根木を愛する会」という団体を基軸に、多くの観光客に応対するために集落のガイド活動や車の誘導にあたっているが、彼らが纏う揃いの法被はかつての船大工や船乗りをイメージしてデザインされたものである。彼らは短時間しか滞在しない客の期待を裏切ることなく伝統イメージを纏い、集落の歴史や風習について解説をおこなっていく。ガイド活動は決して形式張らず冗談を言いながら、しかしよどみなく自信に満ちあふれたものとして観光客に伝えられる。観光客は、宿根木という一見「僻村」にも思える小集落が近世以来海上交易を通じて上方や蝦夷とつながり、文化の交流地点であったことに瞬時感銘を受け、そそくさと大型バスに乗り込んで去って行く。

(3) 再帰性とモノ

　ここまでの話を整理しよう。日本の多くの過疎地域では、産業構造の変化による経済的衰退や人口減が著しい中、観光は苦境を脱する数少ない希望の道になっている。住民や行政などの地域の主体は、自分たちの地域の「売り」となる要素を再帰的に理解し、コントロールしながら外部に向けて伝えていく。伝統らしさは、しばしばそのときに「売り」要素となっていく。

　社会学者のアーリが述べたように観光とは他者の「まなざし」の送受信を起点とする現象であって、外部からの権力性をもった観光客が他者に向ける欲望は、観光の現場においてまなざしを内面化した従属的な観光地的主体を作り上げる[1]。確かに団体バスでやってくる観光客は経済的恩恵を与える側という意味で権力を有しているが、それ以上に、彼らが地域に向ける「なつかしさ」「暖かな田舎暮らし」などの期待は一種の先入観に基づくイメージなので、それを地域の側が覆すのは容易ではない。しかし住民は自身のまなざしを地域に向け、観光客に先回りして地域やその文化の特色を自覚し、わかりやすい言葉で表現していく中で自分たちの営みにも自信をもち、こうした非対称的構造をずらしていく[2]。

　ただ、自文化を意識化し外部に発信するといっても、かつての観光人類学が考えてきたような単純な自己表象ではない。観光人類学の黎明期の民族誌では、観光客が見るようになった儀礼が外部の目線を意識するようになり、舞踊がわ

かりやすくなったり、より伝統的に見える服飾が用いられたりする変化が議論された（山下編 1996；森田 1997）。こうしたパフォーマンスの場への着目は、観光と生活・文化の邂逅の現場として好んで取り上げられてきた。

しかし文化なり地域なりの表象を「情報の発信」だととらえると、その手法やデバイスは多様化しており、かつてのように儀礼の場面をとらえていれば「観光のまなざし」を再帰的に意識化する場面を描けるわけではない。特にオンラインコミュニケーションの発達は、当初の観光人類学が想定していない速度と複雑さで自己表象の形を変えている。住民団体がウェブサイトを作り、SNSで積極的に発信していくことは当たり前になっている。宿根木は高齢化の著しい小集落であるが、「愛する会」は地域おこし協力隊などの若い人たちの力を借りてセンスの良いサイトを持ち、セルフブランド化に余念がない。

ここで問いたいのは、再帰的な自己表象を単に視覚的情報の送受信という従来のまなざし論の範囲だけでなく、モノという側面に着目すればどうとらえ直せるのかということだ。前述のとおり、過疎化や街づくりにおける再伝統化は[3]、往々にして物質的な存在の消滅や登場と不可分である。にもかかわらず、これまでの観光研究に携わってきた文化人類学や民俗学は、モノそれ自体ではなく、モノが生み出すイメージや記号性（例えば「懐かしさ」や「観光文化」）を強調し過ぎて、結果、モノそれ自体をめぐる人びとの関係性、観光現象においてモノが取り結ぶ具体性をとらえ損ねてきたのではないかと思うからである。

例えば、宿根木では石畳の通路が多いが、長年かけて人びとの歩行で窪みを帯びており、ここを踏みしだくことは観光客をアスファルトとは異なる空間に導くことになる（図8-3）。しかし緑色片岩で作られたその石畳はもろく欠けやすい。ところどころ、観光客が誤って割ってしまった石板が見られるが、この石を見るたびに観光客はもろく壊れやすい街並み、すなわち古くから残っているがその存在が脅かされていることに思いいたり、その感情は「街並み保存基金」への自発的な募金を誘発する。そして、石畳の狭い街路が人を惹きつけることを知った住民ガイドは、案内の際、地元で「世捨て小路」という不思議な名前でよばれる路地を必ず通るようにしているという。

このように、地域に関する再帰的なまなざしはモノと人のインタラクション

第 8 章　関係性としての地域開発

図 8-3　宿根木・世捨て小路の窪んだ石畳

（相互作用）の積み重ねから生まれてくる。こうした見方によって、観光客の視線や身体性といった人間中心主義的に展開してきた従来のまなざし論を超え、人とモノ（周囲の環境や人間以外の存在）との関係性の中で地域開発を考えることが可能になる。そこで以下では、地域開発や街づくり運動において、人びとの再帰的なまなざし、つまり自分たちの地域はこういうところだという意識の形成のプロセスを、特にモノがそこにどのように関わっているのかという点に着目しつつ、宿根木における2つの事例をもとに考えてみたい。

2　街並みへのまなざしの転換

（1）宿根木の空間特性と家

　海岸段丘の下、海浜に面した細長い谷地に集落が形成された宿根木は、街路も狭いところでは幅1メートルほどしかない。隣家の話し声がそのまま聞こえてくるような距離に家々が立ち込んでいて、一度火事にでもなれば集落全体に延焼することは明らかなので、毎晩10時には拍子木が鳴らされる。加えて称光寺川という小さい割に水量の多い川が流れ、低地であることから湿度も高く、総合的にみて住環境は快適というには難がある（フナムシを玄関先で見ることも

167

第Ⅲ部　観光と共同性

図8-4　宿根木の位置

ある)。

　廻船業からは既に離れたので、経済的にゆとりができれば海岸段丘上の広々とした土地に新宅を建てて移り住む人も増えてきた。図8-4にあるように、佐渡の最南端に突き出た小木三崎半島と呼ばれるこの地域の谷地での暮らしを、佐渡の平野部の人びとは不便で条件の悪いものだと考えがちで、当人たちもまたそう思ってきた節がある。

　しかし現在では、住民自身にも好まれなかった家々の価値が見直され、何軒かは公開民家に転用されている。その一例が図8-5にある、特色ある造形の民家だ。屋号で「深野屋」と呼ばれるこの民家は、川沿いの路地の三角州のような狭い敷地に建っており、総2階の建物は船を彷彿とさせる。内部は間取りを効率的に採っており、三角の先端部には小さい風呂や便所がある。ここには2006年まで、あるおばあさんが住んでいた。夫を早くに亡くした彼女は1人で子どもを育てる中で、専売公社の塩の販売委託で生計を立てていた。その名残で「塩」の看板が残り、観光客を惹き付ける。

　高齢になったおばあさんが子どものところに転居したあとは集落が引き継ぎ、整備して見学料を取って公開するようになった。2014年にJR東日本がここで女優・吉永小百合を起用したCM撮影をしたことで有名になり、この民家は宿根木の細い路地と建て込んだ特色ある民家群を代表するものとして、観光客の

第8章　関係性としての地域開発

図8-5　深野屋（三角屋）と観光客

撮影スポットになっている。宿根木の人たちにとってもこの民家は集落の象徴と受け止められ、今ではもとの屋号に代わって観光客が好んで使う「三角屋」と呼ぶことの方が多くなっている。他にも民宿や飲食店への転用が相次いでおり、そのためのリノベーションは順番待ちの状況だという[4]。そこには後述の重伝建地区ゆえの補助金が関係しているが、次々と新たな伝統的意匠の建物が登場する背景には、そうした意匠を良いものだとする規範の広がりがあるのである。

　今でも住民たちは湿度や家が立て込む密度に満足しているわけではない。しかし、かつてのように自分たちの家をネガティブにとらえるのではなく、むしろその意義や良さを十分に認識するほど、価値観が大きく転換している。そのような意識は、いうまでもなく観光客が多く訪れ、「懐かしい」「異世界の迷路に入ったみたい」などと驚きや喜びを口にして、それを受け止めていくことによって生まれるのだが、そもそも外部の人に伝えるべき「良さ」や「意義」が再帰的に認識されたのには、その前の段階がある。それは宿根木の家屋をめぐる1970年代以来の外部からの建築調査と、その報告書がもたらしたインパクトである。

(2) 武蔵美の調査と報告書

　宿根木は観光客だけでなく、今日までさまざまな研究者が調査に訪れた集落である。中でも武蔵野美術大学（通称、武蔵美）で建築やデザインを学ぶ学生たちが1970年代に行った調査は、精密な図を添えた報告書を出したことで今でも住民に記憶されている。真島俊一、赤城紀子、村山麗子ら、のちにTEM研究所という建築事務所を立ち上げることになる学生数名は、最初近隣集落から民家調査を始め、1969年〜1971年には宿根木で調査を行った。彼らは、ちょうど学園紛争の時期に大学が休講続きであったことを利用し、キャラバンを組んで佐渡の半島部を回っていたのである。

　彼らの調査の特徴は、本来の専攻である街並みや家の構造だけでなく、親族組織や信仰、日常生活にいたるまで網羅的に調査を行い、建築物というモノから人びとの生活のディテールに迫ろうとしたことだ。そこには明らかに、当時武蔵美で教鞭を執り、同じ時期に佐渡へ通っていた民俗学者・宮本常一の影響が認められる。1975年に文化庁の補助事業で宮本は南佐渡の漁労習俗を中心とした調査報告書を出すよう依頼され、それには真島らの執筆した章も多数収録された。

　その報告書、『南佐渡の漁労習俗』は今見ても出色の出来である。建築やデザインを学ぶ彼らが書いた、分野違いの民俗調査報告書には、細かな集落図や民家の構造や使われ方への観察結果が精緻に描写されている。圧巻なのは図8-6にあるような家の間取り図だ。真島たちは、家の中での生活がどうなっているのかをモノから明らかにしようと、住人が農作業に出ている昼間に上がらせてもらい、直径10cm以上のモノは全て描くというコンセプトのもと、それぞれの場所を誰がいつどのように使うのか、数軒の家をサンプリングして網羅的に調べて図解したのである。

　同書は地元の自治体が刊行した非売品であるにも関わらず、第1回日本生活学会賞を受賞した。のちの1991年に宿根木は文化庁の重要伝統的建築物保存地区群（重伝建）に指定されたが、宿根木の建築物のユニークさや空間特性を描いたこの報告書は、その後幾度も行われた街並み調査の起点として大きな影響を与えた。

第 8 章　関係性としての地域開発

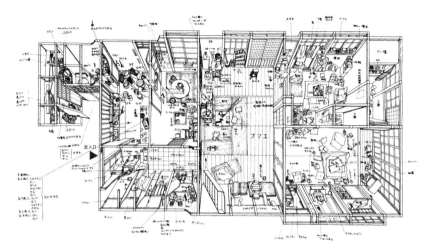

図 8-6　『南佐渡の漁労習俗』収録の間取り図面（真島 1975：27）

ただ、ここで重要なのは、文化財行政や学術面ではなく、住民の生活の場面で彼らの報告書が引き起こした効果である。真島はこの地域での調査を振り返った文章で、当初なかなか民家の間取り調査がうまくいかず不親切にされたり訝しがられたりしていたものの、間取りの図面が「売り物」ではないことが判明してから、住民が妙に親切になり、家に上げてくれる機会も増えてきたと述べている（真島 1976：68）。

東京の美大生が描く間取り図は極めて精巧で、絵として売れるもの、つまり住民が見てもすごいと思えるようなものだったようだ。だが「村での滞在期間がのびると、衣服がだんだん薄よごれ、ボロボロになっていくのを見ていて、やっぱり（図面は）売れないのだということになっていったようで、お金にならぬことだとわかると村の人たちは親切だった」（同）という。

真島たちは当初住民にとって取っつきにくい存在で、今風に言うなら「上から目線」で住民の生活を見ているのではないかと感じられていただろうことは、「あいつら（真島たち）も東京で偉そうな顔をしている奴じゃないというふうな認め方になってきて、どんどんつき合いができるようになった」（同）という真島の回想にも窺える。最初は学生らの図面はおよそ日頃の村での生活では見ることのない表現物、つまり紛れもない他者のまなざしだった。その「他者」

171

たる東京の若者が、住民と酒を飲んだり、金がないので漁師の手伝いをして魚をもらったりしているのを見ているうちに、住民からすれば他者性を感じられなくなった。すると途端に、我が家を図面にいくらでも描いてくれという住民が増えてきたのである。

　これはなかなか興味深い回想である。村落調査に限らず、何らかの事象をエスノグラフィックな手法、つまり人びとの実践やモノについて細かく観察したりインタビューしたりしていると、「こんなもの調べてどうするの？」とインフォーマント（情報提供者）からよくいわれる。当事者にとっては当たり前の日常を、わざわざ遠くから来て調べていくことは率直にいって不思議だろうし、学生なり専門家なりがそれをやっているのならば、自分たちはまだ知らない「価値」があるのだろうか、と思うこともあるだろう。

　事実、1970年代の佐渡では、古い生活様式や建築物が回顧されることなく消え去ろうとしていた。宮本常一がそこに離島ならではのコンプレックス（離島性）があると述べたように（門田 2018）、当時の宿根木の人びとにとって狭く住みにくい家は古い因習が形として残っていたものにすぎず、都会からやってきた学生がそこに何らかの価値を見いだしたことは素直な驚きだっただろう。

　宿根木の人にとっては、図面を中心とした学生たちの報告書はそれ自体他者のまなざしが具体的な形をとったモノである。またこの図面は、のちに重伝建への指定に伴って民家の修景事業が次々に行われるなど、再帰的に「伝統らしさ」を認識したり残したりする動きを喚起することになる。そのような意味で、報告書は住民と家屋との関係性を変化させたのだといえる。

3　冊子のエージェンシー

（1）学生と作った博物館ガイドブック

　武蔵美の学生たちの報告書は、外部からのまなざしとしての効果を発揮した。その理由は学術向けに文字のみで書かれた硬質の報告書ではなく、何が表現されているのか誰にでも一目でわかる図面とイラストが豊富に掲載されていたことが大きい。このように周囲に何らかの効果を発揮する力、行為を遂行する力

のことをエージェンシーというが（第9章参照）、武蔵美の学生たちの報告書はここでエージェンシーを大いに発揮し、家や街並みという集落の「伝統」を住民自身がとらえ返す機会を生んだといえるだろう。

　しかし、外部によってもたらされた報告書が必ずしも、再帰的な自己認識の変化を誘発するわけではない。実際佐渡には多くの大学や、行政から委託を受けたコンサルタント会社などが調査に入る。そのたびに調査報告書が印刷され、インフォーマントの家庭や図書館などに寄贈されるが、住民から何らかのリアクションを引き出すようなケースはむしろまれである。

　例えば筆者は2009年から、佐渡において何人かと共同で廃校舎の再活用とコミュニティの活性化というテーマで一種のアクションリサーチ[6]を行ってきた。学校にまつわる個々人の記憶をさぐり、コミュニティにおける学校や校舎の多面的な機能を明らかにして、再活用のための基礎データにしようというものだ。あるとき、話を聞きに行った家庭で前年に学生とともに書いた報告書が鍋敷きにされているのを見かけた。Ａ４サイズのモノクロ一色刷のそうした冊子は、通常の本棚に入らず、電話帳や雑誌などと一緒に棚に入れられるか、テーブルの上に雑然と積み重ねられる。加えてほとんどの報告書は印刷費の関係で文字が小さく、専門用語や漢字が多く、行間は詰まっており、一言でいえば高齢者の多い地域の住民にとっては積極的に読もうという気にはならない。言い換えるとそのような報告書は他者に働きかける力が弱いのである。

　そうした経緯もあって、学生の中からもう少し人が手にとってくれる実質的に意味のある報告書を作りたいという声が上がったのは自然な流れだった。2014年、筆者たちは首都大学東京で社会人類学を専攻する学部生約10名とともに、宿根木にある廃校舎を再利用した民俗博物館の調査を行った。その成果を学生たちは手持ち可能なＡ５サイズ・32ページ・フルカラーの「ガイドブック」に仕立て上げた（図8-7）。事前調査で、博物館には展示品の数がきわめて多い反面、予算不足で学芸員も配置されず、解説文が少ないため見学者が何をどう受け止めて良いか戸惑っていることがわかったので、カテゴリーごとに展示品を写真撮影し、集落で写真をもとにしたフィールドワークを行った。住民から各々のモノにまつわる記憶や当時の使い方を探り、聞き取り結果を平易

第Ⅲ部　観光と共同性

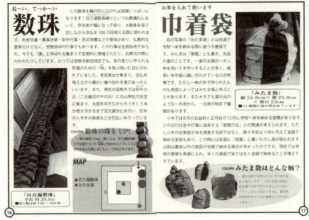

図8-7　『佐渡國小木民俗博物館ガイドブック』（首都大学東京社会人類学分野編）

な文章で解説文にした。「ガイドブック」とはいえ、学生や指導の力量に限りがあったため網羅的な図録はあきらめ、いくつかの民具の背景を掘り下げつつ、訪問者に博物館をみる1つの視点を提供するのが主目的であった。

　この冊子は自費印刷し博物館で委託販売を行って、それなりに売れたが、それより注目したいのは、見学者ではなく地元の人のリアクションだ。それまで報告書を渡しても一通りのお礼ぐらいで終わっていたが、この冊子には妙に反響があった。とりわけ1970年代の博物館の立ち上げの時期に実際に携わった年

配の人びとが、これをきっかけに博物館の建て直しを最後の気力を振り絞ってやりたいと声をかけてきたのである。

（2）博物館の来歴と思い入れ

　筆者たちが調査の拠点とした佐渡國小木民俗博物館は、1970年頃、集落の人びとが宮本常一や地元の僧侶の呼びかけに応じて、自分たちが通っていた学校の廃校舎に生活道具を持ち寄り、のちに行政にかけあって公的な博物館になった経緯がある。高度経済成長期の「進歩」が一段落し、経済成長一辺倒から地方／文化／伝統を見直す気風が広まりつつあった1970年代には、日本各地で住民自身によるローカリティの再帰的な見直しが図られ、文化保存や地域作りへの主体的な参加という一種の文化運動が見られた。

　小木民俗博物館もそうした潮流の中で作られた。打ち捨てるはずだった家庭内の古い生活道具が財として残しておくべき「文化財」なのだということを、民具収集という実践を通じて住民が理解する機会となった（門田・杉本 2012）。真島たち武蔵美生も参加し地域の若者と共同で行われた開館作業は、前節で述べた街並みや民家の場合と同様、外部のまなざしを通じて再帰的にもたらされたローカルな資源の「発見」の場である。その分、通常の公立博物館にはない住民たちの思い入れが強かった。

　しかし、筆者たちが学生と作成したガイドブックはそのような経緯を踏まえたものではなく、単に解説が少ないことを改善しようという、合理的なミュージアム展示に慣れた都会の学生によるそれこそ「上から目線」といわれても仕方のない取り組みだったので、宿根木の年配の人びとの思いを喚起したのは想定外だった。冊子刊行直後、博物館の活性化委員会という任意団体が作られ、文化庁の補助事業「地域の核となる美術館・歴史博物館支援事業」に応募しようということになり、採択され、2015年度に1年間の事業を行った。1972年の博物館設立以来リニューアルもなく、長年学芸員不在で放置されていたことを考えると、ことがかなりの速度で連鎖的に進んでいったことがわかる。

(3) 助成金申請にまきこまれる

　現代の住民参加型地域開発では、文化庁や農水省といった国、県や市などの地方自治体、民間の助成財団による助成金の活用は不可欠になっている。その是非は様々な角度から論じることができるにせよ、地元にとっては「書類（＝申請書）」を書ける人物がいるかどうかは活動の成否に関わる重要事項だ。文化庁への申請作業では、メンバー内に文化財行政に携わる人や公益財団法人に勤める人など、助成金申請に長けた人がおり、実質その人たちが文章の骨格を作ったが、一般に研究者が調査先の地域や住民団体のために書類を書くことも実は珍しくない。

　このように作られる助成金申請書はまた、それ自体が再帰的に地域を規定し直す性格を持った生産物である。研究者が地域開発にアクションリサーチをとおして関わる以上、地域や自文化の再認識作業から無縁な場所に立つことは不可能だ。この文化庁補助事業でも、筆者たちの調査結果やアイディアは盛り込まれていたし、申請書には「大学との連携により地域の文化資源の総合的紹介に向けた調査を行い、当館の周辺に広がる、地域の文化資源を幅広く紹介するための情報環境の整備を行う」と明記されたように、筆者たち自身がまた事業の重要なリソースになっていたのである。

　民俗学者の菅豊によれば、市民が主体となって地域を調べたり活性化を図ったりする「新しい野の学問」の場に外部から研究者が関わる場合、脱立場的、協働的、再帰的という3つの観点による関わり方が不可欠になる（菅 2013：226）。脱立場的とは中立的という意味ではない。従来の「ものごとを客観的に観る研究者」という立場を脱し、研究対象と不可分な存在として協働するという意味だ。報告書なり申請書なりの形式をとって生産される「知」のあり方は、住民にとっては自らの地域や文化を言語化すると言う意味で再帰的な営みであるし、研究者はそこに巻き込まれていかざるを得ないので、単に巻き込まれるだけでなく自らの関与そのものを省みて自己記述する必要がある、という意味でも再帰的な営みとなる。

　筆者たちが学生とともに作成したガイドブックは、意図せず住民のリアクションを誘発し博物館活性化という事業にいたり、申請書という次のモノの発

生につながっていった。そのたびごとに「宿根木とは」という問いが繰り返され、外部（学生や文化庁）のまなざしを反照する形で住民自身が自らの地域や文化へ新たな省察を行うという往還運動が生じたのである。

4　観光という複雑性

　本章では住民主体の地域開発において地域への再帰的なまなざしがどのように形成されるのかについて、特にモノに着目しつつ、それが行為や人間を関係付けるハブのように働き、街づくり運動が現実化していく事例をもとに見てきた。本書第9章で奈良雅史も指摘しているように、近年の人類学ではある現実がどのように形作られているかを問う際、人間のみを意志をもつ主体として特権的に扱ってきたそれまでの視点に取って代わり、人や制度を関係として繋いでいく非人間的な存在、つまりモノ（生産物・人工物）も重要な行為者（アクター）としてみなす傾向がある。モノはそれ単体では静かな存在だが、人間など他のアクターとネットワークで結ばれることで効力を発揮し、何らかの現実を生み出していく。

　今回着目した報告書やガイドブック、図面などのモノは人間が生み出した生産物ではあるが、そこに描かれた内容は生産者たる人間の当初の意図を超えた働きをすることがある。特に学術的な視点で作られた報告書などは、人類学者のラトゥールが科学論文や地図、サンプルを「不動の可変物」とよんだように（Latour 1986）、広がりのある対象を小さな人工物に凝縮したものであり、一種のエビデンスとしての効力を発揮し、次の展開を連鎖的に生んでいく。武蔵美の学生たちが作成した報告書が宿根木の街並みや建築物に保存価値があることを示す証拠として、住民に自分たちの居住環境の意義を理解させるものになったり、のちに重伝建地区指定へと結び付いていったり、また首都大学東京の学生たちが作成したガイドブックが、民俗博物館を活性化する根拠として用いられたりと、生産者から離れたところでモノは次の現実を構成していく。

　このようにモノを単なる客体として、つまり主体である人間にコントロールされることで意味を付与される受動的な存在として見るのではなく、モノそれ

自体がネットワークの中でエージェンシーをもち、人間や他の存在に様々な反応や行為を誘発するものとして見る視点は、A・ジェル（Gell 1998）以降の人類学で重要な視点となりつつある。床呂らの言葉を借りれば、モノが何を表象・意味しているのかを問う視点から、モノが何を引き起こすのかという視点への転換である（床呂・河合編 2011：9）。

　こうした視点が観光学を学ぶうえでなぜ有用なのかというと、まずもって、観光は多様なアクターが複雑に絡み合うネットーワークとして理解すべき現象であり、1つの観光産業やアントレプレナーなどの経営戦略、心意気などで現象を読み解くことは、ものごとをあまりに単純化してしまうからである。もちろんそれは、観光現象における文化の商品化（観光文化の成立）を、ホスト社会の人びとのアイデンティティ・ポリティクスだけで読み解いていけるほど単純な構図ではない、というのと同じである。単一の側面からの解釈が現在の観光学に生じがちな事情は、経営学や都市計画、社会学、地理学など既存のディシプリンに軸足をおく研究者が自らの立場から観光現象を読み解いていくので、おのずと自分の得意なポイントから全てを説明してしまう、ということにも理由がある。

　ローカルな地域における街づくりも、個々の有力者や行政の働きだけでは説明できないし、街路や地形だけに焦点を当てればうまく説明できるわけでもない。その全体性は一見とらえがたいほど複雑であり、むしろ求められるのは、その複雑さのニュアンスを損なわないように、いかに解剖していくか、ということであろう。宿根木の街づくりに関わっているのは、本章で取り上げた人やモノだけでなく、道路や船などのインフラストラクチャー、観光客や移住者など様々な種類の人といったように広がりがある。それぞれを同等のアクターととらえ、その関係性で見ていく視点は、観光というものの複雑性を損なわない形で理解していく時に不可欠な視点となる。

注
1）「場所の消費」をこのような非対称的構造から理解しようとしたのが社会学者・アーリの『観光のまなざし』論である（アーリ＆ラースン 2014）。当初から視覚中

心主義に批判があったことから、同書は版を重ねる中で身体性やパフォーマンスという観点を取り入れており、それらは現在の観光学のキーワードにもなっている。

2) このような当事者による文化のコントロールを「文化の流用」「文化の客体化」という概念で読み解き、1990年代の観光人類学に大きな影響を与えたのが太田好信の議論である（太田 2010）。観光の場に顕著に表れるように、「文化」は自明の空気のようなものではなく、地域住民やホスト社会は自らの文化を意識化することで、観光客のような外部の権力に従属することなく、創意工夫を含む主体性を発揮していることが明らかにされた。現在、太田やアーリらの議論に基づく観光研究は人類学や民俗学においてすでに終わった研究とみなされている。だが研究として新たな知見があまり生まれないことと、視点として重要かどうかは別問題であり、「文化の客体化」論などの視点は、コミュニティをめぐる伝統の消費や観光への接合を考える際のスタート地点として現在でも踏まえるべき視点である。

3) 民俗学では、さまざまなアクターの政治経済的な思惑に沿って「伝統らしさ」が表層的に装われたり構築されたりする現象を「フォークロリズム（民俗主義）」と呼び、生活の中で実践されてきた「本来」の民俗文化が消費社会的文脈に取り込まれ商品化されていく様相をとらえようとしてきた（法橋 2003；河野 2012）。また市場による「資源化」や文化ナショナリズムの観点から農村などのコミュニティが消費されていることを読み解いたものに岩本編（2007）がある。

4) 宿根木の民家調査を行った藤原香奈（立教大学大学院、2017年当時）の示唆による（藤原 2019）。

5) 日米安保条約締結反対や反戦運動、大学民主化などを主張して全国の大学で繰り広げられた社会運動。1960年代末を盛り上がりの頂点とする。

6) フィールドワークのなかで、調査の現場やインフォーマントを単なる研究の対象として客観的に観るだけでなく、彼らの実践に研究者自ら関わりながら（そしてその成否にも一定の責任を負いながら）、そのアクション自体も含めてデータとして取り扱う手法をアクションリサーチという。近年こうした手法で現場との関係を問い直す動きが研究・教育の場で広まっている（武田 2015）。

7) 民俗学の観点から、文化ナショナリズムと補助金交付型の文化政策の共犯関係が地域の自律性を剥奪していったこと、およびそこに宮本常一の保守主義的ローカリズムが加担していたことについては、岩本（2012）の指摘がある。また地域開発の文脈で、宮本常一を称揚することの危険性については、管（2018）が示唆的である。

参考文献

アパデュライ, A. (2004)『さまよえる近代——グローバル化の文化研究』門田健一訳、平凡社。

アーリ, J.、ラースン, J. (2014)『観光のまなざし（増補改訂版）』加太宏邦訳、法政大学出版局。

岩本通弥 (2012)「民俗学と実践性をめぐる諸問題——『野の学問』とアカデミズム」岩本通弥・菅豊・中村淳編『民俗学の可能性を拓く——「野の学問」とアカデミズム』青弓社、pp. 9-82。

岩本通弥編 (2007)『ふるさと資源化と民俗学』吉川弘文館。

太田好信 (2010)『増補版 トランスポジションの思想——文化人類学の再想像』世界思想社。

門田岳久 (2018)「『離島性』の克服——宮本常一と反転する開発思想」『立教大学観光学部紀要』19号、pp. 23-37。

門田岳久・杉本浄 (2012)「運動と開発——1970年代・南佐渡における民俗博物館建設と宮本常一の社会的実践」『現代民俗学研究』5、pp. 33-44。

河野眞 (2012)『フォークロリズムから見た今日の民俗文化』創土社。

菅豊 (2013)『「新しい野の学問の時代」——知識生産と社会実践をつなぐために』岩波書店。

菅豊 (2018)「フィールドワークの宿痾——公共民俗学者・宮本常一がフィールドに与えた『迷惑』」『社会人類学年報』44、pp. 1-28。

武田丈 (2015)『参加型アクションリサーチ（CBPR）の理論と実践——社会変革のための研究方法論』世界思想社。

床呂郁哉・河合香吏編 (2011)『ものの人類学』京都大学学術出版会。

藤原香奈 (2019)「歴史的変遷からみる宿根木の人と家のつながり」岡田愛・鍋倉咲希編『南佐渡の文化資源——暮らしの変化を見つめて』生活文化研究フォーラム佐渡、pp. 42-64。

ベック, U.、ギデンズ, A.、ラッシュ, S. (1997)『再帰的近代化』松尾精文・小幡正敏・叶堂隆三訳、而立書房。

法橋量 (2003)「ドイツにおけるフォークロリスムス議論のゆくえ——発露する分野と限界性」『日本民俗学』236、pp. 49-71。

真島俊一 (1975)「小木半島の集落」新潟県佐渡郡小木町編『南佐渡の漁労習俗——南佐渡漁撈習俗緊急調査報告書』小木町、pp. 3-62。

真島俊一 (1976)「間取りと生活」日本生活学会編『民具と生活——生活学論集1』

ドメス出版、pp. 57-106。

森田真也（1997）「観光と『伝統文化』の意識化——沖縄竹富島の事例から」『日本民俗学』209、pp. 33-65。

山下晋司編（1996）『観光人類学』新曜社。

Gell, Alfred (1998) *Art and Agency : An Anthropological Theory*. Clarendon Press.

Latour, B. (1986) "Visualization and cognition : thinking with eyes". In *Knowledge and Society : Studies in the Sociology of Culture Past and Present*, 6 (0), pp. 1-40.

第9章
観光の領域横断的な拡がり
――中国ムスリムの宗教／観光実践――

奈良　雅史

1　信仰の危機に立ち向かう回族の若者たち

「支教[1)]工作は、大学生が志願し、何の利益にもよらず自発的に行う活動です。雲南ムスリムの信仰は乱れ、信仰のことが分からなくなっています。支教に行き、事を成すことは、サラーム[2)]をいい、子供たちにイスラームの道徳観念を教え、都市と農村の教育の格差を改善することです。」（奈良2016：93-94）

これは本章で取り上げる中国雲南省昆明市における「支教」とよばれる活動[3)]の報告会の冒頭で、中国のイスラーム系少数民族である回族の大学生の代表が、活動を支援する地元のモスクの宗教指導者や回族の社会人たち、その他の参加学生を前に自分たちの活動がいかなるものかを宣言した際の発言である。この発言に続いて、雲南省各地の経済的に貧しいとされる農村地域で活動に従事した回族学生のグループが各々パワーポイントを使用して、雲南省におけるムスリムの信仰の危機および都市‐農村間の教育格差にいかに立ち向かっていったのかが報告された。きわめて真剣な報告で、活動を支援する大人たちもまじめに聞いていた。この場では、活動の担い手である大学生とそれを支援する宗教指導者や一般信徒たちが、一丸となってイスラームの発展と都市‐農村間の教育格差の改善に取り組んでいるのだという雰囲気が醸成される（図9-1）。ただ、そこにいた筆者は違和感をもって彼らの報告を聞いていた。

回族は中国に暮らす56の民族の1つであり、主に唐代から元代にかけて中国

第9章　観光の領域横断的な拡がり

図9-1　支教活動報告会の様子

に移住した外来ムスリムとイスラームに改宗した漢人との通婚の繰り返しにより形成された民族集団であるとされる[4]。また、調査地である雲南省昆明市には約16万人の回族が暮らしている。ムスリムである回族たちがイスラーム信仰の危機に対処するのは至極真っ当なことであり、違和感を覚えた筆者の方がおかしいように思えるかもしれない。筆者もこの活動への参与観察前ならば、敬虔な回族の若者たちがイスラームの復興を目指し努力しているのだと理解しただろう。また、実際、筆者もそれまではそのように考えていた。

　大学の夏休みや春休み（中国では冬休み）が近づくと、回族の大学生のあいだではどこに行って支教活動を実施するかが話題にのぼる。彼らに支教はどういった活動なのかと尋ねると、「（イスラームの）宣教だ」という答えが返ってくる。以下で述べるように、改革・開放以降の中国では宗教が急激に復興してきた。筆者は信仰心に目覚めた回族の若者たちが積極的にイスラームに関わる活動を実施しているのだろうと考えていた。

　筆者は2008年2月から2010年3月までの約2年間、現地調査を実施したが、ムスリムではなかったため、1年目は気が引けて宣教活動に同行しようとまでは思わなかった。しかし、2年目に意を決して活動を取り仕切っていた回族学生に参加させてもらえないかと打診してみると、思いの外あっさりと参加を許可してもらえた。現地調査も2年目に入っていたので、回族たちと信頼関係

(ラポール）が築けてきたのかなと思ったものだが、そういうわけではなかった。というのも、支教活動の参加者の多くが必ずしも敬虔なムスリムではなく、活動自体も必ずしも宣教活動といえるようなものではなかったためだ。

（1）観光して宣教もする

　筆者が支教活動に参加したのは2010年1月のことである。この年から、活動の支援者たちによって、参加者に対する事前研修が行われた。昆明市のあるモスクで行われた研修で驚きを禁じ得なかったのは、集まった21名の回族大学生の大半がイスラームのことをそれほど理解していなかったことである。一部の敬虔な学生たちを除くと、大半の回族女性はヴェールを着用していなかったし、回族男性には時間が来ても礼拝に行かない者が多かった。このように必ずしも敬虔ではない回族学生たちは観光や娯楽を支教活動への参加目的としており、「農村の子供たちと遊ぶため」などとその動機を語った。基本的に活動は出身地とは異なる場所で行われるため、参加者にとって活動先は初めて訪れる場所となる。

　研修ののち、筆者は回族男子学生マ・レイとシャ・ジュエンら回族女子学生2名とともに大理白族自治州（以下、大理州）の農村部で行われた支教活動に参加した。大理州は中国の少数民族の1つである白族が多く暮らす地域である。昆明市から大理市へは鉄道で向かった。マ・レイは、昆明駅に集合した際すでに日常的には着用していない白帽をかぶっていた。また、シャ・ジュエンらも移動中の列車のなかで慣れない手つきで普段は着用していないヒジャーブを着用した。

　大理市は大理州の政治経済の中心であるとともに、雲南省屈指の観光地だ。大理は洱海と呼ばれる湖と蒼山連峰のあいだに位置する風光明媚な地域であるだけでなく、大理古城と呼ばれる白族の古い町並みでも知られる（図9-2）。筆者たちは大理でこの地域の回族男子学生2名と合流して、活動先となる農村部へ行くことになっていた。しかし、大理の学生たちがすぐに出発できなかったこともあり、ここで3日間を観光に費やした。洱海の周りや大理古城を散策して記念撮影をしたり、この地方のB級グルメである涼粉（大豆を使って作っ

第❾章　観光の領域横断的な拡がり

図9-2　大理古城

た寒天のようなものを辛く酸っぱい味付けで料理したもの）を食べたり、白族的なエスニックなお土産を買ったりした。この時点で筆者はすでに宣教にすぐに行かず、観光をすることに驚かなくなっていた。

　その後、農村部に行って、10日間の支教活動が行われた。当地のモスクに滞在し、日中に地元の子供たちを集めて、事前研修の際に配布された冊子に基づいて預言者ムハンマドの物語を教えたり、彼らの冬休みの宿題をみてあげたり、簡単な英語を教えたりするのに加え、地元の大人たちを集めて、大学での信仰生活について話したりした。

　ただし、こうした活動のあいだにも、宣教とは必ずしも直接的に関係しない娯楽的要素があらわれる。活動先はアヒルの養殖が盛んで、フォアグラや板鴨（バンヤー）と呼ばれるアヒルを開いて干したものが名産であった。現地の人たちは筆者たちを自宅や街場のレストランに招いて、そうした名産を振る舞ってくれた。滞在期間中、ほとんど毎日、現地の人たちから何らかの招待を受けた。その結果、招待に応じるかどうかを巡って、活動に参加していたメンバーのあいだで口論が起きることとなった。マ・レイは日頃から礼拝を欠かさない敬虔なムスリムであり、活動に対しても「イスラームやムスリムのために奮闘する」と述べていた。そのため、彼は食事をごちそうになってばかりいないで、宣教らしいことをするべきだと考えていた。いっぽうで、シャ・ジュエンたちはそもそも日

185

常的に礼拝を行うような敬虔なムスリムではなく、「農村で子どもたちと遊ぶため」に活動に参加していた。そのため、彼女らにとって宣教はそれほど重要ではなく、現地の人びとからの招きは応じるべきものであった。

（2）恋愛もしたい

　以上のように、言説レベルではきわめて宗教的にみえる支教活動は、実践レベルでは観光や娯楽的な要素と不可分に結び付いていた。しかし、これら以外にこの活動にはさらにもうひとつ重要な要素がある。支教活動に参加したある男子学生の語りをみてみよう。

　　「支教にはもう2度と行きたくないよ。ぼろぼろの今にも崩れそうなモスクに、1人で15日間も暮らしたんだよ、ほんとうに孤独すぎたよ。まあ、何とか最後まで頑張って続けたけどさ、途中、何回も帰ろうかと思ったよ。（中略）それなのに同じ地区にある街の近くのモスクでは、9人グループが活動していたんだよ。しかも、そのうち7人が女の子だったんだよ！あいつら（そこで活動していた2名の男子学生）はほんとずるいよな。そんなに女の子がたくさんいたのに、俺なんて（昆明市から活動先のあいだの）行きと帰りの時しか一緒になれなかったんだぜ。」（奈良 2016：105）。

　イスラーム社会では、さまざまな場面で男女を分ける傾向にあるが、支教活動では上述のように男女混合のグループで活動が行われてきた。しかし、上述の事前研修において敬虔な回族学生のリーダーたちや宗教指導者などの活動支援者たちは、イスラーム規範に則って、男女別のグループで活動を行うよう提案した。しかし、参加者の大半は男女混合のグループを望み、「アッラーのために事を成そうとしているのにそんな問題が起こるはずがないじゃないか」「女子児童の信仰の問題などを自分たち男性が教えるのは難しいよ」などと学生リーダーや支援者らに反論し、結果として男女混合のグループで活動が行われることとなった。その後も男女混合で活動が続けられてきた。
　参加者たちのあいだでは直接的に異性との出会いを求めて支教活動に参加す

るという動機が語られることはめったにない。しかし、男子学生のあいだでは、この活動に女子学生が多く参加するといったことがたびたび話題にのぼる。加えて、上記のような語りがなされることを踏まえると、支教活動が異性と出会う、あるいは親睦を深める機会とみなされていることが示唆される。確かに異性と観光をしたり、2週間もの期間、(寝室はもちろん別だが) 寝食をともにしたりする機会は回族の大学生たちにとっては得がたいものだといえる。

このように、筆者が参与観察をした支教活動は、宣教活動でもあり、観光活動でもあり、学校教育の補助でもあり、異性と親睦を深める機会でもある。では、なぜこのような活動が行われているのだろうか。以下では現地の文脈から考えてみたい。

2　回族社会の変化

(1) 回族社会の二極化

回族は伝統的に漢人社会からある程度の自律性を持った、モスクを中心としたコミュニティを形成してきた。しかし、反右派闘争や大躍進、人民公社化など新中国の成立から文化大革命期までの一連の政治運動によって、回族の宗教信仰は大きく弱まり、改革・開放以降、都市部の再開発によってモスクを中心とした居住形態も見られなくなった (図9-3)。その過程で昆明市では回族と漢族の雑居率が増加し、回族と漢族のつながりが深まる一方、回族内の関係は希薄化し、また、それまで生活の中心にあったモスクも疎遠なものになった。その結果、回族の宗教意識が弱体化するとともに、漢族との通婚増加が社会問題化してきた。そのため、昆明市では2009年から、モスクなどで定期的にムスリムを対象としたお見合いパーティーが開催されるようになっている。

このように回族が漢族中心の主流社会に取り込まれていくなか、回族の価値観にも変化がみられる。ある回族男子学生は「これまで一度も礼拝をしたことがないし、断食もしたことがない。親にもそうすることを求められたことがない」と語った。昆明市の回族のあいだでは、普通教育が宗教教育よりも重視され、後者が前者を妨げるとみなされるようになってきた。

第Ⅲ部　観光と共同性

図9-3　昆明市最大のムスリム街が再開発により取り壊された後の様子

図9-4　昆明市におけるメッカ巡礼団

　しかし、その一方で、改革・開放以降、宗教政策が緩和されたことにより、回族社会ではイスラームが急激に復興し、モスクの再建やイスラーム教育などの宗教活動が活発化してきた（図9-4）。また1980年代以降、イスラーム関連の書籍が相次いで出版され、2000年代以降、漢語のイスラーム系ウェブサイトが相次いで開設された。こうしたメディアを通じて、一般信徒も宗教指導者を介さず宗教的知識にアクセスすることが容易になっている。
　こうした状況下、回族のあいだでは、自らイスラームを学び、それまで厳格

にイスラームを実践していなかった、あるいは意識的には実践していなかった者が、厳格かつ意識的にイスラームを実践する現象がみられるようになってきた。そして、こうした敬虔化した回族学生たちが上述の支教活動を主導しているのである。

以上のように改革・開放以降の社会的、宗教的変化によって、一見すると回族社会は二極化してきたようにみえる。しかし、実際のところ、対照的な２つの現象は密接に関係し、それは大学生が宣教の担い手になっていることと関係している。

（２）イスラームのあり方の変化

上述のように、自らイスラームを学ぶことができる状況下、昆明市の一般信徒のあいだでは、イスラーム知識は宗教指導者だけが知っていれば良い知識ではなく、自分たちで理解しなくてはいけないものとなってきた。また、イスラームをよりよく理解するためには、近代的な普通教育による「文化」の習得が不可欠だと考えられている。ここでの「文化」は、広く学歴や教養などを含意するが、より直接的には漢語能力を指す。クルアーンなどの聖典の意味は漢訳によって学ばれるため、イスラームの理解には漢語でのより高い読解力や教養が必要だと考えられているのだ。

しかし、昆明市の一般信徒のあいだで宗教指導者は「文化がない」と批判的に評価される傾向にある。つまり、一般信徒から宗教指導者はイスラームを深く理解できないとみなされている。それはモスクなどにおける宗教指導者を養成するための専門的なイスラーム教育を受ける者の多くが進学に失敗した者であることと関係している。例えば、昆明市のあるモスクの寄宿学生11名のうち高卒者は１名のみで、その他は中学中退か中卒であった。そのため、モスクによっては退職した回族の学校教員を雇って漢語の授業を開設している。

こうした状況は伝統的な宗教的権威の衰退を招く一方で、世俗的エリートが宗教的影響力を発揮しうる状況を生み出してきた。学校教育は普及してきたが、雲南省の回族のあいだでの大学進学率はまだそれほど高くない[6]。そのため、大学生は「文化」があり、より深くイスラームを理解しうる者とみなされる。結果

として、回族大学生が宣教の主要な担い手となりうる状況が生まれてきたのだ。

3　支教活動の展開

(1) ゆるやかな回族大学生のつながり

　支教活動は2000年代に少数の敬虔な回族大学生が有志で始めた宗教的性格の強い活動であったとされる。しかし、2007年から、回族の一般信徒による経済的、人的支援を受け、規模が拡大してきた。2007年以前の参加者は、有志の学生数名だったが、2009年には30数名、2010年には90数名と増加してきた。その過程で、イスラームを実践しない学生も広く参加するようになり、活動のあり方が先のエピソードのように宣教でもあり、学校教育の補助でもあり、観光でもあり、男女の親睦を深める場でもあるようなものに変化してきた。

　その要因の1つに、回族大学生たちが集まる「礼拝堂(リーバイタン)」とよばれる宗教施設の存在がある。礼拝堂は、回族大学生が回族の企業家などから経済的な援助を受け、各大学周辺で貸借したアパートの一室のことだ。学生たちが、礼拝やイスラーム学習、レクリエーション活動を行う場となっており、礼拝堂に集まる回族大学生たちが支教活動の母体となっている。また、注目すべき点として、礼拝堂でのイスラーム学習やレクリエーション活動には、モスクにおける宗教実践とは異なり、宗教的知識が必ずしも必要とされないため、日頃イスラームを実践しない学生も参加しやすいことがある。さらに、礼拝堂での活動は、男女隔離が厳格ではなく、男女合同で行われる。そのため、礼拝堂は学生たちにとって異性との出会いの場ともなっている。つまり、礼拝堂は敬虔さの度合いや男女の別を問わず回族学生が集まる場であり、それが必ずしも敬虔ではない回族学生たちが宣教活動を担う一因になっているのだ。

(2) 一般信徒からの支援

　支教活動が複合的な活動として展開してきたもう1つの要因は、一般信徒による支援である。支教活動が始められた当初は、敬虔な学生らが交通費などを自分たちで負担していた。しかし、現在は支援者によって交通費が賄われる。

このように経済的支援を行う一般信徒の多くは大卒など「文化」のある知識人である。彼らは支教活動を通して農村部での普通教育の振興を促し、回族という民族の発展を目指す傾向にある。ある支援者は事前研修において次のように学生たちに語った。

> 「中国では都市と農村の格差が大きい。農村の子供たちには希望がない。彼らは外の世界を知らずに農家を継ぐだけだ。だから彼らには目標がない。彼らは大学生にも会ったことがなく、外の世界を知らない、だから大学生が行って子供たちに外の世界を見せてやり、彼らに大学進学などの目標を与えて欲しい。」(奈良 2016：104)

　一般信徒の支援者たちは農村部の回族社会において学校教育が軽視されていることを問題視しており、彼らにとって支教活動は、主に都市-農村間での教育格差の改善を目指す活動とみなされている。よって、彼らにとっては大学生を動員する必要があり、彼らはそのために彼らの活動を支援してきたといえる。

(3) 宗教指導者からの支援

　それに対して、宗教指導者たちは、イスラームの発展を目指して支教活動を支援している。彼らは参加学生たちのモスクにおける宿泊場所や食事を提供する。彼らは支教活動の目的はイスラームの宣教だと言い切る。事前研修においてある宗教指導者は以下のように参加学生に語った。

> 「我々ムスリムはアッラーの代理人であり、我々はクルアーンに忠実で、使徒が宣教に誠実であったのと同様に、アッラーのために奮闘するのは必然的なことです。(中略)(子供たちの)教養を高めることが工作の中心的な目的ではありません。但し、(目立つことを避けるため)対外的には子供たちの普通教育の手伝いに来たといいなさい。(中略)子供だけでなく、その親や家族、さらにはアホン(宗教指導者)にも働きかけるべきで、現地のすべての人を対象に工作を行わなくてはなりません。」(奈良 2016：

103)。

　彼らにとって支教活動の目的はあくまでもイスラームの宣教であり、普通教育の支援は、それを円滑に行うための方便に過ぎない。それは中国では宣教活動が法的に禁じられており、政府からの取り締まりを受ける危険性があるためである。また、宗教指導者にとってはイスラームを専門的に学んでいない大学生に宣教を任せる積極的な理由はない。しかし、上記の宗教指導者によれば、宣教の担い手が不足しているため、大学生に依存せざるを得ない状況にあるのだという。

（4）複合的な活動としての支教活動
　上述のように支教活動は、改革・開放以降の回族社会において漢化とイスラーム復興が同時に進展してきたことに伴い、大学生が宗教的権威を持ちうる状況が生まれてきたことを背景に、目的を異にするアクターたちが協働することで展開してきた。それでは、一見すると矛盾した目的をもったアクターたちはいかに協働しうるのだろうか。
　イスラームの発展を目指す宗教指導者たちにとって、普通教育の振興という名目は当局からの取り締まりを回避するために必要である。政府の宗教政策によって宣教活動が禁止されているため、あからさまに宣教を行うことには、政府からの取締を受ける危険性が伴うためだ。また、宣教活動の担い手がいない状況下、大学生の動員も必要である。
　いっぽう、一般信徒の支援者たちは、普通教育の振興を主要な目的としており、活動の担い手として「知識人」である大学生は不可欠である。それに加え、支教活動を行ううえで、学生の宿泊先などの確保に、モスクを基盤とした宗教的な資源も必要である。
　上述のマ・レイのような回族学生は支援者らと目的を共有しているが、活動を担う多くの学生は必ずしもそうではない。彼らにとって支教活動は観光や異性と親睦を深める機会となっている。上述のように漢族との通婚の増加が社会問題化してきた状況下、異性との出会いの確保は世代を問わず、重要な問題と

なっている。そのため、男女を分けるかどうかでコンフリクトは生じてはいるが、支援者たちにとっても男女混合での活動実施は受け入れられないことではない。また、回族の大学生たちが観光や異性との親睦を深める機会として支教活動を実施するには、それを可能にする宗教指導者たちの協力や、一般信徒の経済的支援が必要となる。実際、彼らの活動参加には、ほとんど経済的な負担を伴わない。現地での学生の食事と宿泊場所はモスクによって無償で提供され、交通費も支援者により提供される。

このように支教活動に関与する人びとは、一致した目標を持っているわけでは必ずしもないが、部分的には利害を共有している。そのため、支教活動は時にコンフリクトを表面化させながら展開してきた。言い換えれば、この活動は部分的に利害を共有する多様なアクターの間の相互依存的なつながりにより可能になっている。その結果、支教活動は宣教でもあり、観光でもあり、普通教育の振興でもあり、異性と親睦を深める機会でもある複合的な活動として展開してきたのである。

4　エージェンシー論からのアプローチ

以上の事例は、いかに分析可能だろうか。V・L・スミスはかつて観光人類学の古典『ホスト・アンド・ゲスト』の冒頭で「観光は定義するのが難しい。というのは企業の出張や会議で旅行する者は、会議参加と観光行動を同時に行うからである」（スミス 2018：1）と述べた。本章でも同様の困難に突き当たる。スミスは続けて「しかし一般的にツーリストとは、変化を経験する目的で、家から離れた場所を、自らの意志によって訪問する、一時的に余暇にある者である」と述べる。ここでスミスが「自らの意志によって」と論じていることに留意しておきたい。ただし、スミスはツーリストの動機はさまざまであるとしたうえで、観光の主要な3要素として「余暇時間」「自由裁量所得」「地域での肯定的承認」を提示する。ここでは「地域での肯定的承認」に焦点を当てる。彼女によれば、この概念は観光のあり方にはツーリストを取り巻く社会的関係のなかで承認を得られるかどうかという制約が課せられていることを意味する。

第Ⅲ部　観光と共同性

したがって、観光のあり方は社会的制約のなかでツーリストが選択するものと言い換えられるだろう。

こうした観光の位置付けは、支配的構造に働きかけ、変化をもたらす能力という意味で行為主体性と訳されることの多かったエージェンシーに関する議論と響き合うところがある。人類学におけるエージェンシーに関する議論に目を向けると、エージェンシーに対して2つのアプローチがとられてきたことがわかる。1つは上記のようにエージェンシーを行為主体性として、普遍的で根本的な人間のある種の能力と見なすものである（e.g. Ortner 1999；2006）。もういっぽうは、人間と非人間、自然と文化、主体と客体といった近代的な二分法を前提とせず、アクターあるいはアクタントのつながりにおいて発揮される効果としてエージェンシーをとらえるアプローチである（e.g. ラトゥール 2007）。

（1）誰かのエージェンシー

前者のエージェンシー論において、S・B・オートナーは構造とエージェンシーを対置させつつも、エージェンシーが文化的、歴史的に構築されたものであり、自律的なものではないと位置付ける。ただし、彼女はエージェンシーを単に社会構造の再強化や再生産を行うものではなく、人びとが社会的文化的編成を作成、再作成しうる能力としてとらえる（Ortner 2006：134-139）。このようなオートナーの議論は、文化的、歴史的に構築されたものとして位置付けることでエージェンシーを自由意思から区別してはいるものの、人間主体の意図がエージェンシーに先立つものとされていることがわかる。

オートナーがこうしたエージェンシー論に基づいて民族誌的事例をいかに分析したのかを、外国人登山者によるヒマラヤ登山においてポーターに従事する、ネパールに暮らす少数民族シェルパについての事例研究の断片（Ortner 1999）から見てみよう。

オートナーによれば、ポーターの仕事は大きな経済的報酬が得られる機会であると同時に、常に雪崩などのアクシデントに遭遇し、命を落とす危険と隣り合わせである。シェルパの宗教には、力強いが遠くにいる神と破壊的で人間に害をなす悪魔の関係のセットがあり、神の加護がなければ脆弱な人間は悪魔に

よって大きな損害を被るという。そのため、シェルパの宗教的活動の基本的形式は、儀礼や供物によって神と人間の間に同盟関係を結ぼうとすることだとされる。神の力は人間の信仰と実践の効果であり、信仰がなければ現れないものであるという。オートナーは、シェルパが登山での安全のために神の加護を得るために、宗教実践を通じて神の力をうまく御することを彼らのエージェンシーの発露と解釈する。

ここではシェルパのエージェンシーは、外国人登山者および神霊との関係で構造的に劣位にあるシェルパが神の加護を受けることにより死のリスクを軽減しながらポーターに従事し大きな収入を得ようとすることにあるとされる。シェルパは自分の目的のために神に働きかけ、その力を利用する。オートナーはその能力をエージェンシーととらえる。このとき、神は人間から働きかけられる文化的資源のようなものとして現れる。その意味で、オートナーの議論においては、関係的な側面を認めてはいるものの、エージェンシーは人間主体が発揮する能力として特定のアクター（この場合はシェルパ）に帰せられる。

スミスによるツーリストの位置付けに通じるオートナーのエージェンシー論を踏まえて、上記の支教活動をとらえ直そうとすると、スミスが提示した観光の定義の困難さ以上の難題に直面することとなる。支教活動は誰のエージェンシーの発露なのか？　敬虔な回族学生か？　それとも必ずしも敬虔ではない回族学生か？　あるいは支援者たちだろうか？　どれも部分的には正しいが、誰かのエージェンシーに還元することはできそうもない。問いの前提を変える必要がある。

（2）ネットワークから発露するエージェンシー

もういっぽうのエージェンシー論では、エージェンシーは特定のアクターに帰せられるものではなく、人間と非人間を含む諸アクターのつながりにより生まれる効果としてとらえられてきた。こうした関係論的なエージェンシー理解は、B・ラトゥールらによって推進されてきたアクター・ネットワーク理論などで提示されてきた（ラトゥール 2007）。アクター・ネットワーク理論は、自然と社会、主体と客体などといった近代的な二分法を乗り越えようという試みで

ある。近年、観光研究でもアクター・ネットワーク理論は援用されてきた (Cohen and Cohen 2012)。例えば、J・ヴァルコネンはラップランドにおけるスノーモービルを用いた自然観光ガイドを事例に、観光ガイドがガイド自身、観光客、天候、スノーモービルなどの人間および非人間のアクターのつながりによって成り立っている状況を明らかにしている (Valkonen 2010)。以下ではラトゥールの事例分析を取り上げ、特に「翻訳」の概念に注目して、そのエージェンシーのあり方を検討してみたい。

以下の事例は、放射性同位元素の製造に成功し、ノーベル化学賞を受賞したF・ジョリオによる原子炉製作計画の実施プロセスの断片である（ラトゥール 2007：102-116）。1939年9月、世界初の人工的な核分裂連鎖反応の生成を目指していたジョリオは、ベルギーのオートカタンダ・ユニオン・ミニエール社と法的取り決めを結んだ。同社は医師へのラジウム販売を行っており、ラジウム生産の廃棄物である大量の酸化ウラニウムを処理しなければならなかった。いっぽうで、ジョリオは原子炉の製作のために大量のウランを必要としていた。こうした状況下、ジョリオは大量の酸化ウラニウムと技術的、経済的支援をユニオン・エミール社から受け取る見返りに、研究の特許から得られる利益を配分する協定を同社と結ぶこととなった

ただし、ジョリオには研究の遂行に必要なこの協定を取り付けてくれる媒介がいた。それは第2次世界大戦におけるナチス・ドイツによるフランス侵攻の直前に国防大臣になったR・ドーリィであった。彼はジョリオとユニオン・ミニエール社との協定に賛成し、さらに軍事と先端科学との統合を果たすためジョリオの研究チームに対して最大限の支援を行った。それに対し、ジョリオは彼に新しいタイプの軍事力の構築につながる民生用の実験炉を約束した。ドーリィは国家の独立のため、爆弾の実用化により他国に対して軍事的に優位に立つことを求めていたのだ。

この原子炉製作の計画は、非人間を含むさらに多くのアクターを巻き込みながら進展していくが、ここではジョリオの研究プロジェクトがいかに可能になったのかに焦点を当て、ラトゥールが「翻訳」という概念でいかにこのプロセスを分析したのかを検討したい。ラトゥールは、上記のアクターたちがそれ

ぞれ異なる目標を有しており、単独では目標を達成出来ず、そのため彼らの利害関心は「翻訳される」必要があったと論ずる。ラトゥールによれば、「翻訳の操作は、それ以前には別々のものであった利害関心（戦争の遂行と中性子の減速）を結びあわせ、単独の目標を作り出すことからなっている」（ラトゥール 2007：111）。つまり、翻訳の連鎖により、ユニオン・ミニエール社が「金を稼ぐ」ことは、ある程度まで「ジョリオの物理学に投資する」ことを意味することとなり、ジョリオにとって「連鎖反応の可能性を証明する」ことは部分的には「国家の独立を達成する」ことになったのである。そのため、この事例においてエージェンシーは特定のアクターに還元しうるものではなく、翻訳による諸アクターのつながりから生み出されたものだといえる。

　回族による支教活動でも、活動を成り立たせるうえで白帽やヒジャーブ、事前研修で配布されるイスラームに関する冊子などのモノが重要な役割を果たしている。ただし、これらの非人間が主要なアクターとして登場するわけではないため、自然と社会の二分法を乗り越えようとするアクター・ネットワーク理論を安易に援用することはできないかもしれない。しかし、目的を異にする諸アクターがその利害を翻訳することを通して新たなプロジェクトを作り上げ、協働するプロセスという意味で、ラトゥールの事例分析は支教活動の展開プロセスと呼応する。ラトゥール流にいえば、支教活動において必ずしも敬虔ではない回族学生が「観光すること」は、ある程度まで「イスラームを発展させること」であり、他方で一般信徒の支援者が「農村部の回族社会で普通教育を振興すること」は部分的に回族学生が「異性との親睦を深めること」だといえるだろう。このような部分的な利害の共有を可能にするネットワークにおいてエージェンシーが発露するといえる。本章の事例において、観光は観光とは直接的に関係しない要素と不可分なものとして現れるのである。

5　観光人類学の視座

　本章では、宣教も観光も行われる回族学生の支教活動を事例として、それを現地の文脈から考察したうえで、エージェンシー論の観点から分析してきた。

そこから明らかになったのは、一見すると極めて宗教的な活動が観光や異性との交流、普通教育の振興といった要素と不可分なかたちで実践される在地のロジックである。スミスが述べるように「観光は定義するのが難しい」（スミス 2018：1）。しかし、本章で取り上げた回族学生による観光実践は、宣教や異性との交流、普通教育の振興といった一見すると観光と関係しない要素から切り離して理解することはできない。スミスが編集した『ホスト・アンド・ゲスト』の最終章において、J・レットは観光に対する人類学的分析を特徴付けてきたのは、全体論的かつ比較論的な視座であると述べた（ヌーニェス＆レット 2018：359）。この指摘は約30年も前になされたものである。しかし、観光がその重要性を増し、さまざまなアクターを媒介する領域となっている昨今、こうした基本的な立場に立ち返って観光をめぐる諸現象をとらえていくこと、言い換えれば、観光現象を矮小化せず、「観光を定義することの難しさ」に真摯に取り組んでいくことがますます必要となるだろう。

注

1) 支教は2003年から中国政府主導で始められた、大卒者や大学院修了生を教育などの業務にあたるボランティアとして1、2年の期間、貧困地域に派遣し、その見返りにその後の就職や進学で優遇するというものである。本章で取り上げるのは回族たちがその名称を流用し独自に行っている活動である（奈良 2016：159）。
2) サラームは、アラビア語で「平和」や「あいさつ」を意味する単語である。
3) 本章の事例は、拙著（奈良 2016）第2章で取り上げた事例を本書の目的に合わせて加筆・修正したものである。
4) 回族の成り立ちについては拙著（奈良 2016）第1章を参照。
5) 本稿におけるインフォーマントの名前は全て仮名である。
6) 詳細については拙著（奈良 2016：158）を参照。

参考文献

スミス, V. L.（2018）「序論」スミス, V. L. 編（2018）『ホスト・アンド・ゲスト——観光人類学とはなにか』市野澤潤平・東賢太朗・橋本和也監訳、ミネルヴァ書房、pp. 1-21。

ヌーニェス, T.、レット, J.（2018）「人類学的視座からの観光研究」スミス、V. L.

編（2018）『ホスト・アンド・ゲスト――観光人類学とはなにか』市野澤潤平・東賢太朗・橋本和也監訳、ミネルヴァ書房、pp. 343-62。

奈良雅史（2016）『現代中国の〈イスラーム運動〉――生きにくさを生きる回族の民族誌』風響社。

ラトゥール，B.（2007）『科学論の実在――パンドラの希望』川﨑勝・平川秀幸訳、産業図書。

Cohen, E. and Cohen, S.A. (2012) "Current Sociological Theories and Issues in Tourism," *Annals of Tourism Research*, 39 (4), pp. 2177-202.

Ortner, S. B. (1999) "Thick Resistance: Death and the Cultural Construction of Agency in Himalayan Mountaineering," *The Fate of "Culture": Geertz and Beyond*, S. B. Orthner (ed), pp. 136-63, Berkeley, Los Angeles, London: University of California Press.

―――― (2006) *Anthropology and Social Theory: Culture, Power, and the Acting Subject*. Durham and London: Duke University Press.

Valkonen, J. (2010) "Acting in Nature: Service Events and Agency in Wilderness Guiding," *Tourist Studies* 9 (2), pp. 164-80.

第10章
観光の政治性、そして人類学
―― チベット・ラサの観光空間から ――

村上　大輔

1　「チベット観光」への誘い

　人類学者は典型的な意味において旅人である。その旅人は留まっては掘り下げることを好み、もうひとつの家／仕事場を作るのである。

James Clifford

　「なぜチベットを選んだんですか？」とよく聞かれる。チベットのことを研究しているばかりでなく、チベット文化圏に10年以上住んでいたので、とても自然な問いなのかもしれない。しかし、よく聞かれることなのに、いまだにうまく答えられない。チベット仏教に憧れていたからと答えているが、そしてそれはとても当たっているのだが、どういうわけかその回答ではしっくりこない。事実、チベット仏教の修行をすることもついぞなかったし、そもそも行者としてあの世界に本当に入って行くには、自分は全く向いていないと思っていたからである。では、なぜ、チベットに強く惹かれるようになったのか、チベットを研究テーマに選ぶようになったのか。もっというと、なぜ、人類学と呼ばれる学問を足がかりにチベット文化を奥深く旅するようになったのか。
　そこには個人的な問いを超えて、日本という社会、近代という時代性、そして科学主義や市場経済など我々を取り巻く生活世界とどこかしら深く共鳴するところがあるようである。過去半世紀以上にわたって欧米や日本では、チベット仏教世界の崇高で神秘的なイメージが書物やメディアによって魅惑的に紹介されてきた。日常に飽き足りない人びとはそのスピリチュアルな雰囲気に魅せ

第10章　観光の政治性、そして人類学

図10-1　ラサの世界文化遺産・ポタラ宮殿

られ、老若男女問わずチベット世界へと旅立っていった。つい最近では（特に2010年代以降）、経済発展著しい中国に住む若者たちが「本当の自分の人生を探しに」チベット・ラサを観光することが一種のブームになっている。チベット、チベット仏教、あるいは「チベット的なもの」に対する眼差しは、個人的なものであると同時に集合的（社会的）なものであり、文化や民族、性別や世代を超えて一種魔術的に共有されるようなものとなっている。

　筆者はその魔術に魅了された者のひとりである。1990年代半ばに日本の大学を卒業したがそのまま就職する気にもなれず、しばらくフラフラしては悶々とする日々を送っていた。20代半ばを過ぎて学校や会社など所属する場が無く、日本社会のレールからは完全に外れてしまっていた。そのうち、以前からチベットと同じく憧れていた人類学を衝動的に勉強するようになる。その動機のひとつは、人類学という学問はなんとも素晴らしいことに、フィールドワークといって「研究の中で旅ができる」と聞いていたからである。そして偶然と勢いに流されるまま、中国チベット自治区の首府ラサに長期間住むようになる。そこで筆者を待ち構えていたのは、聖地ラサを覆いつつある観光産業の興隆であり、その急成長の産業が国家権力によって巧みに利用されている現実であった。

　本章は、「チベット観光」のメインの到着地であるラサ、そして、その出発

第Ⅲ部　観光と共同性

地である日本という観光現象のふたつの地点について語っていきたい。後者については、どのようにチベットへの「眼差し」が歴史的に熟成されていったのか、という問いを巡っていく。

そもそも観光という現象(フェノミナ)は、バラバラな個人がまるで磁石に引き付けられるかのように遠方の一点に凝集させられては再び出発地に戻るという、人類の不思議な群運動なのである。その観光が生み出す莫大なエネルギーを政治権力はどのように監視・統御しようとするのか、そして、観光エネルギーそのものが生み出される淵源にはどのようなものが考えられるのか、「チベット観光」の到着地と出発地というふたつの異なる地点を往復しながら観光研究の可能性に触れることができればと思う。

2　ラサの観光空間における監視と抑圧

政府に対する不信感が根強いラサ。現代中国における民族紛争の最前線であるこの地では、当局の厳しい監視もあり日本人など外国人が住むことはなかなか難しい。筆者がラサに住み始めた2000年当時、外国人が長期滞在するためにはラサにある西藏大学に語学留学生として入学することが、ほぼ唯一の手段であった（2018年現在でもそのようである。また、現地チベット人との結婚によっても条件付きで居住許可が出る）。

ラサでの留学生活に慣れ始め、1カ月ほどたったある日のこと。外国語学部の学部長が、突然筆者の部屋を訪ねてきた。「今学期から日本語学科を創設し、20名もの新しい学生が編入してくる。でも、教えてくれる先生がいないんだ。そこで頼みたいのだが、日本語の講師をしてくれないか？」、教員も確保できないまま、新学科を創設するなどなんとお粗末なと思ったが、断る理由がないばかりかチベット人の若者たちと知り合うチャンスと思い、快諾した。

その学生たちと交わるなかで分かってきたことだが、彼らは普通の若者たちではなかった。小学校時代の学業が優秀であったため、チベット自治区政府によって中学・高校と北京や上海など中国内地に送られ、エリート教育を受けさせられたチベット人だったのである。日本語専攻の20名のほか、英語専攻の者

第10章 観光の政治性、そして人類学

が20名おり、中国内地経験者として大学内では非常に際立った存在であった。

　彼らに関する民族誌的詳細は拙著（Murakami 2011）にゆずるとして、ひとつ疑問がわいてくる。なぜ大学での外国語教育にこれらエリート学生が送り込まれてきたのか。それは後日少しずつ分かってきたことだが、当時ラサにおいて人気ガイドであった、「インド帰りのチベット人」を観光産業から徹底的に排除することにあったのである。

（1）「黒ガイド」を締め出す

　　……社会の安定を達成するため、観光行政を強化することが肝要である。外国の観光客と共謀して国家の安全を害するようなガイドの行動を断固として阻止せねばならない……[1]（チベット自治区旅行局内部資料（2002年）より）

　2000年過ぎごろまでは、チベットの観光産業は国内観光客ではなく、欧米人や日本人など外国人観光客によってその市場は潤っていた。しかし当時は、英語など外国語に堪能な現地人は非常に限られており、その中で唯一頼れる存在だったのが、チベット難民社会に長く住んだ経験のある「インド帰り」のチベット人たちだったのである。彼らは得意の英語を生かし、1990年前後以降、ラサのガイド市場をほぼ独占していた。インターネットの存在しない時期、政治的志向の強い彼らはある種の「インテリジェンス」のような役割を担っており、外国人観光客がもたらす国際情勢の情報やダライ・ラマの動向[2]などをラサの人びとに広めたり、また逆に、中国政府による仏教や伝統文化に対する抑圧[3]（文革で起きたことから、現在進行形のものまで）をツアー中に観光客に詳しく語っては、国外へその惨状が喧伝されていくことを期待する者もいた。また1994年ごろ、国家を分裂させる「反逆者」としてダライ・ラマに対する信仰を禁じる措置が施行されてからは、熱心な外国人観光客が貴重なダライ・ラマの写真——信心深いチベット人にとって、それはそれは大事なものであった——をこれらインド帰りのガイドに託してチベット人たちに配布するようなこともやられていた。

203

こういった「政治行動」を排除するため、2000年を過ぎた頃から自治区旅行局はラサ公安局とともに、本格的に違法ガイド——「黒ガイド」と総称された——の締め出しに乗り出す。ガイドの業務に必要なチベット文化の知識や、本人の政治思想などを精査したうえ、インドに長期滞在していたかどうかの身元調査もなされ、もしそれが判明した場合は「ガイド証」は無条件に没収された。ガイド証は、ポタラ宮殿など観光地の入り口で警備員に提示する義務があり、観光ガイドとして働くためにはなくてはならないものである。結果、インド帰りのチベット人ガイドは徹底的にチベットの観光業界から締め出されることとなった。[4]

そして、政府が養成したエリート学生たちが市場に入っていくわけであるが、無論、彼らだけでは増え続ける外国人観光客をまかないきれない。その空白に参入してくるのが、1990年代後半以降、ラサに急速に増え続けてきた漢民族ガイドであった。主に四川省からの出稼ぎガイドであった彼らの多くは、多少の外国語の素養はあっても、チベットについてほとんど知識も興味もないガイドたちであった。中国内地経験者のあるチベット人ガイドは、憤りながらこのように語る。

「漢民族ガイドはチベット文化の知識がないし、僧院で大声で話すなどマナーもなっていない。そのうえ、いい加減なウソの歴史を観光客たちに語っている。チベット人としての誇りもなく、信仰心もないのに、どうしてチベットで観光ガイドが務まるのか？」

チベットの歴史を知らず仏教を知らず、支配者側である異民族ガイドが、自分たちの伝統文化を大手を振って説明していることに対するチベット人の不満は想像に余りあるものがある。筆者の漢民族の友人で、チベット人の気心をよく解し、チベットの宗教文化を尊重しているようなガイドもいることはいた（彼の配偶者はチベット人であった）。ただそういった者は少数であり、なかには観光客うけをねらって、チベット人のふりをして仕事をする漢民族ガイドもいる始末であった。中国政府の意向に従わないチベット人の黒ガイドが徹底的に

観光地から締め出されるいっぽう、「ただのお金もうけのために」自分たちの聖地で漢民族ガイドが悠々と仕事をしていることを、ラサに住むチベットの人びとは非常に複雑な思いで眺めていたのである。

(2) 観光というプロパガンダ

　前節で語ったことは、筆者が2000年から2002年に滞在していた時のものだが、もうひとつ、この時期に極めて特徴的なことがあった。新聞やテレビなどのメディアを通して、観光に関する政府のプロパガンダが大々的に喧伝されていたのである。夏のオンシーズンには道々に紅い垂れ幕が溢れるようになり、「文革時代を思い出す」と漏らす老年のチベット人もいた。冗談好きの者たちは「あれは漢民族のタルチョだ」と口々に言い合っていたが、チベット人のタルチョ（5色の祈りの旗）が仏教の興隆を願って聖地に掲げられるのに対して、漢民族のそれは「金儲けを願って」掲げられるというわけである。しかしその紅い垂れ幕のメッセージには、それ以上の深い意味合いが込められているように筆者には思われた。

　当時ラサで広められていた観光のプロパガンダは、筆者の見るかぎり大きく分けて3通りあった。まず、観光産業の高揚を単純に謳うもの。例えば、「旅行業を発展させ、経済を繁栄させよう」（図10-2）「旅行業を育成し、ラサの支柱産業にしよう」「開放されたチベットがあなたを歓迎します！」（図10-3）といった類のものである。観光産業の発展を目論む自治区政府の決意とも見られるメッセージであるが、どれも内容は抽象的であるばかりでなく陳腐でさえある。ただ、観光業の重要性を執拗に反復させるこのメッセージは何かしら人びとを駆り立てるものがあり、実はこれにはチベットの経済発展を社会の安定に結び付けようとする政府側の楽観的な考えがうかがえるのである。つまり（漢民族のように）裕福になれば、独立運動など政治的な関心は薄れるであろうという支配者のロジックである。またこの種のプロパガンダには、別の意図もはたらいていたように思われる。当時、牧畜と農業しか知らなかった多くのチベット人にとって、観光産業というのは全く新しい未知の世界であった（仏教巡礼はあったが、無論それは伝統的には観光とはみなされていなかった）。「観光」と

第Ⅲ部　観光と共同性

図 10-2　「旅行業を発展させ、経済を繁栄させよう」

図 10-3　「開放されたチベットがあなたを歓迎します！」

いう概念・習慣が存在すること、そして、その産業（あるいは生業(なりわい)）が存在することを喧伝していたともいえるのである。

　いっぽう、チベットの魅力を謳うようなプロパガンダもあった。「すべての夢追い人の楽園——チベット」「チベット——人々の憧れの大地」といった類である。これらのスローガンでは外国人にチベットはどのように見られているのか、つまりは「観光客の眼差し」を意識したものとなっている。立て看板や

テレビなどでこのタイプのプロパガンダが流される場合には、僧院の仏画や法輪、ポタラ宮殿や聖地カイラス山のイメージなど、チベットの仏教文化の徴(しるし)を背景にして掲げられることがよくあった。ここで暗に明に示されているのは、観光客はチベット仏教に憧れているのであり、仏教は観光産業において重要な役割を果たす、というメッセージである。これまで多くのチベット人にとって仏教は、日々の生活であり人生の指針であり魂そのものであった。しかし上記のプロパガンダでは、これまで信仰の対象であったものを観光という新しいフィルターを通して眺めなおすよう促しているのである。

　第3のプロパガンダは、2000年代の初頭、観光メディアの言説空間でよく見られたものである。それは政府による伝統文化の再定義とも呼べようか。典型的な例を挙げる。政府機関である自治区旅行局がチベット観光のプロモーションのために観光客に配布していたパンフレット『チベット観光――神秘のベールを脱ぐ（The Tourism of Tibet : Reveal the Mysterious Veil）』のチベット文化の解説部分である。

> ……チベット人は特有の伝統文化をもつ民族であり、歌舞を好む民族でもある。チベットでは、天文学や算術、そして医学が発達している。またチベットには、古典や文学作品が豊富にある。最も偉大な芸術作品の中には、絵画、建築、彫刻、音楽、舞踊、民俗オペラ、そしてチベット中にある有名な古代芸術の遺跡……（筆者訳）。

　不可解というか、分かりやすいというか、チベット文化の中心である仏教について直接的には全く触れられていない。まるで「民俗」や「芸術」というレトリックの中にチベット仏教そのものが隠れてしまっているかのようである。この傾向はテレビの政府広報のほか、『西藏日報』や『拉薩晩報』など地元新聞の観光宣伝記事でも見られ、バター茶などの伝統料理、チベットの礼儀作法や歌舞などの紹介にその大部分が割かれていた。この「仏教排除」の言説のなかで援用されていたのが「民族」というタームであり、中華民族を構成するひとつの少数民族としてのチベット族、そして、その伝統文化は「民族文化」で

あるとのレトリックが、観光産業の言説の中で全面展開されていたのである。その中で仏教は魅惑的なオーラを放つものとして後景化され、「優秀なチベット民族文化（優秀的藏族文化）」などというお決まりのフレーズが観光メディアの中をかけ巡っていた。

（3）聖地から排除される巡礼者たち

　前項までの内容は、2010年代後半の現在でも基本的には変わっていない。ただ大きく異なるのは、観光ガイドや言説だけではなく、観光地そのものにも目に見える形で政治的抑圧が増してきていることであろう。

　ラサは観光地である以前に、多くのチベット人仏教徒にとって重要な巡礼地である。1994年にユネスコの世界文化遺産に登録されたポタラ宮殿（図10-1）、そして2000年に追加登録されたジョカン寺（図10-4）は、過去数世紀以上にわたってチベット高原に住む人びとから大聖地として崇められてきた。現在でも農閑期である冬期には、ジョカン寺の前は五体投地の祈りを捧げる地方からの巡礼者でごった返す。

　その聖地に2008年、転機が訪れる。同年3月、ダライ・ラマのチベット帰還などを求める抗議行動が発生し、それは漢民族の商店などを襲う暴動にまで発展した。まもなく治安当局によって徹底的に制圧されるが、この出来事以後、観光都市ラサはよりいっそう監視・抑圧の空間と化していく。

　ラサの中心であるジョカン寺の周囲には、狭い路地にも監視カメラが設置されるようになり、自動小銃を携えた武装警察の連隊によって、昼夜問わず監視されるようになった（図10-5）。また、チベット人たちはランダムに身分証明書の提示を強制されるようになり、巡礼時期であっても地方からの巡礼者は聖地ラサへの入境を厳しく制限されるようになった。非常に多くの地方出身者（の貧困層）が、ラサの抗議行動・暴動に関わっていたためである。ただ、2年後の2010年の冬に入ると再びラサ巡礼熱が活発となり、ジョカン寺周辺は地方からの巡礼者で溢れることになる。ラサへ通じる道では、治安当局が抑えきれないほどの巡礼者の規模であったのである。暴動の再発をおそれた当局側が譲歩した形となった。そのいっぽう、翌年以降ジョカン寺周辺のチベット人旧市

第10章　観光の政治性、そして人類学

図10-4　ラサのジョカン寺

図10-5　バルコルを監視する武装警察

街には、ほぼ数十メートルおきに公安の派出所が設置され、警備はより強固になった。

　その矢先である。仏陀の涅槃を祝う祭祀の期間、2人のチベット人の若者がジョカン寺前広場で焼身の抗議行動に出た。2012年5月のことである。すでに東チベットを中心に中国政府に対する焼身は多数決行されていたが[5]、ラサでは初めてであった。治安を強化していたその矢先に起きたこの出来事は、当局側の面子を潰すこととなった。数日内にはジョカン寺を取り巻く巡礼路バルコル

209

は封鎖され、身分証明書の提示とX線検査、そして持ち物検査を経なければ入れなくなってしまった。バルコル内に住んでいる者も商売をしている者も巡礼者もその聖空間に自由に出入りすることは許されなくなったのである[6]。そして同年年末には、バルコルにあったチベット人の巡礼屋台は全て強制的に撤去させられ、バルコル一帯は観光客向けの大型の土産物店舗や新築の博物館ばかりが目立つようになった。筆者は2014年までラサに住んでいたが、その当時はバルコル周辺に居住しているチベット人を強制的に移住させる計画が遂行中であった。チベット人たちが自分の聖地から徐々に排除される一方、ラサの中心であるジョカン寺周辺の空間はさらなる観光化が進んでいったのである。

観光都市ラサのこの現況をどのように理解すべきであろうか。抑圧が続く中、そこを「観光地」ととらえていいものか、観光地としての価値は存続されうるのか。ツーリズムと宗教はお互いに排除する関係なのかを問う中で、宗教学者・山中弘は次のようにいう。

　　……ツーリズム空間で消費される表象は「聖性」であり、その本物性は、それが信者にとって聖地であることに支えられているともいえる……信者が、その場所は聖地であって観光対象ではないと主張すればするほど、その場所は観光対象としての「真正性」を与えられるというある種の逆説が存在する（山中 2012：24）。

このポイントを本節の文脈で考えると、ラサの聖空間は急速に政治化・観光化が表面的には進んでいるものの、観光地としてのラサの魅力は存続し続けるということになろう。なぜか。政府のプロパガンダによって「民族文化」であると執拗に語られようとも、増え続ける漢民族ガイドによってラサの聖地が蹂躙されようとも、そして巡礼者がバルコルから締め出され観光客で溢れかえろうとも、チベット人たちのラサを眺める視線、聖地であるジョカン寺に対する視線は変わらないばかりか、反骨心もあって一層強くなっているように筆者には思われる。仏教に対するチベット人の信仰心は、観光という俗世の現象とは全く異なる世界に属するものであり、もっといえば、仮にジョカン寺という観

光巡礼地がたとえなくなったとしても、萎えるようなものではない。逆にいえば、チベットの観光客の求める「真正性」は往々にして、チベット人の仏教に対する信仰心という場所に依らない性質を帯びているのである。これは極めて特徴的なことである。

3 日本における「チベット」への眼差し

本節では、観光客の眼差しに視点を移し、観光という現象の政治性について別の角度から考えていきたい。2007年から2014年にかけて、筆者は、日本のある旅行社のラサ現地駐在員（兼・専門家ガイド）として働いていた。ラサでは高山病発症のリスクが非常に高いこと、また、政情不安のため現地できめ細かなケアが必要との旅行社の判断から、「現地に詳しい」筆者に声をかけてくれたのだ。サービス業の経験の全くない人間に「お客様対応」を任すなどなんていい加減な会社なのだろうと思い、最初はお断りしたのだが、博士課程を終えたばかりで仕事のなかった筆者にとって、その誘いは非常に有り難いものであった。

ところで2007年は、チベット観光にとって節目の年であった。中国の青海省とチベットをつなぐ青蔵鉄道が本格的に開通し、中国の大都市からラサへ鉄道で気軽に行けるようになったのである。外国人観光客数は37万人に達し、そのうち最多は日本人で外国人の20％以上を占めていた。彼らの多くがチベットの仏教文化の体験を期待して訪れており、日本のお寺には見られないような、あるいは、かつて日本人にもあったかもしれないチベット人の「純粋さ」や「信心深さ」を求めてラサを観光していた。チベットの人びとの一途な祈りの姿、五体投地を神仏に捧げるその信仰風景が彼らの旅の記憶の重要な部分を占めているようであった。

チベットに対するこういった温かな眼差しは、しかしながら、日本人特有のものでもなければ、必ずしも宗教的・文化的な関心だけから生まれたものでもない。チベットを観光してみたいという人びとの欲望、または、チベットに対する日本人の憧れが生まれた背景に辿りつこうとするのなら、少し歴史を覗いてみる必要がある。

（1）戦前日本におけるチベット像

　明治期から終戦までの日本におけるチベット像について研究した日本近代史家・高本康子によると、当時チベットに対する日本人の視線は否定的なイメージで彩られていたという。そのイメージを最も雄弁に語ったのはチベットに初めて入った日本人・河口慧海である。彼の著した『チベット旅行記』は仏教界や学術界を超え、広く一般大衆にまでチベットの風土と人びとの暮らしについて知らしめた。曰く、チベットの人びとは不潔で迷信深く、僧たちの生活は喧騒と乱倫に満ち、国全体として「未開」であるため真実の仏教は栄えようがない。死体を切り刻んでは鳥に食べさせる鳥葬や、一妻多夫の習慣、そして僧院で見られる男女合体仏など、これら「怪奇」な風習は堕落した仏教である「ラマ教」が流布しているせいであるとされた。このようないいようは、21世紀の現代から眺めると、偏見に満ちていることを超えて滑稽でさえある。しかし、この旅行記は実は、当時のチベットの人びとの民俗や価値観を鮮やかに描き出していることから評価できる側面は決して小さくはないのである。にもかかわらず（もしくは、であるからこそ）、こと「チベット観」に関していえばきわめてネガティヴな言い回しが多用されていた。

　これには大きな背景がひとつ考えられる。当時日本は日清・日露戦争に勝利し、アジアに冠たる「文明国家」として中国大陸奥深くまでそのコロニアルな影響力が及びつつあった。この旅行記が新聞や雑誌などを通して広く民衆に紹介され咀嚼される過程において「日本人の長所を存分にきわだたせる場所として」（高本 2010：313）チベットが理解されていったという。つまり「チベット（イメージの中のチベット）」は、自分たちの国家の文明性や日本人の優秀さのみならず、日本仏教の素晴らしさや純粋さをも照らし出す、ある種の鏡のような役割を果たしていたというのである。『チベット旅行記』はそのように書かれ読まれ、戦後まで長く影響を残すことになる。[8]

（2）戦後のチベット像──チベット仏教の「神秘性」と人類学者・中沢新一

　『鳥葬の国──秘境ヒマラヤ探検記』（1960）という著作がある。これは日本人の海外旅行がまだ自由化されていない1958年、（のちに KJ 法で著名になる）人

類学者・川喜田二郎率いる探検隊が、ネパールのドルポ地方を調査した時の記録である。当時の日本社会に広く受容された名著であるが、その内容が「奇習」鳥葬や「探検」にその焦点が向けられていたことから、広い意味で慧海の系譜に連なるものであるといえるかもしれない。

　この「秘境」チベットのイメージに変化の兆しが出てくるのは、高度経済成長の限界が欧米や日本で露呈し始めた1970年代以降のことである。欧米ではこれまでの物質主義・科学主義に代わるオルタナティヴな価値観として、東洋の宗教への眼差しが強まっていたが、その中でもチベット仏教の世界が楽園シャングリラの聖なるイメージと重ね合わされ、その宗教文化の「神秘性」が魅惑的に紹介されるようになっていった。その同時代の空気を敏感に感じ取っていたのが若き人類学徒・中沢新一であった。

　中沢はネパールにおいてチベット密教の基本的な修行（「加行」という）のみならず、ニンマ派のゾクチェンと呼ばれる境地、行法にも通じたとされ、その体験は『虹の階梯　チベット密教の瞑想修行』（1993 [1981]）や『三万年の死の教え──チベット『死者の書』の世界』（1993）などの著作のなかに結晶化されていく。また、自ら脚本を務めた『ＮＨＫスペシャル　チベット死者の書』はチベット仏教の世界観のみならず、その広大な高原風景が魅惑的に紹介され、若い世代を中心に多くの日本人に影響を与えることになった。中沢は、フランス現代思想などを援用しながらチベット世界について語り続け、ニューアカデミズムの旗手として1980年代後半以降「時の人」となるが、オウム真理教の信者たちが（教祖・麻原彰晃も）『虹の改梯』を修行のマニュアルとしていたことなどから、地下鉄サリン事件（1995年）以降はチベット仏教に関する積極的な発言は控えるようになっていった。

　この中沢が残した遺産は莫大である。ここでは２点挙げておく。まず、「葬式仏教」と揶揄されることも多い日本仏教の現状に対する不満が（裏側から）社会的に明るみになった点である。世俗化・形骸化してしまった自分たちの伝統仏教に対して、チベットではオーセンティックな仏教が信奉され実践されている──。そういったチベット仏教への眼差しが、（欧米の眼差しとも呼応しながら）若い世代を中心に抱かれるようになっていったのである。日本という社会

もしくは国家が喪失してしまった伝統や精神性を、トランス・ナショナルにアジアの辺境・チベットを迂回することにより、もしかすると取り戻せるかもしれないと思わせるような力があったのである。そしてもうひとつは、チベットのスピリチュアルな風景（Spiritual Landscape）が中沢を通して鮮烈に紹介されたことであった。中沢はチベット仏教の本質を理解していないなどと仏教学者たちから批判されることも多いが、チベット仏教を育んだその大地そのもの、そしてその精神性に関する限り、彼ほど大胆に言語化できた者はこれまで日本にはいなかった。原初的で透明感のある風景の存在、「あそこには何かあるかもしれない」と思わせるような場面の描写には、詩的であるばかりでなく、チベット仏教の内奥に触れるような不思議なリアル感が漂っていた。

　オウムの事件以降、しばらくチベットは日本のメディア空間であまり取り上げられなくなるが、2000年代以降になるとダライ・ラマなどチベットの高僧が頻繁に日本を訪れるようになり、中沢の開いた風景の中身（チベット仏教の教え）を具体的に埋めていくようになる。

4　観光、人類学、そしてコロニアリズム

　この終節では、観光という現象の内奥に潜在している「欲望」について触れながら、これまで散漫的に述べてきたチベットの観光や眼差しについて整理していきたい。その基点として、観光人類学者エドワード・ブルーナーがその著名な論考 *Of Cannibals, Tourists, and Ethnographers* において、観光客と人類学者の親近性を述べるなかで主張していた以下のポイントから始める。

> コロニアリズム、人類学、そしてツーリズムというものは、異なる歴史段階で発生したものでありながら、それぞれは（西洋の）拡張主義から派生した一形態であり、それらはパワー（権力）の拡大によって開かれた空間を占拠していくようになる（Bruner 1989：439）。

　やや同語反復気味なコメントであるが、本章を貫くキーポイントが簡潔に述

べられている。噛み砕いて説明する。大航海時代以降、イギリスやフランスなど一部の西洋の国々はその強力な軍事・経済力を背景に、アフリカやアジアなどを植民地化していったが、その過程が一段落してくると、宣教師や探検家、そして人類学者（当時は博物学者）が、異国へ布教に、冒険に、そして文化や自然の採集に赴くようになる。次の段階になると、人類学者などによって記述・整理された異国の伝統文化は――その儀礼や神話、伝統食、衣装、生活そのものまでも――一般の人びとを魅了するようになり、彼らはエキゾティックな体験を求めて観光客としてかの地を訪れるようになっていった。

　この歴史的な流れから分かるように、コロニアリズム、人類学、そしてツーリズムというのはそれぞれ別種に見える社会現象でありながら、その根幹の部分は権力（パワー）の拡大・露出として同じものであるという。つまりは人類学にしろ観光にしろ、――どれほど意識的になれるかどうかは別として――他者を排他的に支配・搾取していくコロニアルなイデオロギーと無関係とはいえないというのである。このような主張はブルーナーに限らず、1980年代以降多くの人類学者によって内省的に指摘され続けている重要な論点のひとつとなっている。

　無論、観光現象のすべてをホスト=ゲストの権力関係に収斂させていくのは行き過ぎであろう。しかしながら、歴史的・政治的に支配者側であった社会集団が、非支配者側を観光客として消費するというようなケース（典型的には、エスニック・ツーリズムなど）では、コロニアルな局面が見え隠れしてくることが少なくないように思われる。

　上のコロニアリズム→人類学→ツーリズムの図式を念頭に本章を眺めてみる。第2節では、中国政府がラサの観光市場に現地の人びとの意向を無視してあからさまな介入をしているのを確認したが、これはコロニアルな統治の手段として観光空間が積極利用されている状況だといえる。西洋の場合のように流れを段階的に踏むというよりも、コロニアリズムとツーリズムの同時進行という側面が強い。チベットの人びとのダライ・ラマに対する信仰を抑圧し、彼らを聖地や観光市場から排除しながら、その経済的権益を奪うような状況は植民地主義の模範といえよう。[10]

第Ⅲ部　観光と共同性

　前節の日本のチベットに対する視線はどうであろうか。日本はチベットを植民地支配することはなかったが、近代日本の人びとに受け入れられた眼差しは、チベットを野蛮で未開とすることで自身の優位性を誇るコロニアルな視線であった（実は帝国主義時代、チベットを狙っていたイギリスなどヨーロッパ列強のチベット仏教に対する視線も、当初はネガティヴなもので満たされていた［Bishop 1989；Lopez 1998］）。戦後、チベットは共産中国に組み込まれ、ヨーロッパや日本では自国の復興に専念することになり、その強いコロニアルな衝動は一時行き場を失うが、そのエネルギーは1960年代以降チベットを神秘化していく言説に注ぎ込まれるようになり、否定的なイメージはポジティヴなものに反転していくことになる。先進国にとって近くて遠い存在である（支配したかったが支配できなかった）チベットは、劣っていると同時に魅惑的であるという他者的な矛盾を孕んだファンタジーが投げかけられやすく（Simmel 1950; de Certeau 2011）、コロニアリズム的な視線からオリエンタリズムなそれへの変換（もしくはその同時存在）は起こりやすい。

　日本では1980年代以降、人類学者・中沢新一がそれまでのチベット観を刷新し、日本人のナショナルな（もしくはスピリチュアルな）伝統の欠陥を補完するものとして、原初的で崇高なチベット仏教のイメージを展開させ、それは日本におけるチベット・ブーム、ラサ観光のブームへとつながっていった。人類学者は社会的な意味合いで観光客に非常に近い存在であるが、観光客側もまた、人類学者の視線そのものに自ら好んでシンクロしていくことがあるのである。

　本章は、観光の現場に強権的に注ぎ込まれる国家のイデオロギーと、観光の出発地で熟成される「観光客の眼差し」の発生を追っていくことにより、近現代に特有なコロニアリズムの発露の現場を見つめてきた。自己の欲望のために他者を表象し、消費し、支配するというその力の原理は、人類学や観光の存在理由の相当深い部分と分かち難く結び付いている。

　以上が本章の一応の結論なのだが、ここまで書いてみて、ふとこれだけなのだろうかと考えこんでしまう。果たして近現代日本におけるチベット観は、コロニアリズムやオリエンタリズムなど近代以降の「イズム」だけでとらえられ

るのであろうか、ということである。もちろんそれらのファクターは最重要であり無視できない。ただ近代以前の日本には、遠い海の彼方の西方から仏教が伝えられたとの歴史感覚が少なからずあったのではなかったか。仏教は西域から中国や朝鮮半島を通して日本に伝わったという史実だけではなく、仏典を求めて西域や天竺を旅した三蔵法師の古典が何世紀にもわたって読み継がれる一方、太陽の沈みゆく山の彼方、遠い（阿弥陀如来の）西方浄土に対する、何かしらの信仰心も大衆の中で根強く生きていたのではなかったか。しかしながら、これらの要素が現代の日本人の「西藏＝チベット」に対するイメージの底流にあるのかもしれないという可能性は、観光学はおろか学問研究の世界では証明も反証も難しいであろう。

注
1) このような政府の見解は、2000年以降、地元の新聞『西藏日報』でたびたび政府広報として掲載されていた。
2) チベット仏教ゲルグ派の活仏。多くのチベット人にとって精神的指導者（「観音菩薩の化身」）である。中国の抑圧により1959年にインドに亡命して以来、チベット難民社会の政治的リーダーであった。世界平和や非暴力主義の運動などが評価され、1989年ノーベル平和賞受賞。2011年に自身の政治的権限を亡命政府内閣に譲渡し、退位。
3) すぐ下に述べるようなダライ・ラマに対する信仰の禁止や、聖地巡礼や伝統祭祀などの制限、そして高等教育機関におけるチベット語・チベット文化教育に対する政治介入など。
4) チベット自治区公安局や旅行局に勤める親族や友人の助けを借りて、職を追われなくてすむインド帰りのガイドもいた。
5) 2009年以降2018年12月現在まで、150人を超えるチベット人が抗議の焼身を決行した。詳細は、International Campaign for Tibet のサイト〈www.savetibet.org/resources/fact-sheets/self-immolations-by-tibetans/〉（2018年12月20日閲覧）を参照されたい。
6) このバルコルへの入境制限は、先に見た地方のチベット人のラサ巡礼の制限、そして外国人観光客のチベット自治区への入境制限と同じく、時期によって緩まったり厳しくなったりしている。一般的な傾向としては、ラサで祭祀のある期間や、共

産党の政治大会のある時期、そして毎年春節から3月ぐらいまでの時期（毎年3月10日はチベット難民社会において「チベット蜂起記念日」の集会が催される）は入境チェックがより厳しくなったり、全面禁止になったりすることが多い。
7) （英語や日本語、フランス語などのドミナントな）言語の語学教師や観光ガイドというものは、人類学者がフィールドワークのあいだに営む典型的な仕事であるが、後の節で述べるように、それらの職業はコロニアルな人類学者の立ち位置と決して無縁ではないといえる。
8) 否定的なチベット観を展開した河口慧海と対照的なのが、1910年代にラサに長期滞在した西本願寺の僧・多田等観と青木文教である。彼らはその著作のなかで、チベット人と日本人は人種および宗教の面から非常に似通っているのであり、それゆえにお互い共感（そして共闘）できる民族同士であると述べている。この別種の言説に関しては、拙論（2010）を参照されたい。
9) このドキュメンタリーのDVDは、アニメ映画監督である宮崎駿が影響を受けたこともあり、ジブリ学術ライブラリーから販売されている。
10) 本章で扱った例は政府レベルのものであり、観光産業の人びとの実践の中で繰り広げられるコロニアルな様相についてはほとんど触れなかった。この点に関してはデータは古いが拙著（2011）のほか、経済発展と伝統文化の間で揺れ動くチベット人たちを追った『NHKスペシャル激流中国　チベット──聖地に富を求めて』（2007年製作・放映）がある。特に後者は現代ラサの観光産業の矛盾を非常に鮮やかに描写しており、観光とコロニアリズムの関係について学習したいすべての学生に視聴を薦めたい。2008年の抗議デモ以降、外国のメディアはラサに一切入れなくなってしまったが、その直前に製作された奇跡のようなドキュメンタリーである。

参考文献

川喜田二郎（1992［1960］）『鳥葬の国──秘境ヒマラヤ探検記』講談社。
河口慧海（1978）『チベット旅行記』全5巻、講談社。
高本康子（2010）『近代日本におけるチベット像の形成と展開』芙蓉書房出版。
中沢新一（1993）『三万年の死の教え──チベット『死者の書』の世界』角川書店。
中沢新一、ラマ・ケツン・サンポ（1993［1981］）『改稿　虹の階梯──チベット密教の瞑想修行』中央公論新社。
山中弘編（2012）『宗教とツーリズム──聖なるものの変容と持続』世界思想社。
Bishop, P. (1989) *The Myth of Shangri-La : Tibet, Travel Writing and the Western Creation of Sacred Landscape.* London : The Athlone Press.

Bruner, E. (1989) "Of Cannibals, Tourists, and Ethnographers," *Cultural Anthropology*, 4 (4), pp. 438-445.

Clifford, J. (1992) "Traveling Culture," *Cultural Studies* (edited by L. Grossberg, C. Nelson, and P. Treichler), pp. 92-116. London : Routledge.

de Certeau, M. (2011) *The Practice of Everyday Life*. University of California Press

Lopez, Donald, S. JR. (1998) *Prisoners of Shangri-La : Tibetan Buddhism and The West*. Chicago and London : The University of Chicago Press.

Murakami, D. (2010) "Japanese Imaginings of Tibet : Past and Present," *Inner Asia*, Volume 12, No. 2, pp. 271-92. Global Oriental Publishers, University of Cambridge.

───── (2011) *National Imaginings and Ethnic Tourism in Lhasa, Tibet ~Postcolonial Identities amongst Contemporary Tibetans~*. Kathmandu, Nepal : Vajra Publications.

Simmel, G. (1950) "The Stranger," *The Sociology of Georg Simmel* (translated, edited, and with an introduction by Kurt, H. Wolf), pp. 402-8. New York : Free Press.

ＤＶＤ映像『ＮＨＫスペシャル　チベット死者の書』（2009）ＮＨＫエンタープライズ（発行）、スタジオジブリ（ＤＶＤ企画制作）。

第11章
観光客の違法ビジネスが作るグローバル市場
―――タメルにおける宝飾商売の事例―――

渡部　瑞希

1　タメルの宝飾店

　久しぶりのカトマンズであった。筆者は到着後すぐに、これまでお世話になった友人たちに挨拶回りに向かった。その多くはカトマンズの観光市場、タメルの宝飾店である。「やあ、みずきがいない間に、マーケットは随分様変わりしたんだよ。」多くの商人がそう語る意味は何なのか。しばらくぶりの滞在であったが筆者にはその様変わり具合がよくわかった。

　筆者は、2006年から2011年の間、断続的に約2年に渡りタメルの宝飾市場でフィールドワークを行ってきた。その後もたびたびネパールには行っていたが、当時はその様変わり具合に気付くことはなかった。彼らの店には相変わらず、高額なゴールド・ジュエリーやルビー、サファイア、エメラルドといった高価な裸石が光り輝いていた。しかし、時を経た2018年8月、複数の宝飾店を訪れると、店内の商品の多くが安価な宝石やシルバー・ジュエリーに取って代わっていた。その理由について、Monte Carloという宝飾店のボスであるモイン（インド人）と、彼のもとで働くセールスマン、アルジュン（ネパール人）は以下のように語った（以下、A＝アルジュン、M＝モイン）。

A：「安い商品を並べているのは中国人観光客が多いからだ。彼らは高額商品を買わない。いつも安い宝石とシルバー・ジュエリーばかりを買うんだ。彼らにセールスマンシップは必要ない（セールスマンシップとは、会話やサービス、ホスピタリティ、親密な交流によってできるだけ高値

第 11 章　観光客の違法ビジネスが作るグローバル市場

図 11-1　中国語の看板が見られるタメル

で顧客に商品を売り込む能力のことである[1]）。何しろ言葉が通じない。彼らとの取り引きは計算機だけで行う。彼らは自分の言い値で買う。われわれの言い値は信じない。」

M：「そうだ。彼らは自分の言い値でしか買わない。例えば、われわれの商品コストが2,000ルピーだったとしよう（2018年時、1ルピー＝約1円であった）。彼らは2,100ルピーで売れといい張るんだ。100ルピーの利益が何になる？　売らないほうがましだ。だから"それでは売れない"というと彼らは一旦店の外にでて、しばらくしてからまた戻ってくる。少しは交渉するつもりがあるのかと思えば、カネが足りないからやっぱり2,100ルピーで売ってくれといってくるんだ。」

　確かに近年、タメルの通りには中国語表記の看板を使うホテルやレストラン、土産物店が数多く見られるようになった（図11-1）。その様子は中国人街さながらで、タメルでは多くの中国人観光客や中国人ガイドの姿を見かける。近年の中国人観光客の増加は、2015年、ネパール政府が中国人観光客の入国ビザ代の免除を取り決めたことと無関係ではない。2015年、中国人観光客数は6万6,984人であったが、2017年には10万4,005人と約1.6倍に増加している（Nepal Tourism Statistics 2017：35）。アルジュンやモインは、ここ数年で生じた中国人

221

観光客の増加とマーケットの変化を関連付けているのである。

　では、タメルのマーケットに影響を与えるほどの中国人観光客とはどのような存在なのだろうか。また彼らは、現地の宝飾商人とどのような取り引きを展開しているのだろうか。筆者は、2018年8月の10日間程度、タメルの宝飾店に毎日通い、中国人観光客の取り引きの模様を参与観察することにした。なお、筆者は中国語ができなかったため、彼らに十分なインタビューをすることはできなかった。そのため本章のデータは、中国人観光客へのインタビューによるというよりは、中国人観光客の店内での様子を参与観察したものと彼らの取引相手である宝飾商人自身の証言が中心となる。

2　観光客であるが観光客ではない

（1）宝飾商人にとって観光客とは何者か？

　観光客にとって、土産物や「旅の思い出」を選ぶことは旅の1つの楽しみではないだろうか。2018年の滞在においても、さまざまな国からの観光客がジュエリーを選んでいる場面を観察したが、観光客の多くは、ジュエリー店の商人との会話や価格交渉を楽しみながら好みのジュエリーを探しているように見えた。例えば、タメルの老舗ジュエリー店である Gem's Empire は2006年から筆者が親しくしているセールスマン、フィルドース（ネパール人）のいる店である。2018年の調査時にもフィルドースは、中国人観光客に会いたいという筆者に快く協力してくれた。そこで筆者は調査の間、1日数時間を Gem's Empire で過ごした。以下は、Gem's Empire にジュエリーを買いにきた若い2人のアメリカ人女性とそのガイド、フィルドースのやり取りである（A＝アメリカ人女性1人、G＝ガイド、F＝フィルドース）（図11-2）。

　　A：「何かネパールの思い出に残るようなものが欲しいんだけど。」
　　F：「それならアクアマリンのネックレスはいかがですか？」
　　　（ケースからアクアマリンのネックレスを取り出す）
　　A：「わーぉ！きれいね。それでこれはいくらなの？」

第11章　観光客の違法ビジネスが作るグローバル市場

図11-2　アメリカ人女性のショッピング

F：（計算機をたたいて彼女に見せる）
A：「どうしてこんなに高いのよ！」
G：「高くはないよ。彼は古くからの友人だから僕のゲストに高くいうはずない。」
A：「あなたはお金持ちだから高くないだろうけど、私にとっては高いのよ！」
G：「わかったよ、君は僕のガールフレンドの友だちだからね。兄弟、安くできるか？」
F：（苦笑い）
※　以下、価格をめぐり30分以上やり取りが行われた。

上述のように、観光客は商人と交渉を重ねながら「ネパールの思い出の品」や家族や友人への贈り物を購入する。こうした観光客は、観光客向け商品の物質的な真正性ではなく、ホスト社会との密な交流や文化的交流を通じて得られる「観光経験の真正性」を求めている（Tylor 2001；ブルーナー 2007；橋本 2011）。すなわち観光客とは、その場所に行かなければ見ることのできない風景やそこで得られるサービスや体験に対して支払いをする者である。このアメリカ人女性は現地の商人とのやり取りから特別な観光経験を消費しているので

ある。

　しかし、この定義は宝飾商人の立場からすると十分ではない。宝飾商人の意味する観光客とは、単にネパールでの楽しい思い出にカネを払う消費者ではなく、タメルの宝飾店に並ぶ宝石類を購入する「末端の消費者」である。「末端の消費者」という枠付けは、30日間の観光ビザを取得して入国する中国人観光客の増加に伴い強固になっていると思われる。まず、中国人観光客の中には、転売目的で宝飾品を購入する者も少なくない。つまり彼らは「末端の消費者」とは言い切れない。そうした彼らの行為の否定の現れとして「観光客は末端の消費者であるべきだ」という見方が宝飾商人の間で強くなっているのである。無論、転売目的の中国人観光客は、観光客用のホテルに宿泊し、カトマンズを旅して、家族や友人、自身のために「ネパールの思い出の品」を買い求めることもあるだろう。しかし彼らの行動がどんなに観光客らしくても、また彼らが観光ビザでネパールに入国していたとしても、宝飾商人にとって「末端の消費者」こそが観光客なのである。では、観光客がタメルでビジネスをするとはどういうことであろうか。

（2）中国人観光客の取り引き

　2018年滞在時、宝飾商人たちは「タメルでうろうろする中国人は確かに観光ビザで入国しているが観光客ではない」とよく筆者に語っていた。いっぽうで、Gem's Empire で出会った中国人観光客数人に、「あなたは観光客ですか」と質問すると「そうだ」という答えが返ってくる（英語が通じないため紙に漢字を書きながらインタビューを試みた）。しかし、彼らが自身を観光客だと語る一方で、タメルの宝飾商人はその見解に否定的である。その根拠は、宝飾店の中で展開される中国人観光客と宝飾商人との取り引きにこそある。以下は、筆者がGem's Empire で参与観察した取り引きの実態である。

　ある日の夜、7時くらいになって中国人女性2人が店に入ってきた。フィルドースは彼女たちには話しかけず、別のインド人セールスマン、サミが彼女たちの対応にあたった。最初、彼女たちは店内に飾られたブルートパーズのペンダントを指差した（ブルートパーズとは透明水色の半貴石でそれほど高額宝石では

第11章　観光客の違法ビジネスが作るグローバル市場

図11-3　携帯を使って取り引きする中国人観光客

ない)。英語がわからないようで、ジェスチャーでサミとコミュニケーションをとっていた。サミがそのペンダントを取りだすと、彼女たちはスマートフォンでそのペンダントの写真を撮り計算機をサミに差し出した。「ハウ・マッチ？」という彼女たちの問いかけにサミが計算機で数字をうった。彼女たちは「ノーノー」とだけ言って店を出て行った。

　筆者にとって最も不可解だったのは、彼女たちが商品の写真をさまざまな角度から撮っていたことである（図11-3）。おそらく別の店に行き、「この写真と同じようなペンダントを Gem's Empire よりも安く売ってほしい」とかけ合うつもりなのだろうと思った。あるいは中国にいる友人や親族に写真を送ってどの宝飾品を土産物として買っていくべきか話し合うつもりなのだろう。いずれにしても彼女たちは、ブルートパーズのペンダントの最安値を探るためにタメルの宝飾店の商品や価格をチェックして回っているに違いないと思った（渡部 2018）。しかし、フィルドースによるとそれは事実のほんの一部分だという。以下はフィルドースの語りである。

　「なぜ彼女たちが写真を撮っているかって？　それは彼女たちの顧客のた

225

第Ⅲ部　観光と共同性

めさ。あぁたぶん、彼女たちは自分自身のために、あるいは家族への土産物のために商品を買うのかもしれない。それはわからない。でも中国人の多くは転売目的で写真を撮っているんだ。スマートフォンの向こう側の顧客のために彼らは写真を撮っている。彼女たちは観光ビザで入国しているから、確かに観光客なんだが……実際にはビジネスをしている。違法ビジネスだよ。」

　フィルドースによれば、中国人観光客の多くはWeChatというSNSを利用してショッピングしたりビジネスしたりする。このアプリには、無料動画送信と通話機能、送金・支払い機能がついているため、支払いはすべてWeChat上で行うことができる。まず中国人観光客は、店内の商品の写真を撮り、それらをWeChat上に掲載する。WeChatでつながっている彼らの友人や知人（顧客）がその商品を気に入ったら、タメルに滞在する中国人観光客を介して価格交渉がはじまる。あるいはすでに中国人観光客と宝飾商人の間で価格合意がなされている場合は商品画像とともに価格も提示される。

　図11-4は、フィルドースが筆者に説明したWeChatによる一連の取り引きを図式化したものである。仮に、商人の持っている宝石のコストが350ルピー／ctだったとする。中国人観光客はタメルのすべての宝飾店を巡り最低価格を調べる。その最低価格が400ルピー／ctであった場合、彼らは自身の利益を上乗せした価格（例えば1,000ルピー／ctなど）をWeChat上に開示する。消費者は好みの商品の代金をWeChat上で中国人観光客のアカウントに送金する。その送金を確認して初めて中国人観光客は、WeChat上でタメルの宝飾商人に支払いをする。一連の取り引きが済んだら、中国人観光客はタメルに点在する宅配システムを利用し商品を消費者のもとに送ったり、仲間と手分けして商品を中国本土に運ぶ。

　言葉を換えれば、彼らは、WeChatを利用して中国本土もしくはさまざまな国や地域に居住する中国人消費者のために代理購入を行っているのである。こうした代購は、グローバルな国際貿易における中国国内とネパールでの小売価格の間に価格差が生じる間隙をぬって、消費者から信頼された個人事業主が現

第11章 観光客の違法ビジネスが作るグローバル市場

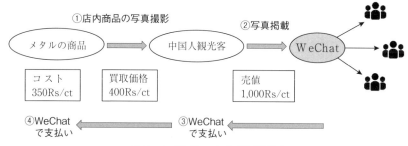

図11-4 WeChatによる取引構図

地で安く仕入れ高く販売するという裁定取引機能を果している。中国人観光客は、さまざまな業者や媒体を経由するような国際貿易の正当な手続きを踏むことで、中国国内での小売価格が釣りあがっている現状を理解している。WeChatによる代購は、国際貿易に必要な諸々の取引コストを削減することで、消費者により安く提供し、また売り手個人の利益を増やすことを実現しているのである。しかし、一見、理に適っているようなこのビジネスは、他国での商行為を認められていない観光客によって行われている。そのため、後述するように、中国人観光客のビジネスは合法と違法のあいだの不安定なものである。

中国人観光客がWeChatによるビジネスを展開したことで、タメルのマーケットは大きく変化した。現金をもち歩かない中国人観光客の支払いに応じるためには、宝飾商人自身もWeChatに登録しシステムを利用する必要がある。WeChatを利用することは、商人にとって不本意であったとしても、急増する中国人観光客の需要に応えるために必要不可欠である。そのため、以前から筆者の調査に協力してくれていた商人の多くが、スマートフォンでWeChatを使いこなし、店にはWi-Fiを完備していた。

いっぽう、中国人観光客の支払いに応じるためだけでなく、自身もオンライン上でビジネスをするためにWeChatを利用する宝飾商人も増えてきている。いわば、中国人観光客のビジネスの模倣である。WeChatには複数のビジネス・グループがある。「友だち」となった中国人観光客から招待を受ければ、容易にグループ・メンバーになることができる。商人たちは、ネパールにいながら、世界各国に広がるWeChatユーザーに彼らの商品を売る機会を得てい

るのである。

このように、タメルの商人は、末端の消費者である観光客に対してセールスマンシップを発揮するビジネスだけでなく、WeChat を利用して自らもグローバルなオンライン市場にアクセスするようなビジネスに従事するようになっている。

3　観光客は卸売業者になりえるか？

（1）リスクを取らないビジネス

中国人観光客は、確かに観光ビザで入国した観光客である。しかし、宝飾商人は中国人観光客を必ずしも「観光客」だと認識しているわけではない。それは、彼らが末端の消費者ではなく、転売や代購などのビジネスをするためである。彼らの中には、ほんの小遣い稼ぎのために WeChat を使って代購する者もいれば、綿密な情報探索の末に一度に数百万ルピーもの取り引きを行う者もいる。商人によれば、中国人観光客1人（1グループ）あたりの取引量と額は、他国の観光客よりも多くなる。その限りにおいて彼らは、海外からの卸売業者に近い存在なのかもしれない。

しかし、商人にとって彼らは、観光客とも言い切れないが卸売業者でもない。卸売商人と中国人観光客の違いについて、中国人顧客を多く持つチベット商人アミールは以下のように語った。

> 「この店には中国やチベットから卸売商人がたくさんくる。彼らとは WeChat で取り引きする。こんな風に写真を撮ってビジネスしている中国人は卸売商人ではない。確かに私が彼らに示す価格は卸売商人のそれと似たり寄ったりだが、彼らを卸売商人と呼ぶのはおかしい。なぜなら彼らは本当のビジネスマンとは違ってリスクをまったく取らないからだ。」

リスクを取らないことと関連して、中国人観光客のビジネスの違法性も卸売業者との違いを説明するうえで語られる。以下は中国人観光客に対するフィル

第 11 章　観光客の違法ビジネスが作るグローバル市場

ドースの語りである。

> 「ビジネスとはリスクを取ることだ。それなのに彼らはまったくリスクをとらない。中国人にとってネパールの観光ビザは30日間までフリーだ。これがビジネスビザだったら彼らは多くのカネを払わなくてはならない。もちろん WeChat 上であれば、多額の取り引きをしても税金の未納はバレないようだ。海外からの卸売業者やバイヤーが正規の手続きを踏むのに対して、彼らのビジネスは完全に違法なんだ。それに彼らは卸売業者とは異なり在庫を抱えるリスクも背負わなければビジネスにかかる経費も支払わない。彼らはただ写真を撮り、顧客から送金を確認してからはじめてわれわれにカネを支払う。海外のネットショッピングのオーナーは商品の写真を掲載するためにさまざまな機材や照明を使い、店舗賃料を支払いスタッフに給料を支払うだろう？　しかし、中国人が WeChat 上に商品を投稿するための設備を整えているのはわれわれだ。われわれが彼らのために機材や照明を使い、店舗スペースを与えるというのはおかしな話じゃないか。」

　中国人観光客がビジネスマンとして取るべきリスクから逃れていることは、タメルでは批判的に語られる。タメルの宝飾商人の多くは、卸売業者とは互いの利益を尊重しリスクヘッジできる相手だと考えている。そのため、中国人観光客の取り引きにおいて、自身だけがリスクを引き受けることに嫌悪を示すのである。
　いっぽうで、宝飾商人が卸売業者に対してリスクを引き受けるような取り引きも存在する。卸売業者に無償でサンプル商品を提供するときだ。もしその商品が売れたら、卸売業者は次回の渡航時に支払いをする。これは卸売業者のリスクを宝飾商人自身が引き受けることで、海外での市場開拓を共同で推進し、ゆくゆくは商人に利益をもたらすものととらえられている。
　ただし、商人自身がリスクを引き受けるこの信用取引は、彼らの親族や彼らが友人と見なした相手に限られる。友人とはネパール語でサーティー（*sāthī*）

である。サーティーとは、単なる「知人」から「親友」まで幅広い関係を指す。サーティーの親密さの深さは、相手についてどれだけ知っているかだけでなく、その知る過程において、相手のおかれた境遇や状況をどの程度、共感・共有しているか、すなわちマン（*man*：心）の働きによってはかられる。さまざまなことを共感・共有するとマン・ミルネ・サーティー（*man milne sāthī*：「心が通う友人」「気が合う友人」「心が一緒である友人」）となり、こうしたサーティーは、日本語でいう「親友」のように互いの問題を共感・共有し合う存在である。

共感・共有とは、ネパール語で「分け与える」を意味する *bādhnu*、英語では share と表現される。これは交換や互酬性ではなく、「要求に対して一方向的に分け与える」ことだ。与え手は見返りを求める資格はあるが、貰い手は、サーティーから受けた恩恵に対して返礼をする義務があるわけではない。

この「分け与えの論理」が働く相手に対してのみ、商人は相手のリスクを背負うことを決める。しかしこの取り引き自体はタメルでそれほど多く確認できるわけではない。宝飾商人にとって、マン・ミルネ・サーティーとよべる相手と取り引きすること自体が相対的に少ないためだと考えられる。筆者自身も長期に渡る調査の間、この種の信用取引を観察したのは数回しかない。

商人にとって中国人観光客は、自ら分け与えようと思えるマン・ミルネ・サーティーでもないのに、彼ら自身の利益を阻害されているような感覚を抱くために WeChat の取り引きに嫌悪を示すのだと考えられる。WeChat を利用する中国人観光客の多くは、他の観光客のように、商人たちと楽しみながら取り引きするわけでもビジネス以外の特別な感情を抱くわけでもない。そんな相手の利益のために、なぜ自身が分け与えなければならないのかと不信感を抱く商人は少なくない。

（2）違法だが不正ではない

先に述べたように、宝飾商人から見て WeChat で取り引きする中国人観光客は、「法的には観光ビザを取得した観光客だが観光客とは言い切れない」「ビジネスをするがリスクを背負わないためにビジネスマンとも言い切れない」、だからといって「商人自身が彼らのリスクを背負うような親密な相手でもな

第11章　観光客の違法ビジネスが作るグローバル市場

い」というように、とらえどころのない存在としてタメルに浮遊している。

　こうしたとらえどころのなさが、中国人観光客の違法ビジネスへの懐疑を増幅させている。フィルドースが語るように、彼らはネパール政府の定める観光ビザで入国しており、ビジネスビザは取得していない。彼らは、ネパール政府がビジネスビザ取得者を規定する「ネパール産の製品を輸入するために第三国から商品の発注、買い付けのためにネパールを訪れている外国人」に当てはまるため、取引量が小額であっても、本来は法的にビジネスビザを取得する必要がある。

　いっぽう、中国人観光客は、WeChat による代購の取引量と取引額によっては、納税や関税の未納による取締りのリスクを認識している[3]。まず、中国の通関手続きにおいて、本国に持ち込む物品量によっては関税がかかる。観光客として持ち込む数量は自分で利用する合理的な範囲に収まっていなければならないため、転売を目的としての購買には制限がある（加藤・杜 2018：82）。また近年、インターネット金融に関する中国当局の規制強化が進んでいるために、違法の咎めを受けるリスクは高まりつつある（加藤・杜 2018：82；藤田 2018：65）。そのため中国人観光客自身も、取引量が多い場合はタメル内の宅配システムを利用したり、仲間うちで持ち運び商品を分配するなどしながら、多額の取り引きが通関で露見しないよう取り計らっているという（こうした脱税に関する情報は、中国人観光客と頻繁に取り引きする宝飾商人から収集した）。つまり中国人観光客は、国と国が定める観光客の身分を利用し、かつ関税などの国際貿易上の法律の網の目を潜りながら、合法か違法かの境界線上にあるビジネスを展開している。

　確かに、WeChat による代購ビジネスの違法性は、宝飾商人や中国人観光客の誰もが知り得ていると思われる。しかし、それでもなおこのビジネスが成立し得るのはなぜだろうか。それは、商人と中国人観光客の間で WeChat による取り引きが「違法だが不正ではない（illegal but licit）」（Roitman 2006：257）と見なされているためだ。「違法だが不正ではない」とは、国家が求める正しさの基準から外れるような実践を多少なりとも正当化するモラリティのあり方を示す（中川 2014：35）。彼らは自分たちのやっていることが政府の法に反していることをよく分かっている。しかし、同時に彼らの商売は政府の法とは異

なる「路上の法によって治められている」(Roitman 2006：263) のであって、その観点からみると彼らのやっていることは不正ではないことになる（中川2014：35）。フィルドースのような商人は、中国人観光客のビジネスに加担することに嫌悪を示す一方で、自身のスマートフォンにも WeChat をダウンロードして中国人観光客と取り引きしたり、自身もグローバルなオンライン市場に参入する。WeChat での取り引きが「不正ではない」ものとしてタメルの宝飾市場で許容されるのは、それを受け入れる側にも理に適っているためであろう。具体的には、①WeChat によるビジネスの拡大でオフ・シーズンでも安定的な利益供給が見込める、②宝飾市場で流通する宝石・貴金属の品質・種類がより明確になることが挙げられる。以下、この２点について詳しく見てみよう。

　１つ目は、WeChat での取り引きは、時に卸売業者の大量買付けほどに膨らむことがあり、それがオフ・シーズンの宝飾商人の負債を軽減するということだ（しかし、取引量が多いほど脱税の咎めを受けるリスクは増える）。卸売業者の固定客を獲得できる商人はタメルでは僅かだが、その取引価格は卸売価格（wholesale price）であり、観光客に売る価格よりもコストに近い。だが、数ピースしか買わない観光客とは異なり、卸売業者は１度に大量に購入するため、コストに近い売値でも多くの利益が見込めるのだ。

　中国人観光客の取り引きも卸売業者とのそれと同様に、コストに近い価格で取り引きしても一度に10万ルピーから100万ルピーの利益をもたらすこともある。中国人観光客は確かに正規の卸売業者ではないが、彼らの取引量は卸売業者さながらである。観光市場での商売はシーズンに左右されるため、閑散期には商売が滞ることがほとんどである。商人は、購買目的はどうであれ中国人観光客の購買力に一目置いているのである。

　２つ目は、中国人観光客の激しい値切り交渉と情報探索能力によって、タメル宝飾商人が自身の売る商品の特質をより詳細に知るようになることだ。中国人観光客の情報探索が他国の観光客と比べて入念に行われることは、タメルの宝飾市場では誰もが知り得ていることである。しかし2018年の調査時、中国人観光客の情報探索は、これまで筆者が観察してきたものよりもはるかにシステマチックで徹底していた。

第11章　観光客の違法ビジネスが作るグローバル市場

　例えば2018年の調査時、筆者はチベット商人アミールの店で、金色に輝くペンダントを見つけ「これは18K?」と聞いた。アミールは自信たっぷりに「そうだ18Kだ」と答えた。筆者は「なぜ18Kだとわかるの？　もしかして中身は銅とかメタルで表面だけ18Kでコーティングしただけじゃないの？」と冗談半分に意地悪な質問をしてみた。するとアミールは「中国人が18Kだと言ったから絶対18Kだ」というのである。アミールによれば、中国人観光客はアミールの店の金製品を中国本土に持ち帰り（または仲間にその商品を本国に持ち帰ってもらい）実際にそれを溶かして品質を調べるのだという。商人は、中国人観光客の徹底した真相追及で得られた情報によって、市場における商品知識を蓄えているのである。

　「違法ではあるが不正ではない」ビジネスの領域に焦点を当てると、正規の観光の商行為では見逃されてしまう中国人観光客と宝飾商人とのトランス・ナショナルな協同関係や、情報探索と品質判断を徹底させる中国人同士のナショナルなネットワークが浮き彫りとなる。少なからず違法性を孕んだ「観光客によるビジネス」は、そこから経済的恩恵を受ける宝飾商人、中国人観光客とその仲間の中国人との相互利益によって成立している。ただし、こうした相互利益に基づく取引関係は、中国政府とネパール政府の取り決めた観光とビジネスの基準から漏れ出ているために、不透明で見えにくいものである。

　しかし「違法ではあるが不正ではない」取引は、相互利益に基づく取引関係によって必ずしも十全に成立しているわけではない。中国人観光客はさまざまなネットワークを駆使することで、タメルの宝飾市場の最安値を知ることができる。そのため、卸売業者のように大量買付けをするわけでもなく、数ピースをコストに近い価格で売るように要求する中国人観光客も少なくない。つまり、彼らは、数個しか買わない観光客のような存在であるにもかかわらず、卸売価格を要求してくるのだ。こうした取り引きは、宝飾商人にとって、違法でもあり不正でもある。宝飾商人にとっての問題は、数ピースしか買わない中国人観光客にもコストに近い価格で売ってしまうような「不正を犯す商人」がいることである。今回の調査で筆者がインタビューした商人の多くが、「安く売ってしまう商人が増えるとマーケットは破綻する」と嘆いていた。売り手と買い手

の双方が「違法であるが不正ではない」と認める取り引きを維持するのは、そうたやすいことではないのである。

4 タメルの市場が紡ぎだす
ナショナル・トランスナショナルなネットワーク

　WeChatを使った中国人観光客の取り引きは、グローバルな国際貿易や正規の観光の手続きからは見落とされがちなネットワークやモノの動きを可視化する。グローバルな国際貿易には、国家間あるいは巨大なグローバル企業間の合法かつ正規の取引過程を要する。正規の観光の手続きを担うのは、それぞれの国の観光行政や旅行会社等の観光関連業者である。例えば、渡航に関する事項はすべて正式な法的手続きを踏んだ国家間の取り決めに基づく。観光を促す旅行会社には、その法規定を遵守することを証明する資格者が必要である。旅行業務の専門知識を有する資格者がいないとなれば、その旅行会社は営業停止もしくは不正業者として法的処罰の対象となる。

　このように合法／非合法、正当／不正を明確にする国家間の明確な法規定に準拠した国際貿易や観光産業を、「上からのグローバリゼーション」とよぶことにする。これは、インフォーマルもしくは半合法・違法の取り引きから市場の広がりをとらえる「下からのグローバリゼーション（globalization from below）」(Mathews, Ribeiro and Alba Vega 2012) と対を成すものである。「下からのグローバリゼーション」とは、人や商品が国家の管理を逃れながら移動し交換される経緯からグローバル市場の一端をとらえるための概念である。本章を通じて記述してきたのは、観光客の身分を利用したり宝飾商人や他の中国人を巻き込んだWeChatの取り引きによって、関税や一定量の売り上げにかかる税金、ビジネスビザの申請等の正規の国際貿易の手続きを切り抜けながら展開される、中国人観光客のビジネスの有り様であった。

　商人の多くは、中国人観光客の身分詐称や脱税等の違法性を指摘するものの、彼ら自身もWeChatによるオンライン・ビジネスに参入することで、グローバルな市場社会にアクセスするようになっている。このように「下からのグロー

バリゼーション」から見えてくるのは、正規の国際貿易の手続きからは取りこぼされてしまう中国とネパールの間のトランスナショナルな商品とカネの流れである。

　以上のようなトランスナショナルな商品とカネの流れは、タメルの中国人ホスト間のナショナルなネットワークを広げてもいる。すなわち「下からのグローバリゼーション」を可視化することは、国家間の法規制から逸脱するトランスナショナルなネットワーク（宝飾商人と中国人観光客、宝飾商人とオンライン上の中国人顧客）を可視化するだけでなく、中国人同士のナショナルなネットワークをも明るみに出す。図11-1（p.221）で見た、タメルの一区域に中国人の商売地区であるかのような景観が広がっていることを思い出されたい。この景観は、タメルにおける中国人ネットワークの影響力を如実に示している。中国人経営のホテルやレストラン、宅配店、中国人観光客の集客を目的とした土産物店の急増は、中国人観光客と中国人ホストが互いに連携しながらビジネスを拡大させてきたことを想起させる。

　例えば中国人観光客は、商人から買い取った商品を中国本土あるいはさまざまな国や地域に居住する中国人顧客に送る際、中国人経営の宅配店を利用する傾向にある。中国人経営の宅配店であれば、WeChatによる商品輸送が関税で問題にならないようスムーズに手続きをしてもらえるためだと考えられる。これについて筆者は、中国人観光客からではなく宝飾商人の証言から知り得たのだが、ネパール人経営の宅配店で現地の観光客向け商品を大量に輸送するとなると、ビザや関税の問題を指摘される可能性も否めない。そのため、中国人観光客が事情を知っている中国人経営の宅配店に頼るのは自然であると思われる。

　中国人観光客は、観光というツールを巧みに使いながら、正規の国際貿易やグローバル企業の展開する「上からのグローバリゼーション」の盲点・弱点を突いたビジネスを展開することで、彼らが生み出す利益をタメルのホテルやレストラン、宅配店を経営する中国人ホストにも還元している。「下からのグローバリゼーション」から見えてくるのは、われわれが見失いがちなナショナル・トランスナショナルなネットワークの形成過程なのである。

5 観光人類学の発展にむけて——「下から」立ち上がる観光現象をとらえる

「下からのグローバリゼーション」という本章の視座が、今後の観光人類学の発展に向けてどのように有効に働くかを最後に示しておきたい。1990年代より日本で注目されてきた観光人類学は、観光産業を正規の国際的手続きを踏んだ支配的なグローバリゼーションの一形態ととらえ議論を展開してきた。例えば、山下晋司編『観光人類学』(1996) において、山下は、観光現象を①観光を生み出すしかけ、②観光が観光客を受け入れる社会に与える影響、③観光によって作り出される文化の3つに分け、これらの問題に取り組むことを観光人類学の課題に据えた。

問題は、これら3つの課題が想定している観光が何であるかである。それは「上からのグローバリゼーション」を加速する資本主義産業の一形態ではなかっただろうか。ゲストの「まなざし」という権力構造から成立する観光の場（アーリ 2014）、近代的人間の労働と対立する非日常的かつ聖なる経験としての観光（グラバーン 2018）、観光産業のメディア戦略により「擬似イベント」となる観光経験（ブーアスティン 1964）、真正性を揺るがす近代的現象としての観光産業（マキャーネル 2011）、ホスト社会の文化の形骸化を引き起こす権力的な観光産業への批判的語り（江口 1998）。こうした観光人類学の議論の多くは、観光産業がグローバルな市場社会を席巻する支配的かつ絶大な影響力をもつことを大前提にしてきた。

無論、観光産業が地域社会に与える影響力をとらえる「上から」の視点は、地域社会の経済発展やよりよい社会や人びとの暮らしを模索するうえで重要だ。しかし、近年の観光人類学の陰りからも明らかなように、そうした「上から」の視点に基づく研究だけをするのであれば、何も観光人類学を選択する必要も観光人類学者を名乗る必要もない。観光人類学が着手すべきはむしろ、「上から」の巨大資本による観光産業を脱構築し、「上から」の視点だけでは取りこぼされてしまう観光現象の「残余」を、現場で生じている個別具体的かつ緻密な事象から拾い上げることである。

本章における「下からのグローバリゼーション」とは、正規の国際貿易や国家間の観光法制度の網の目を巧みに潜りながら違法の咎めを受けずに取り引きを遂行する中国人観光客のビジネスであった。彼らは確かに正規の観光ビザを取得しネパールに入国した観光客であるものの、宝飾商人にとっては、「末端の消費者」である観光客でも、彼らとリスクを共有し合う卸売業者でも、彼らがリスクを引き受ける親しい相手でもない。タメルの中国人観光客とは、不透明でインフォーマル性の高い存在である。宝飾商人の多くが認識しているように、中国人観光客は、中国当局による代理購入の取締りや、観光客として中国本土に持ち込める物品量を知り得たうえで、違法の咎めを逃れつつ宝飾商人と「違法であるが不正ではない」取引を継続し、中国人の仲間やホストと密に連携しながらビジネスをしている。

　本章では、不透明かつインフォーマル性の高い観光地の取引現場から、巨大資本による観光産業の影響を巧みに躱すことで立ち上がるグローバル市場の別の側面を明らかにしてきた。ところで「下からのグローバリゼーション」とは、文化人類学の視点においては決して新しいものではなく、これまで、モラル・エコノミーや零細商人、インフォーマル・セクターといった、観光市場とはおおよそ無縁の市場社会で取り上げられてきた。いっぽう、観光人類学では、巨大資本による観光産業の影響力をどの程度受けているのか／受けずにいるかに注目するあまり、その影響力を逆手にとって観光地で戦略的に行為する人びとの存在を軽視してきた。これからの観光人類学に求められるのは、観光の現場でリアルタイムに生じているさまざまな事象を緻密に追求する「下からのグローバリゼーション」の視点に配慮することで、目に見えない観光現象を可視化し、翻訳し、伝えていくことである。

注
1) 宝飾商人が、具体的にどのようなセールスマンシップを発揮しているかについては渡部（2018）を参照されたい。
2) 情報探索（information search）とは、定価のないバザールのような市場において、買い手の側が商品を購入する前にマーケットにおける商品の品質や適正価格を

調査することを指し示す（Geertz 1978：30）。
3）　例えば、在日中国人が WeChat を通じて日本の商品を中国本土の消費者に売る「日本代購」は、合法か違法かの境界上にあるリスクの大きいビジネスである。日本の中国人留学生で滞在ビザを認められている場合、その範囲を超えた活動は出入国管理局の規定に反し違法となる（加藤・杜 2018：83）。中国当局は、日本代購で得た個人所得の申告を怠った在日中国人関係者が逮捕された事件等に鑑み、規制強化を図っている。事件の詳細は以下のウェブサイトを参照されたい（http://j.people.com.cn/n/2015/0128/c94473-8841991-2.html）。

参考文献

アーリ，J.（2014）『観光のまなざし（増補改訂版）』加太宏邦訳、法政大学出版局。
江口清信（1998）『観光と権力──カリブ海地域社会の観光現象』多賀出版。
グラバーン，N. H.（2018）「観光──聖なる旅」スミス，V. L. 編『ホスト・アンド・ゲスト──観光人類学とはなにか』市野澤潤平・東賢太朗・橋本和也監訳、ミネルヴァ書房、pp. 25-46。
加藤敦、杜琳（2018）「日中間電子商取引における「日本代購」の意義と課題」『同志社女子大学現代社会学会現代社会フォーラム』14、pp. 77-92。
中川理（2014）「国家の外の想像力」『社会人類学年報』pp. 31-56。
橋本和也（2011）『観光経験の人類学──みやげものとガイドの「ものがたり」をめぐって』世界思想社。
ブーアスティン，D.（1964）『幻影の時代──マスコミが製造する事実』東京創元社。
藤田哲雄（2018）「転換期を迎えた中国のフィンテック」『環太平洋ビジネス情報』18、pp. 53-77。
ブルーナー，E. M.（2007）『観光と文化──旅の民族誌』安村克己・鈴木涼太郎・遠藤英樹・堀野正人・寺岡慎吾・高岡文章訳、学文社。
マキャーネル，D.（2012）『ザ・ツーリスト──高度近代社会の構造分析』安村克己他訳、学文社。
山下晋司（1996）『観光人類学』新曜社。
渡部瑞希（2018）『友情と詐欺の人類学』晃洋書房。
Geertz, C. (1978) The Bazaar Economy: Information and Search in Peasant Marketing. *The American Economic Review*. 68 (2), pp. 28-32.
Ghimire, R, Dandu (2018) *Nepal Tourism Statistics*. Government of Nepal Ministry of Culture, Tourism & Civil Aviation Planning & Evaluation Division Research &

Statistical Section.

Roitman, J. (2006) The Ethics of Illegality in the Chand Basin. *In Law and Disorder in Postcolony*. Comaroff, Jean and Comaroff, John (eds). Chicago and London: University of Chicago Press, pp. 247-272.

Tylor, P, John. (2001) Authenticity and sincerity in tourism. *Annals of Tourism Research*. 28 (1), pp. 7-26.

Mathews, G., G.L. and Riberio and C, Alba Vega. (2012) *Globalization from below : The World's Other Economy*. London and New York: Routledge.

参考 Web ページ

人民網日本語版「在日中国人の「代理購入」、逮捕者続出で関係者に波紋」
http://j.people.com.cn/n/2015/0128/c94473-8841991-2.html（2018年11月11日閲覧）。

第Ⅳ部

観光とモビリティ

第12章
旅行会社のみせる「安心」
―― リスクの多様性と多元性 ――

田中　孝枝

1　旅行会社で働くスタッフたちの不安

（1）どうなるか分からないこと

　筆者は、中国広東省広州市のある日系旅行社（以下、美高（びこう）旅行社と仮名で記す）で、2010年8月から2011年3月の8カ月間、無給の研修生としてフルタイムで勤務しながら参与観察をおこなっていた。美高旅行社は、日本の大手旅行社ワールド（仮名）のグループ会社であり、スタッフ数は30名程度だ。そのうち、日本人スタッフの割合は、ワールドからの駐在員と現地採用スタッフを合わせて2割から3割程度であった。美高旅行社の取り扱う業務は、主に日本からの中国旅行、中国在住日本人の旅行、在中国日系企業を中心とした報奨旅行・社員旅行、および中国人の旅行であり、顧客も目的地もさまざまである。

　美高旅行社の前身は、日本人の中国旅行をサポートする事務所であり、その設立経緯から、主な業務は日本からの中国旅行の受け入れであった。しかし近年、日本人の海外旅行者数は頭打ちで、特に中国への渡航者は、日中間の政治関係の影響を受けやすく、減少傾向にあった。こうした状況を背景に、当社は中国在住日本人の個人旅行や日系企業を中心とした社員旅行、そして中国人の海外旅行へと業務の範囲を拡大しようとしていた。これまでは安定的に日本人客を受け入れ、日本人向けのサービスを提供してきた美高旅行社であるが、中国人向けのサービスを展開するという新たな挑戦の段階に入っており、それゆえ、これまで前提とされてきたさまざまな規範が揺らいでいた時期でもあった。

　フィールドワーク中、筆者は中国人向け日本旅行の企画販売を担当し、見よ

第Ⅳ部　観光とモビリティ

う見まねで仕事をするうちに感じたことがある。それは、旅行という商品は、実際に催行される際には何が起こるか分からないものであり、スタッフは、常に自分の手配した旅行でトラブルが生じないか不安を抱えているということである。例えば、30代のスタッフに、これまでどんな仕事をしてきたのかを尋ねた際のことだ。彼女は税関関連の仕事をしていたこともあるが、だいたい旅行の仕事をしてきたと答えた後で、「本当は旅行の仕事はあまり好きじゃない。だってどうなるか分からないことが多いから疲れる（中国語　※本章で引用するスタッフたちの語りには中国語だけでなく、中国語を母語とする者が用いた日本語もある。職場の多言語状況を示すため、ここでは誰が何語で話したものであるかを付記している。）」と話した（田中　2018：133）。

　旅行の仕事が好きかどうかは別として、「どうなるか分からないことが多いから疲れる」という感覚は、多くのスタッフが仕事について話す際に吐露するものであった。彼らは、自分の手配したツアーの催行中、トラブルが起こったという連絡が来ないか常に気にかけており、多くのツアーが催行される連休後の出勤は、顧客からのクレームがあるかもしれず非常に憂鬱になる。筆者自身も、日本ツアー販売の準備をする中で、予約する航空券を間違えたり、予約したいホテルが満室であったりと、自分の準備している旅行が問題なく催行できるのかという不安を共有するようになっていた。

　そして「どうなるか分からないこと」の最たるものが、海外旅行手配の際のビザ取得である。ビザに関わる政策は、政策そのものは変わらずとも、状況に応じてその実行のあり方は変化しており、ビザ取得業務は、とりわけ不確実な要素が大きかった。例えば、2010年11月に広州でアジア競技大会が開かれる前は、大会が終わるまでは審査が厳しいとスタッフたちは話しており、大会が終わってからは、2011年8月に深圳で開催された世界大学生夏期運動会が終わるまでは難しいといわれていた。こうした状況の中で、前回と同じ条件が整っていれば、今回もビザが取得できるというわけではなかった。

　ある日、日本ワールドで研修を受けた美高旅行社の20代スタッフは、その感想を次のように話した。

第12章　旅行会社のみせる「安心」

（中国人スタッフの日本語）
「いつも日本に来ると思うけど、日本のワールドはすばらしいよ。大きいし、しっかりしている。だけど広州では違うでしょ。（少し黙って考えながら）今日も色々教えてくれたよ。ツアーの企画とか、素晴らしいツアーを紹介してくれた。私だってやりたいよ。だけど、私の仕事の7割はビザだよ。いつもビザのことで頭がいっぱい。どんなに素晴らしいツアーをつくってもビザがとれなかったら意味ないでしょ。」（田中 2018：132）

　彼女は日本ワールドのグループ会社ではあるが、広州にあり、知名度も低く、システムも整っていない美高旅行社に、日本人スタッフが「日本のやり方」をそのまま当てはめようとすることにいつも憤っていた。彼女がいうように、日本ワールドで重視され、研修のテーマとなるツアーの企画は、自分が毎日格闘している仕事とはギャップのあるものであった。中国で営業する美高旅行社にとって、ビザ取得は当たり前の前提ではなく、スタッフ1人ひとりが解決しなければならない大きな課題であった。もしビザが期限内に取得できなければ、海外旅行に出発することもできないのである。
　このように、スタッフたちの仕事の中心は、ビザ取得をはじめ、顧客の旅行が「どうなるか分からないこと」に向き合い、それに対処することなのであった。調査を通じて、こうした旅行会社の仕事を体感するようになった筆者は、スタッフたちが抱く不安の正体について考えるようになった。

（2）現場に立ち尽くした経験

　手配の不安について考えるようになると、職場では、添乗やガイドで顧客を連れて旅行に赴いた際に生じたトラブルと現場での焦りについて、頻繁に語られていることに気がついた。顧客を連れて行ったがホテルの部屋が足りなかったときの焦り、空港到着時にビザを取得するはずが、それができずに空港で立ち往生したときの焦り、初めての場所で顧客を連れて迷ってしまったときの焦り。旅行業界で30年の経験があるスタッフは、自分の仕事の経歴について話す中で、ガイドは旅行業の前線であり、ガイドの仕事が分からなければ、手配は

できないといって、次のように語った。

　　（中国人スタッフの日本語）
　　「最後に実行するのはガイド。ガイドも運転手も道を知らないということ
　　もある。お互いに知っていると思って。どこに行ったら良いか分からなく
　　なる。」（田中 2018：159）

　この語りから読み取れるのは、旅行でトラブルが起こった際の責任の所在の不明確さと顧客を連れて現場に立ち尽くす不安と焦りである。現地で起こるトラブルは必ずしも自分に責任があるわけではないが、どこに責任があろうと、顧客を含む当事者たちは、まずは旅行を続ける術を見つけなければならない。美高旅行社のスタッフたちは皆、これまでの仕事の中で顧客を連れて旅行をした経験があり、彼らは顧客を連れて未知の場に立つ不安、それでも顧客を連れて行かなければならない焦りを繰り返し語るのであった。
　スタッフたちは、旅行の手配の段階では、未来に何が起こるか分からない不安と向き合っている。そして、実際の旅行で何らかのトラブルに直面し、慣れない場所で顧客を連れて右も左も分からず立ち尽くした経験を共有していた。スタッフたちの日々の様子を見ると、こうした経験が彼らの仕事意識の重要な部分を形成しているようであった。

（3）一覧化できない取引相手

　では、このように何が起こるか分からない旅行を、スタッフたちはどのように手配しているのか。まず、旅行商品がつくられる仕組みを簡単に見てみたい。旅行会社には大きく3つの業態がある。顧客の目的地でホテルやレストランをはじめとする地上手配を担う会社をランドオペレーター、パッケージツアーなどの旅行商品を生産する会社をホールセラー、消費者へ商品販売を行う会社をリテーラーとよぶ。1つの会社が1つの業態を担うとは限らず、美高旅行社はこのすべての業務にあたっている。日本からの旅行者受け入れの際にはランドオペレーターとなり、中国人の日本旅行の際にはホールセラーおよびリテー

第12章 旅行会社のみせる「安心」

ラーの役割を果たす。日本への旅行ツアーをつくる際には、日本側のランドオペレーターに手配を依頼するが、日本に無数に存在する旅行会社からどこを選ぶかは、担当者の人間関係と経験によるところが大きい。

　調査開始時に、日本人の総経理（General Manager）から最初に頼まれた仕事は、日本旅行を担当するスタッフから、日本側ランドオペレーターの担当者および連絡先を聞き出し、「業務効率化」のために一覧表にまとめることであった。ちょうどその頃、美高旅行社は地元大手の広羊旅行社（仮名）と提携関係を結び、中国人富裕層向けの高級日本ツアーを企画販売しようとしていたところであったが、各スタッフの取引相手については他地域と同様、社内では情報共有がなされていなかった。

　早速、日本旅行を担当する4人のスタッフに、各自がやり取りしているランドオペレーターの担当者と連絡先を尋ねたのだが、情報を一覧化するのは困難であった。それは彼らが取引相手の情報を出すのを渋ったためではなく、一覧表作成に求められる情報を、彼ら自身ももっていなかったからだ。例えば、あるスタッフはすぐに名刺を探してくれたが、出てきた名刺は実際の取引相手の数に比べてかなり少なかった。その後、チャットの連絡先から、目ぼしい連絡相手を探してくれたが、そこから得られた情報も部分的なものでしかなかった。なぜなら、チャットには、相手が自分で付けたニックネームしか登録されていないからだ。そこから、相手の会社や所属部署の正式名称と担当者の本名を割り出し、他の誰もが適宜利用できる一覧表を作成するのは簡単なことではなかった。別のスタッフも同様に、チャットから連絡先を見つけたうえで、名刺を探して相手の正式名称を割り出そうとしたが、ようやく探し出した1枚は、すでに転職した人のものであった。彼女は名刺を持って「彼はもうやめたけど、（チャット上の連絡先を指差しながら）この人は彼の部下だったから、会社と部署は同じはず（中国語）」と説明した。彼らは、敢えて情報を隠そうとしたわけではない。だが、主にチャットでランドオペレーターと連絡をとっているため、大まかな会社名と相手のチャット名しか活きた情報として利用していなかったのだ。それは、筆者が作成を求められた会社名、住所、担当者名、連絡先電話番号・メールアドレスという枠組みの一覧表には適合しないものであった。ま

247

た、同じ部署で日本旅行を手配しているスタッフたちの取引相手は、重なる部分もあったが、異なる部分も大きかった。

このように、手配の仕事は、会社間の関係というより、個人間の関係で行われており、チャットという個と個をつなぐ即興的な連絡手段を通じたコミュニケーションによって成立していた。スタッフたちはひっきりなしに取引相手とチャットで連絡を取り続け、パソコンの画面には常に幾つもの「会話」が開かれていた。筆者も仕事をする中で、ランドオペレーターを紹介してもらうことがあったが、チャットの連絡先を教えられてすぐにやり取りが始まるため、どこの会社のどの部署の誰なのかがはっきりと分からないこともあった。他のスタッフたちも同様で、取引相手について尋ねると「〇〇の知り合い」といった答えが返ってくるのが一般的であった。このように取引相手との関係は、個と個のつながりによって機能しており、誰にでも使えるものとして個人から切り離して体系化することは難しく、また切り離してしまうとうまく機能しないものであった。

不確定な要素の多いことに不安を抱えながら行う旅行手配において、スタッフたちはなぜこのような仕事の進め方を選ぶのか、筆者は違和感を覚えていた。

2 文化仲介者の営み

美高旅行社におけるスタッフたちの仕事意識や仕事実践は、観光人類学の先行研究とは印象の異なるものであった。観光に関する最初のまとまった人類学的論集である *Hosts and Guests: the Anthropology of Tourism* (Smith ed. 1977) が出版されて以降、観光における社会関係と社会的な相互作用を概念化する重要な言説としてホスト－ゲストという枠組みが普及してきた。V・スミス (Smith 1977) が「ホスト」と呼んだ「伝統社会」の側で調査を行った多くの人類学者からすると、旅行会社を始めとする観光産業は、「ゲスト」となる「先進社会」からの観光客の要求に合わせて「文化の商品化」(Greenwood 1977) を行う「悪者」として批判の対象にされてきた (鈴木 2010)。観光人類学は、「文化」や「伝統」といった諸概念を本質主義的にとらえ、他者の文化の

全体像を客観的に表象できるとする従来の人類学を批判したポストモダンの人類学と共に展開してきた側面がある。これらの議論の中で、観光産業は「伝統社会」の外部に存在し、遠くから植民地主義的な権力を行使する存在として現れるため、観光産業とメディアが結び付き、そこで生産・流通される地域社会のイメージとその権力性を指摘する表象研究が大いに蓄積された。いっぽうで、観光産業で働く人びとが何を考え、どんな思いで仕事をしているかという日常的な実践への関心は希薄であった。

観光ビジネスの営みをとらえるうえで示唆的なのは、ホストとゲストの間に存在する「文化仲介者（culture broker）」の重要性に着目する議論である。社会学や人類学では、自身の属する集団と外の世界を媒介し、不平等な社会的地位にある集団の関係を調整する存在の研究が進められてきた。観光研究において早い段階でこうした概念を取り入れたのはE・コーエン（Cohen 1985）であるが、その後の研究蓄積は希薄である。V・スミスは「文化仲介者」を「ホストとゲストの間で、観光の需要と供給を調整する媒介者」と定義している（Smith 2001：277）。国際機関や各レベルの政府、旅行会社、広告会社、出版社、ガイドなどさまざまな文化仲介者が、観光において重要な役割を果たしていることを指摘し、更なる研究の必要性を論じている。

さて、文化仲介者の営みそのものについて考える際に参考になるのは、日本の大手旅行社での旅行商品の生産過程について人類学的な調査を行った鈴木涼太郎（2010）の研究だ。彼は、旅行商品は「イメージ」と「契約」によって成り立つことを明らかにし、観光人類学の先行研究が「イメージ」の側面にばかり焦点を当て、商品生産において不可分な「契約」の側面を論じてこなかったことを指摘している。筆者の調査でも、旅行会社の日常的な仕事を見ると、この「契約」に関わる部分が重要なものとして現れている。文化仲介者としての旅行会社は、観光文化を仲介するだけでなく、「契約」に関わるビジネス文化も仲介しており、そこには社会的・経済的・政治的・科学技術的・物質的環境が影響を与えていた。先に引用した、「仕事の7割はビザ」と話したスタッフの語りでは、日本と中国の旅行会社の置かれた状況の違いが指摘されているが、これはビジネス文化の仲介過程において生じる衝突や葛藤の現れだと解釈でき

る。

　では、こうした複雑な仲介のプロセスはどのようにとらえることができるだろうか。冒頭で述べたスタッフたちが仕事で感じる不安に立ち戻って考えてみたい。自分の手配に不安を感じるのは、未来において顧客が旅行に出かける際にトラブルが生じるかもしれないからであり、また、もし何か問題が起これば、その責任を負う必要が出てくるからである。こうした多元的な不安の対象を「リスク」の観点からとらえてみよう。

3　スタッフたちの向き合うリスク

（1）ミクロで流動的なリスク

　「リスク社会」という言葉を世に広めたのは、U・ベック（1998）である。工業化の進展や科学技術の発達により、原子力発電所の事故や航空事故、地球温暖化などの環境破壊を典型とするような、きわめて複雑で広範囲に甚大な影響を及ぼす新たなリスクが生じるようになった。近現代のリスクがそれ以前のものと異なるのは、それらがきわめて専門分化された複数のシステムに連関しており、専門家でない一般の人びとにはそうしたリスクについて理解し、制御することができない点である。東日本大震災での原子力発電所事故が記憶に新しいように、専門家でさえ完全にリスクを予測し、コントロールすることはできない。こうしたリスクに覆われた社会をベックは「リスク社会」とよんだ。

　リスク社会において発達したのが、リスク管理という発想とそのための技法であり、この文脈においてリスクは「予想される損害の大きさ×発生確率」と定義される（市野澤 2014a：5）。ここでリスクは集合的な事象ととらえられているが、人類学的なリスク研究は、人びとが何をリスクとして認識し、それに対処するための経験的知識・技能を蓄積してきたかを明らかにしてきた（市野澤 2014a）。実際に職場でスタッフたちが向き合うリスクは、ミクロで流動的なものであり、一人ひとりの仕事、生活や人生において向き合うことを避けられない個別具体的なリスクの見え方やそれへの対処を考察する必要がある。市野澤（2014a）は、ベック以降のリスク社会論において、リスクという言葉は類似す

る特性をもつが、内包する要素は必ずしも同じではなく、コンテクストによって重視される特性も切り替わる多配列クラスを成しているとする。そのため、柔軟で幅広い対象を含み込んだ議論ができる一方、性質の相容れない複数の現象や論理を一括りにすることで厳密さを欠いていることを指摘し、リスクを①未来、②不利益（損害）、③不確実性、④コントロール（操作・制御）、⑤意思決定、⑥責任という6つの要因すべてを内包する現在における認識であると定義する。ただし、これら6つの要因の重みやバランスは、それが立ち現れる状況に応じて異なっていると述べる。ここでは、この定義を参考に、美高旅行社でスタッフたちが向き合うリスクの性質を考察してみたい。

（2）仲介業の不確実性

　旅行会社で働くスタッフたちが向き合うリスクの正体について考えるために、仕事の特徴を見てみよう。美高旅行社は、多様なツアーを販売しているが、そのすべてに関わるのが手配である。手配の仕事では、顧客と目的地の間に入り、顧客の要望に合わせて観光地やホテルなど、旅行を構成する様々な要素を組み合わせる。

　ある日本人スタッフは、こうした旅行会社の業務を「他人の褌（ふんどし）を借りている」商売だから、薄利多売なのだと説明した。また、ある中国人スタッフは、旅行は「商品の組み合わせ」であると話し、サービスで差別化することでしか、自社ブランドをつくることはできないと話した。なぜなら、旅行商品は航空会社やホテルといった他社の商品の組み合わせであるため、他の旅行会社が簡単に模倣することができるからだ。これまでにない新しいルートをつくって宣伝しても、次の週には全く同じルートのツアーが他社から販売される。そのため、他社商品の組み合わせという特性が、自社商品の価値を問う際にはいつも大きな課題になるのであった。

　このように、旅行商品は、宿泊施設や飲食施設、交通機関など、他社の商品の組み合わせであり、他社の商品を組み合わせることそれ自体が美高旅行社を下支えする基本的な業務であり、会社の資源であった。しかし、スタッフたちがどんなに念入りに準備をしても、飛行機の遅延、ホテルのオーバーブッキン

グなど、他社が引き起こすトラブルの可能性は常に存在する。スタッフたちは、こうした仲介業の不確実性に向き合い、対処を求められるのであった。

（3）旅行経験の不可知性

　旅行手配をするスタッフたちの不安を形づくるもう1つ重要な要素は、実際の旅行で何が起きるかを現時点では知ることができないという点である。これまでの経験や収集した情報から、何が起こるかを予測することはできるが、顧客が赴くその時、その場所で何が起こるかは分からないのである。

　鈴木は、「旅行という無形の商品は、物財と異なり、商品の購入によって目に見える形で所有が移転するものではない。あくまでも、将来提供されるであろうサービスにかかわる『契約』なのである」と述べる（鈴木 2010：7）。つまり、消費者と契約を締結した時点では、予定通りのサービスが提供されるかは分からない。顧客が実際に旅行を経験するのは、手配の仕事をする人びとにとっては、時間的にも空間的にも離れた「未来の舞台」なのである。準備段階において旅行経験は不可知であり、それは顧客も含め、準備に関わるすべてのアクターが知っていることなのである。

（4）バザール商人との類似

　スタッフたちの向き合うリスクの性質をとらえてみると、C・ギアツ（2002）が指摘した、バザール商人との類似性を見出すことができる。ギアツは、モロッコとジャワのバザール型市場について調査し、底なしに不実で数えきれない仲買人が存在するバザールにおいて人びとの活動の中心となるのは、情報の探索であることを論じた。バザール型市場において販売される製品は均質化されておらず、無数に存在する製品の品質や価格、そして取引相手などのすべてにおいて情報の探索が困難、不確実、複雑、不規則であるために、バザールにおける情報探索は非常に発達した技術となる。また、こうした市場において、買い手は、高品質の商品をより安価で購入するために情報探索を行うが、不特定多数の取引相手を比較検討する手間をかけるよりも、特定の信頼できる相手と顧客関係を築く傾向がある。

美高旅行社のスタッフたちの手配の仕事もいくつかの点で、こうしたバザール商人の分析と共通する部分がある。旅行は無形のサービスであるため、品質を均質化することが困難だが、美高旅行社は、すべての顧客の目的地とそこに存在する不特定多数の旅行会社や各種アクターについて十分な情報を得ることができない。そこで、スタッフたちは、広範囲に現地の情報を探索し、取引相手を選択するというよりも、自分やスタッフの知り合いを通じて信頼できるランドオペレーターとつながる。こうしたつながりは、会社同士の関係というよりは、個人と個人の間のものであり、一定の制約はあるものの、手配の価格や条件はその都度交渉される。この交渉において安い価格やより良い条件を引き出すこと、それを可能にするつながりをもつことが、スタッフの能力を示すものとなる。ここでは、情報探索のコストを削減するための手段が、個人的な関係を重視した仕事の進め方なのである。

また、ギアツは、製品が均質な市場では広範囲の情報探索が支配的であるのに対して、バザールにおける交渉では、全体分布を把握するより、個別事例について真実をつかむことが重要課題となることを指摘している。それは、バザールにおいては最も必要な種類の情報が、数多くの人びとに少しばかりの指標的質問をすることによっては得られず、少しばかりの人びとに数多くの診断的質問をすることによってのみ得られるからだと述べる（ギアツ 2002）。

旅行の手配においても、顧客の目的地にはさまざまなホテルやレストランが存在し、それぞれの施設に関する全体的な情報を収集することは困難である。また、中国から日本への旅行手配でいえば、例えば、ホテルの平米数や設備といった情報よりも、それが中国人観光客に、あるいは広東人観光客に適しているかという経験的な情報が最も重要になる。そのため、スタッフたちは、自分のこれまでの経験や香港で販売される日本ツアーの行程表、よく知っているランドオペレーター担当者からの集中的な情報探索により、個別事例について知ることで、信頼に足る情報を得ようとする。そして、信頼できる個別情報を得ることのできるコミュニケーションの回路をもつことが、手配の能力があるということになるのである。

このように、旅行会社の手配の仕事は、消費者から観光目的地まで連なる複

数の仲介業者のネットワークを通して行われている。旅行商品は、他社との関係なしには成り立たないため、信頼できるつながりを通じて信頼できる情報を探索することが、手配の仕事の中心になるのである。美高旅行社のスタッフたちは、各地のランドオペレーターとやり取りする際、先方のことを「私がいるこっち（我这边〈ウォヂォァビエン〉）」に対して「あなたがいるそっち（你那边〈ニィナァビエン〉）」と呼んだ。「私がいるこっち」と「あなたがいるそっち」は、「私」や「あなた」と特定の空間を結び付けるものではなく、私のいる位置が変われば「こっち」も変化する。私が東京にいれば「私のいるこっち」は東京であり、広州にいれば広州である。また、美高旅行社がランドオペレーターとして機能する場合、「そっちにいるあなた」にとっては「私のいるこっち」が顧客の目的地になる。すなわち、相互転換可能な「私」と「あなた」の無数の2者間関係によって、手配の仕事は展開されており、それは個人的な関係によって結ばれていた。このような2者間関係が、無限に展開することで生まれてくる重層的な社会関係の束（田中 2009）が、異なる社会を仲介し、観光客の流れを生み出す観光ビジネスのネットワークなのである。

　美高旅行社の業務の根幹である手配は、他社の商品を組み合わせることであり、他社の資源なしには成り立たないものである。では、美高旅行社の資源とは何か。それは、他社とネットワークを持ち、コミュニケーションを通じて他社を代理することだ。代理する能力とは、他者の操り人形になることではなく、「広い意味でコミュニケーションの能力である。というのも代理という実践は、ネットワークという関係においては相互転換可能であるからだ。代理すると同時に、代理される存在がエイジェントである。つまり、エイジェントは他者（の代理能力）と密接に結びついている」（田中 2009：282）。美高旅行社とランドオペレーターの関係において、送客がなければ業務が成り立たないランドオペレーターは弱い立場にはあるが、顧客の目的地について知ることができるという意味で、必ずしも従属的な立場にあるとはいえない。美高旅行社はランドオペレーターを代理し、ランドオペレーターもまた美高旅行社を代理する。ここで、他社を代理するという仲介業ならではのリスクが生じることになるのである。

4　旅行の責任

（1）責任の切り分け

　美高旅行社の職場とバザールには異なる点もある。それは、旅行会社のスタッフが携わっているのは、あくまで会社の仕事ということだ。大きな売り上げをあげても、利益が自分のものになるわけではなく、自らの功績が正当に評価されるとも限らない。逆に何かトラブルが起こった際には、会社に不利益をもたらした責任を問われる。それもまた、スタッフたちが仕事で向き合うリスクの1つである。

　スタッフたちは、旅行でトラブルが起きないよう、注意を払って手配をするが、実際には手配ミスやクレームなど、生じてしまった何らかのトラブルへの対応が必要になることも日常茶飯事だ。他社の商品は、美高旅行社が実質的に管理できるものではない。いくら新しいツアーを企画して集客しても、航空券やホテルが確保できなければ、ツアーは催行できない。また、自社がいかにリスク管理を徹底しても、他社商品に不備があれば、顧客からの不満は、それらを代理販売した美高旅行社に向けられる。ツアーのパンフレットに掲載される旅行条件書には、美高旅行社はあくまで飛行機や交通機関、宿泊施設など諸サービスの代理販売をしており、飛行機の遅延やキャンセル、宿泊施設のオーバーブッキングといった他社商品との契約におけるトラブルへの責任を負わないことが明記されている。しかし、旅行会社でツアーを購入する顧客にはすべて旅行会社の責任のように見える。飛行機の出発が遅れて旅程の一部が変更された、ホテルに到着したが部屋が清掃中で何時間も待たされた。こうしたトラブルの責任は本来他社にあるが、顧客は美高旅行社に不満の矛先を向ける。そのため、顧客には旅行会社があくまで「代理」であることを伝え、他社の責任を請け負うことのないようにすることが重要となる。

　例えば、あるスタッフは、顧客から飛行機乗り継ぎ時の荷物の受け取りやオーバーブッキングの可能性について問い合わせを受けた際、日本語でのいい回しについて、次のように筆者に尋ねた。

（中国人スタッフの日本語）
「たぶん大丈夫なんだけど、ずっと大丈夫と言っていたら、もし駄目だった場合怒られるでしょ。乗り換えのときの荷物もオーバーブッキングも航空会社が対応する問題だから。だから、もっと曖昧な言い方で。」（田中 2018：157）

彼女がここで注意を払っているのは、航空会社の責任を負うことのないようにすることである。旅行会社での仕事においては、仲介業としての性質を理解し、他社との責任の範囲を切り分けることが求められる。この点について、新しいスタッフの採用試験について話した中国人顧問の語りを見てみたい。

（中国人スタッフの日本語）
「優秀な人はあまりいない。まず日本語で自己紹介。それでサービスに対する意識を聞く。サービスについてどんな考えを持っているかね。一番浅い答えは「丁寧に」、「礼儀正しく」。深いのは「責任をもってやる」ということ。何でもOKを出さないことが大切。何でもOK出すのは危険。こういう考えを出せる人は少ない。昨日は8人中2人だった。…（中略）…何でもOKと言うのが良いサービスではない。後で問題が出そうなことは、予め伝えて別の提案をするのが責任のある仕事。」（田中 2018：158）

仲介業であり、他社の商品を代理販売する旅行会社の業務を理解し、責任をもてる範囲ともてない範囲を切り分け、責任をもてない範囲で問題が起こりそうであれば、顧客に予めそれを伝えて別の提案をする。このように、責任の範囲を明確にし、他社の責任を負う必要のないようにすることが、つまり、責任を負うことなのだと解釈できる。

（2）出来事・問題・クレーム
こうした責任の切り分けが重要な理由として、仲介業という特性だけでなく、旅行経験は旅行前だけでなく、旅行後においても不可知であることを指摘でき

る。なぜなら、スタッフたちは、自分が手配に関わったすべての旅行に同行するわけではなく、事後的な語りによって旅行で生じた出来事を捕捉するしかないからである。

　E・ブルーナーは、旅の経験を①実際に起こった旅、②個人の意識の中に立ち現れる経験された旅（イメージと感情、欲望、思考、意味から成る）、③語られた旅の3つに分類している（Bruner 2005：33）。観光客はそれぞれ先入観を持って旅を始め、実際に起こったことをもとに旅行前のナラティブを修正し、自分に意味があるものとして旅を個人化する。さらに帰宅後はより一貫した物語へと経験をつくり変える。そのため、仮に顧客と同じ現実に居合わせたとしても、顧客の経験そのものを共有することはできず、スタッフたちが顧客の旅行経験を知るのは、その語りを通してである。

　このことが重要となるのは、顧客からクレームが出たときである。クレームを通じて語られる旅行経験が、現地ガイドを始めとする関係者の語りと一致する場合は良いが、多くの場合、そこには齟齬が生じる。誰かが意図的に嘘をついたり、事実をごまかそうとしていることもあるが、顧客にとっては「異郷の地」で生じる出来事であるため、出来事の文脈が十分に理解できないことが、経験の物語化にも影響を与える。

　例えば、移動で使用する車両は専用車だといわれていたが、観光地を散策して戻ると他の人が車から出て来たので、他の客との共用であったというクレームがあった。これについて調べてみると、車両は専用車であったのだが、顧客が観光地を散策している間、ドライバーは友達を車に乗せておしゃべりをしていたことが分かった。少し現地の状況が分かれば、顧客が観光をしている1時間だけ、車に他の客を乗せることは困難であり、車から出てきた人物が「観光客」ではないことが分かるが、この顧客は、他にもさまざまな点で事前の予定と異なった旅行への不満を語っており、「異郷」においてたくさんの失望が続く中で起こったこの出来事を、「台無しにされた旅行」という一貫した物語の中に位置付けている。

　クレームの中には、関係者の語りが一致せず、旅行の場で何が起きたのか完全には同定できないことも多々ある。旅行前だけでなく、旅行後も、スタッフ

たちは旅行で何が起きたのかを知ることができないのである。また、同じ出来事が起こったとしても、それを問題ととらえるかどうかは顧客によって異なっており、さらに問題として認識したとしても、クレームとして旅行会社に伝えるかどうかにはさまざまな要因が関わっている。このように、旅行で起きた出来事・問題・クレームはイコールではなくずれがあり、そのずれを意識しながら、スタッフたちは仕事を進めるのである。

5　リスクの資源化

　スタッフたちは、他社と責任を切り分け、クレームが出ないようにするために、顧客に対して、未来の旅行経験の不可知性を繰り返し強調する。例えば、空席が多いため、すぐに購入を決断する必要はないと伝えた航空券が、1時間後に売り切れてしまった場合、顧客の不満は美高旅行社に向けられる。こうしたリスクを回避するため、スタッフたちは、常に「どうなるか分からないこと」を顧客に伝えようとする。こうして、顧客はますますリスクに敏感な存在へと変えられていき、旅行会社の他社を代理する能力は、顧客に対して大きな価値をもつものとして資源化されてゆくのである。
　D・ブーアスティンは、自らの力で危険な冒険をした旅行者の経験を「本物」として本質化し、観光産業によって提供される観光客の経験を「偽物」と対比的に論じ、「旅行者の危険が保険の対象にされたとき、その旅行者は観光客となったのである」と述べた（ブーアスティン 1964：103）。人びとは、旅行中の盗難や事故といった「危険」を、旅行保険に加入することでリスク化し、「安心」へと変えることができるようになった。観光客の台頭による旅行者の没落を嘆いたブーアスティンの姿勢は後に多くの批判を受けたが、旅行の「危険」をリスク化し、「安心」へと変えるさまざまな仕組みがつくりだされたことが、観光産業の成立であったという指摘は的を射ているだろう。そして、その仕組みは現在も生み出され続けている。市野澤（2014b）は、ダイビング産業が、客観的な「安全」の詳細は棚上げしつつ「安心」を売るというかたちでリスクを資源化していることを論じている。

観光ビジネスの現場からリスクの問題を考えるうえで忘れてはならないのは、旅行のリスクを完全にコントロールするのは不可能であり、販売されているのは完璧な「安全」ではなく、「安心」だということである。実際、旅行中の事故やトラブルは発生し続けており、いくら保険に加入しても、怪我はするのである。美高旅行社で働くスタッフたちは、こうした「安心」と「安全」の間を引き受けることを求められるがゆえに、「どうなるか分からない」顧客の旅行を用心深く準備し、かつ何かトラブルが起こってしまった際には、組織の中で自分を守れるよう、他社との責任の範囲を念入りに切り分けようとする。

　ここで注目したいのは、観光産業によるリスクの資源化という局面である。森山工（2007）は、資源人類学について議論する中で、文化の資源化という動的な契機をとらえることで可能になるのは、誰が、誰の「文化」を、誰の「文化」として、誰を目がけて「資源化」するのかという「誰」をめぐる四重の問いに焦点を当て、それぞれの行為者間の社会的・政治的・経済的諸関係の個別的な具体性を明らかにすることであると述べる。文化仲介者としての旅行会社の営みに当てはめてみても、リスクの資源化という動的な契機をとらえることで、そこでの行為者間の社会的・政治的・経済的諸関係という問題領域が浮かび上がってくる。

　旅行会社で働くスタッフたちにとって、リスクは多様かつ多元的である。仕事でミスをして責められることもリスクであり、顧客からのクレームもリスクだ。顧客が旅行中に事故やトラブルに巻き込まれることもリスクであり、顧客が自分の旅行経験に満足しないこともリスクである。こうしたさまざまなレベルのリスクへの対策は、社会関係や仕事に対する文化的認識の差異、産業や仕事を取り巻く政治経済的環境などによって異なるスタイルをとり、一様ではない。当然ながら仕事の経歴や仕事をしてきた環境の相違によってリスクへの備えにもずれがあり、そこにはポリティクスも生じる。そして、顧客のリスク感覚と旅行会社に求める「安心」も多様である。

　このように、文化仲介者としての旅行会社の仕事をとらえるうえでは、観光文化だけでなく、ビジネス文化も仲介される複雑なプロセスの中で商品がつくられていることを考察することが不可欠である。この過程で行われる多様かつ

多元的なリスクの資源化という動的な契機に焦点を当てることは、文化仲介者の営みを理解するための1つの手段になる。

参考文献

市野澤潤平（2014a）「リスクの相貌を描く人類学者による『リスク社会』再考」東賢太朗・市野澤潤平・木村周平・飯田卓編『リスクの人類学――不確実な世界を生きる』世界思想社、pp. 1-27。

―――（2014b）「危険だけれども絶対安心――ダイビング産業における事故リスクの資源化」東賢太朗・市野澤潤平・木村周平・飯田卓編『リスクの人類学――不確実な世界を生きる』世界思想社、pp. 132-156。

ギアツ, C.（2002）「バザール経済――農民市場における情報と探索」『解釈人類学と反＝反相対主義』小泉潤二編訳、みすず書房、pp. 96-107。

鈴木涼太郎（2010）『観光という〈商品〉の生産――日本～ベトナム　旅行会社のエスノグラフィ』勉誠出版。

田中孝枝（2018）『日中観光ビジネスにおけるリスク管理に関する民族誌的研究――中国広州市・美高旅行社を例として』博士学位論文、東京大学大学院総合文化研究科提出。

田中雅一（2009）「エイジェントは誘惑する――社会・集団をめぐる闘争モデル批判の試み」河合香吏編『集団-人類社会の進化』京都大学学術出版会、pp. 275-292。

ブーアスティン, D.（1964）『幻影の時代――マスコミが製造する事実』星野郁美・後藤和彦訳、東京創元社。

ベック, U.（1998）『危険社会――新しい近代への道』東廉・伊藤美登里訳、法政大学出版会。

森山工（2007）「文化資源使用法――植民地マダガスカルにおける『文化』の資源化」山下晋司責任編集『資源化する文化（資源人類学02）』弘文堂、pp. 61-91。

Bruner, E. (2005) *Culture on Tour: Ethnographies of Travel*. The University of Chicago Press.

Cohen, E. (1985) The Tourist Guide: The Origins, Structure and Dynamics of a Role. *Annals of Tourism Research* 12 (1), pp. 5-29.

Greenwood, D. (1977) Culture by Pound: An Anthropological Perspective on Tourism as Cultural Commoditization. In *Hosts and Guests: The Anthropology of Tourism*. Smith, Valene (ed.), pp. 129-138. Blackwell Publishers.

Smith, V. (2001) The Culture Brokers. In *Hosts and Guests Revisited : Tourism Issues of the 21st Century*. Smith, Valene and Brent, Maryann (eds.), pp. 275-282. Cognizant Communication.

Smith, V. (ed.) (1977) *Hosts and Guests : The Anthropology of Tourism*. University of Pennsylvania Press.

第13章
冒険としてのバックパッキング
―― 「怖いもの見たさ」の根源を探る ――

大野　哲也

1　7年半、世界を放浪する

　退屈な日常を飛び出して、ストレスから心身を解き放ち、風の吹くまま気の向くままに世界各地を放浪する。これがバックパッキングの醍醐味であり真髄である。
　自分の意のままに異文化を遊泳できるという意味で、バックパッキングはパッケージツアーとは決定的に異なる。パッケージツアーは交通手段、宿泊場所、現地観光など、旅の内容のすべてが旅行会社によってあらかじめ決められていることが多い。ツーリストは、たとえ現地に不案内であっても安心安全に、スケジュールどおりに、さらには事前に予期していた異文化を予定どおりに堪能できる。万が一、トラブルがあったとしても旅行会社が責任をもってバックアップしてくれることも心強い。パッケージツアーは、すべてが他者にお膳立てされているという意味で客体的な旅であり、ルーティン化されているという意味で日常生活の延長線上にある行為である。
　それに対してバックパッキングは、1秒先が予見できないという意味で危険度が高い。また旅におけるすべての事柄を自己選択・自己責任でおこなわなければならないので、主体的な行為だといえる。
　ルーティン化とは真逆の波乱万丈の旅に出る行為は、日常から非日常への脱出だ。旅のルート、スケジュール、移動手段、宿泊場所、観光内容など、旅にまつわるすべての要素を自分で決めて、自力で行動しなければならない。道に迷っても、料金をボラれようとも、強盗に遭遇しても、たとえ命を落とそうと

第 13 章　冒険としてのバックパッキング

も、すべての責任は自己が負わなければならない。冒険を論じたジャーナリストの本多勝一は「主体的におこなう、生命の危険をともなう行為」を冒険として定義したが（本多 1986＝1997：120-132)、放浪の旅は現代的な冒険そのものだ。

　筆者はかつてこうした旅をしていた。1993年から1998年にかけての5年1カ月間、自転車で世界を放浪していた。結果的にではあるが、その旅は北米、南米、ヨーロッパ、アフリカ、オーストラリアの五大陸を自転車で走破し、それらの最高峰に登頂し、南北両極点に立つというかたちにまとまった。

　旅は、1993年に突然始まったわけではない。旅の前には紆余曲折の助走期間があった。大学4年のときに就職活動を全くしなかった。バブルが泡立ち膨らみ始めた頃の「猛烈に働き、猛烈に消費する」という加熱した空気が充満していた日本社会で働き蟻のごとく働く気にどうしてもなれなかったのだ。特段したいことがあったわけではない。ただ、社会の歯車のひとつに組み込まれてしまうことへの強い拒否感だけはあった。

　1984年に、路頭に迷ったまま大学を卒業した筆者は、当時、企業の駐在員としてニューヨークで暮らしていた叔父を頼って海を渡った。新天地で人生をリセットしたいと思ったのだ。ニューヨークという未知の世界で自分が熱中できる「何か」を見つけることができれば、という淡い期待があった。

　ただこの夢は、ニューヨークに着いてすぐに砕け散った。英語がまったくできず、特技もない自分が「何か」にありつけるほどニューヨークは甘くなかった。

　だが海外初体験だった筆者は、アメリカで異文化の面白さを知った。路上で大声を出しながらイカサマの賭けトランプに興じ、物見遊山で近づいてきた観光客を引き込んでカモろうとしている人たち。治安の悪い地下鉄の車内で、赤ん坊を抱きながら、紙コップを乗客に差し出して「ここにコインを入れてください」と物乞いをする若い女性。雄大で美しいが暴力的でさえあるナイアガラ瀑布。桃源郷のようなギャンブルの街アトランティックシティー。巨大なテーマパークさながら美しく整備されているワシントンDCなど、多様な顔をもつアメリカに筆者は完全に魅了された。

　ニューヨークで新しい人生を歩むという夢が破れ、後ろ髪を引かれつつ半年

後に帰国した筆者が唯一興味をもてたこと、すなわち「未知のものと出会う」手段として選んだのが青年海外協力隊という国際ボランティアだった。1988年から1990年にかけての2年1カ月間、パプアニューギニアの山奥にある小さな町で暮らしながら現地の人たちにスポーツを教える仕事に就いた。

「世界の中心」と評されるニューヨークと、「地球最後の秘境」と形容されるパプアニューギニアという真逆の社会を経験した筆者は、ますます異文化にのめり込むようになった。そして「世界は自分の知らないことで満ち溢れている」と実感し「もっといろいろな世界を見てみたい」と欲するようになった。こうして自転車での世界放浪を思い付いたのである。

1993年、地図もガイドブックももたずに日本を出発した。「自由に振る舞えるのだから地図やガイドブックに自分の行動を規制されたり、誘導されたりするのはまっぴらごめんだ」と思っていたからである。

当時、日本には自転車で世界を放浪する人たちが集うグループがあった。そこでは情報共有もされていて、それをもとに旅のルートを決めることも「普通」におこなわれていた。筆者の自転車をつくってくれた自転車屋のオヤジが、そのグループの存在を教えてくれて、「入会したらいいと思うよ」とアドバイスしてくれた。だが入会しなかった。それは地図やガイドブックをもたなかった理由と同じだ。自力で世界と対峙したかったのだ。筆者は、「自分自身による自分だけの大冒険」を欲望していた。

さて、ニューヨークでの6カ月とパプアニューギニアでの2年1カ月、そして自転車の5年1カ月と合計7年半にわたる異文化経験ではいろいろなエピソードがある。当時、新聞に連載していた旅のエッセイのなかから特に印象深かったものを紹介しよう。

（1）エピソード1：男女別々に住む村（「ペダル一人旅」『高知新聞』1999年5月23日）

僕が青年海外協力隊でパプアニューギニアの国立スポーツ研修所に派遣されている時、職員のフランシスに頼まれて、彼の故郷にスポーツ指導に行ったことがある。彼は「オレの村」としか言わなかったから、僕にはいまだにその村

の名前も分からない（図13-1）。

　言われるままにラエという町に行き、そこから軽飛行機に乗ってジャングルを奥へ奥へと進んでいく。やがて山の急な斜面を切り倒しただけ、という小さな広場兼飛行場に墜落するようにドスンと着陸したところが、フランシスの「オレの村」だった。そこはかなり標高が高く周囲は山ばかりで、雲が低く立ちこめ霧雨がしとしと降る肌寒いところだった。

　近くに別の村もあるのか、とフランシスに聞くと、彼ははるかかなたの山腹を指さし、あそこにも飛行場がある、と言ったからそこはまさに陸の孤島だった。

　村と言っても、単一部族が住んでいるだけで、総勢でも七十人いたがどうか。正確な人数が分からないのは、この村はたとえ夫婦であっても男女別々に住み、それぞれの家に入っていくことはもとより、近寄ることすらできないというすごいルールがあるからなのだった。つまり僕は女性の居住区には立入禁止なので、女性が何人いるか皆目見当がつかなかったのだ。

　赤ちゃんは母親のもとで育てられるが、もの心つくころになると、もう男女別々に住み始める。ただ、何せ電気も水道もカレンダーも時計もないという村で、みな自分の年齢さえも分からないから、何才で別居するかも正確には決まってないらしい。

　しかしこの制度は異性が別々の場所で生活しているというだけで、交流をしないということではない。妻に用があるときは遠くから呼んだり、たまたま外に出ている別の女性に呼びに行ってもらうなど、まことにややこしいことをしている。

　家は高床式になっていて、丸太を組んだ室内では一日中火をたいている。煙は干し草の屋根を通して外に排出されているはといえ、かなりけむたく、一時間もいれば、顔は真っ黒になってしまう。ダニがものすごく一泊しただけで、全身ボロボロ。しかも猛烈にかゆい。両足のかまれたところを勘定してみたが、あまりに変形した足が気持ち悪く、途中で数えるのをやめてしまった。

　別の日には事件もあった。おばあちゃんが死んだのだ。「スワッ、一大事」なのだが、あいにく男女別居制だから、「女の家」での事態の進行が男たちに

第Ⅳ部　観光とモビリティ

図13-1　1988年：パプアニューギニア、東ハイランド州ゴロカ
注：ここに国立研修所はある。

はなかなか伝わってこない。ひたすらあたふたするだけだ。ところがなんと翌日死んだおばあちゃんが生き返った。これはなんとも不思議なできごとだった。前日あれだけ意気消沈していた男たちも生き返ったという知らせにとにかく大喜び。しかし、決して僕のように不思議そうにする人はいなかったので、この村では同様の奇跡がよく起こるのかもしれない。

　迎えの飛行機は、天気がよくパイロットの気分が向いた時にやってくるという方式で、雨はその後、二週間降り続いた。僕が村から脱出した時には全身をダニにかまれて、パンパンにはれ上がっていた。

（2）エピソード2：油断ならぬ町・リマ——人を困らせる名人（「明日を
　　いっしょに　世界の子どもたち」『高知新聞』1998年11月8日）
　一九九四年十二月、ペルーのリマは油断のならない町だった。
　ある日、喫茶店に座って道行く人たちをぼんやりと眺めていたら、背後から「すみません」という声。振り向くと十六、七歳の少年が立っていた。彼は僕

の顔を見るや「あっ人違いだった」というようなことをごちゃごちゃ言いながら、すたすたと歩いていってしまった。ちょっと挙動不審に妙に手を振りながら。

　僕は「変なやつだな」と思いつつ、彼の後ろ姿を見るともなく見ていた。そしてやっと気が付いた。横に置いてあったカメラ入りのバックがない。一体何が起こったのか分からず、僕の頭の中いっぱいに？マークが広がった。

　「さっきの少年が僕の注意をそらした瞬間に、別の誰（だれ）かが盗んでいったに違いない」と確信したのは、しばらくあぜんとした後のこと。「別の誰か」の影も形も見えなかったが、それ以外に考えられない。がっくりするよりもその芸術的な手口におおいに感心した後、僕はやっと重い腰を上げ、警察に向かった。

　リマには巨大迷路のようなマーケットがあり、奥の薄暗い一角では盗品なども売っている。しかも大胆不敵なことに、このマーケットは大統領官邸のすぐ横にあるのだ（図13-2）。

　バックを盗まれた二日後、あてもなくマーケットを歩いていると、喫茶店で声をかけてきたあの少年がその怪しげな一角で僕のカメラを売っていた。一度カメラを落としてしまい、縁が割れているのですぐに僕のだと分かったのだ。

　ただし手にとって見ると、製品番号が削り取られていて僕のだという証拠はもうなくなっていた。少年と目が合うと、一瞬表情を変えたので僕を覚えていたようだ。

　しかし、ふてぶてしいことに「これはモノが良いから七百ドルだ」といってニヤリと笑った。なんてずうずうしいやつなのだろう。僕は本当に腹が立ち、何とかこいつを懲らしめてやりたいと思った。

　が、そんなことをすると、逆に今以上にもっと懲らしめられるに決まってる。何せ彼は人を困らせる名人なのだ。僕はすっかりあきらめてその場を去るしかなかった。

　別の日、町の両替屋でアメリカドルをペルーの通貨ソルに両替すると今度はニセ札が出てきた。今ではもう使えなくなった旧札が出てきたのだ。

　しかも冗談なのか本気なのか、数字の横に「ソル」と書いたシールを張り付

第Ⅳ部　観光とモビリティ

図13-2　1994年：ペルーの首都リマ
注：この広場の目と鼻の先にマーケットがあった。

けてある。あまりに子どもだましの手口に思わず大笑いしたら、それにつられて店のおやじもげらげら笑いだした。これほどくったくのない悪意もめずらしい。

それから二年後に再びこの町を訪れた。特に以前とくらべ人びとが豊かになっている、という気はしなかったが、両替をしても一発でソルが出てくるし、モノを盗まれるということもなかった。

「何とかこいつの身ぐるみをはいでやろう」というギラギラしたエネルギーはすっかり影をひそめて、ふつうの町になっていた。あまりの変ぼうに僕は拍子抜けしてしまった。

（3）エピソード3：あくどいミサンガ売り（「ペダル一人旅」『高知新聞』
　　　1998年3月15日）

ローマのスペイン広場には、ミサンガを売る五人組のイタリア人がいる（図13-3）。ミサンガとはご存じの通り手首に巻くカラフルなひもで、自然に切れると願いがかなうという、よくサッカー選手がしているアレだ。

彼らは全くイタリア人とは思えないほどの勤勉さ（失礼）で週七日、朝から夜まで仕事に励んでいる。商売熱心なのは見上げたものだが、いかんせんその

手口が汚い。彼らのあくどいやり方はこうだ。

　たこ糸ほどの太さの赤や黄や緑のひもを持って人に近づき、輪っかを作って目の前に差し出し、「ここに指を入れてみろ」と誘う。ここで何気なく言う通りにしたら、十中八、九金を巻き上げられてしまう。

　指を入れると、何やら陽気にしゃべりながら、そこを軸に三つ編みの要領でひもを編んでいく。カモられている方は、「これは一体何が始まったのか」という好奇心で、ただひたすら眺めているばかりだ。

　やがてひもが編み上がると、あれよあれよという間に手首に巻いて結んでしまう。この時になって初めて被害者は「ああ、これはミサンガ」と気付く。そこで突然法外な金を要求されるわけだ。吹っ掛けられた相手が出し渋っていると、仲間が駆け付けて取り囲み、強引に支払わせる。

　ターゲットはもちろん、金払いのいい日本人。どういう人が興味を示すかという市場調査を入念に行ったようで、いかにも「お買い物にイタリアに来ました」というような人には声を掛けない。狙われるのは専らバックパッカー。それらしい人が通ると、砂糖を見つけたアリのようにすっ飛んで行く。

　金額は相手を見て決めるようで、二万リラの人もおれば、ある日本人は十万リラ（約七千円）も支払ったと聞いた。よくもまあ、たこ糸ごときに七千円も支払う気になったものだ。

　周囲には観光客が大勢いるし、警官も巡回しているのに、ほとんどの人が騒ぎ立ても救いを求めもせず、素直に金を支払っているのをみると、日本でのミサンガの価格はその辺りなのだろうか。

　しかしそれだけ払ったからには、何が何でも願いがかなってもらわないことには元が取れないだろう。中にはよほど悔しかったのか、金を払った後すぐにミサンガを引きちぎって地面にたたきつけた若者もいた。あれは自然に切れなければ願いはかなわないことになっているのだが。

　ミサンガ売りの彼らは、トラブルになるより金を払っていち早くその場を立ち去った方がましだという日本人の心理を、完全に見透かしているようだ。そこが見ていて何とも悔しい。

　しかし、彼らもその勤勉さと研究熱心さと洞察力をもってすれば、まともな

第Ⅳ部　観光とモビリティ

図13-3　1997年：イタリア・ローマのスペイン広場
注：この広場でミサンガ売りの五人組が商売に励んでいた。

ことをしても十分成功するだろうに。

　僕はローマに滞在中、時々スペイン広場に顔を出し、彼らを観察していたのに、一度も声を掛けられたことがなかった。

　けれど、いよいよあすローマをたつという日、何とか声を掛けてもらおうと盛んにウロウロしたところ、"一応念のために"という感じで一人の男が近づいてきた。

　イタリア語で何かを言った後、ひもの輪っかを僕の目の前に突き出したのだが、こちらが何も反応を示さないと、うすら笑いをすぐに引っ込め、次の獲物を捕まえるべくさっさと歩いて行ってしまった。もう少ししつこいかと思ったが、引き際は案外あっさりしていた。

2　冒険としての旅

　人類の歴史は600万年といわれているが、その600万年は放浪と冒険の歴史でもあった。なにせアフリカで誕生したヒトが歩いてユーラシア大陸にたどり着き、そこから東進してアジアを横切り、ベーリング陸橋から北米に渡り、中米から南米へと南下し、南米大陸最南端まで移動したのだから。

　そこまでさかのぼらなくとも、人間は放浪し、冒険することで社会をつくりあげてきた。例えば、18世紀から19世紀ごろに世界を股にかけて放浪し、そうすることによって結果的に社会に貢献したのが「プラントハンター」とよばれる人たちである。プラントハンターとは、ヨーロッパに存在しない植物を求めて、己の冒険心だけを頼りにアフリカや南米の奥地に分け入り、見つけた新種を持ち帰ることで金銭を得ていた人たちのことをいう。初期のプラントハンターは薬用や食用の植物をターゲットにしていたようだが、時代がくだると、たとえ薬用や食用にはならなくとも「ヨーロッパには存在しない」というだけで価値が認められるようになっていった。そしてプラントハンターが珍しい植物をヨーロッパに持ち帰ってきたことが契機となって「植物園」が誕生し、家庭ではガーデニングという新しい文化が生まれ育っていった。

　植物を育て愛でるという平和な文化が育まれただけではない。ヘンリー・ウィッカム（1846-1928）というイギリス生まれのプラントハンターが世界を劇的に変える働きをする。ウィッカムが目をつけたのはゴムだった。

　南米原産のゴムをヨーロッパが初めて知ったのは15世紀である。イタリア生まれの海洋冒険家クリストファー・コロンブスの2度目の航海のとき、寄港した中米の島でゴムを使って遊んでいる人たちを見かけ、帰国後にそれを報告したのだ。だがゴムは温度変化に敏感で、性質を安定させるだけの技術が当時はまだなく、ゴムが製品化されることはなかった。

　ゴムの性質を安定させる技術は、コロンブスから300年待たなければならなかった。1839年にアメリカ人チャールズ・グッドイヤーによって加硫法（硫黄を混ぜて加熱する工程）が発見されたのである。これによってゴムの製品化のめ

どがたったわけだが、肝心のゴムの木——製品化に最適な種類はヘベア・ブラジリエンシスだと考えられていた——をヨーロッパ列強は持っていなかった。

　当時のイギリスは、18世紀から始まった産業革命によって、モノの生産プロセスが、職人（とその家族）がすべての作業工程をひとり（ないしは家族）でおこなう家内制手工業から、工場の機械でつくる工場制機械工業へと劇的に変化していた。蒸気機関が発明され、それによって鉄道が敷設されたり、蒸気船が運航されたりするようになってもいた。

　これらの変化は人びとの生き方を激変させた。家内制手工業では「労働」と「労働以外」の時間が渾然一体となっていた。しかし工場に通勤する労働者が登場することによって、工場にいる時＝「労働」と、工場にいない時＝「労働以外」の時間が明確に分離した。いわゆる「余暇」が誕生したのである。

　長い距離を移動する旅も簡単にできるようになり、初めての団体旅行がイギリス生まれの実業家トーマス・クックによって1841年に催行された。また1851年にロンドンで開かれた世界初の国際博覧会においても、クックによって催行されたツアーに参加して多くの人がロンドンに押し寄せた。

　この激動のイギリス社会に登場するのがプラントハンターのウィッカムである。ウィッカムがブラジルのアマゾン川流域に深く分け入り、1876年、苦労の末に7万粒におよぶヘベア・ブラジリエンシスの種子をイギリスに「密輸」することに成功するのだ。種子を手にしたイギリスは、ロンドンの植物園で苗木にまで育て、それらをアジア各地の植民地に送りプランテーション化に成功した。

　こうして工業製品としてのゴムの歴史が始まった。ゴム製品はこれを契機に社会のいたるところにいきわたるようになるのだが、その後の展開で、大きな影響を受けたのは自動車産業だった。自動車は部品点数が多いだけでなく、金属、ガラス、ゴム、木材、皮革、オイル、布など多種多様な材質によって構成されているからだ。産業の裾野が圧倒的に広いのである。

　列車、船舶、自動車など移動手段の発達は、旅の多様化にもつながった。それがまた、人びとを未知なる世界へと誘う契機にもなった。冒険心に富んだ人たちが気軽に異文化を経験できる現代へと社会が成熟していったのだ。

第 13 章　冒険としてのバックパッキング

今日にいたる社会をつくりあげてきた要素のひとつは、間違いなく、人びとがおこなってきた冒険的な旅だったのである。

3　戦後の日本社会における海外旅行

　1945年8月6日に広島、8月9日には長崎に原子爆弾が投下されたことが決め手となって8月15日に第2次世界大戦がようやく終わった。そして日本社会では、つい昨日まで戦争で戦っていた相手国であるアメリカ型の資本主義経済システムを取り入れて、猛烈な戦後復興がはじまった。
　働き盛りの若者の多くを戦争で失った日本社会ではあったが、戦火を生き延びた人びとは焦土化していた日本社会を世界に例がないほどのスピードで再建していった。そして終戦からわずか11年後の1956年には、経済白書で「もはや戦後ではない」と高らかに宣言するまでに新しい社会をつくりあげていた。
　1950年代から1970年代にかけては「高度経済成長」とよばれる経済的な発展を成し遂げて、人びとは世界トップレベルの物質的な豊かさを享受するまでになっていた。1964年には東京オリンピックが開催されて、焼け野原からわずか20年足らずで大きな発展を遂げた日本社会を世界に誇示することもできた。また1970年には万国博覧会が開催されて、日本国内外から延べ6,400万人を超える人たちが会場となった大阪に押し寄せてきた。こうした社会状況のなかから日本における海外旅行という新しいレジャーが生まれ育っていった。
　戦後、日本政府は1964年まで、一般市民の海外旅行を厳しく制限して事実上の「海外旅行禁止政策」を布いていた。その理由はいたってシンプルだ。海外旅行は日本国内で稼いだ金を日本国外で使う行為であり、それを許すと戦後復興がすすまない。国内で稼いだ金を国内で消費することでさまざまな産業が潤い、連動して生活環境が改善され、人びとの暮らしを豊かにしていくからである。
　だが「もはや戦後ではない」という宣言によって戦後復興に区切りをつけて、1964年に開催した東京オリンピックが旅行というレジャーにも転機をもたらした。というのもオリンピックは、現代社会のキーワードのひとつである「国際

化」の体現そのものだからである。つまり国際化こそが、1964年当時の日本社会が次に取り組むべきテーマであって、それへの応答として一般市民に海外旅行が解禁されたのである。

とはいえ大学卒業者の初任給が2万円前後だった当時、多くの人にとって、海外旅行は高嶺の花だった。1965年に催行された日本初の海外パッケージツアーは、ヨーロッパを16日間かけて周遊するという内容で67万5,000円という値札がついていた。大卒初任給の3年分という法外な金額が示すとおり、海外旅行は一般の人びとにとっては「一生に一回でいいから行ってみたい」という夢であり憧れでもあった。

その後、個々人の経済力が向上し続けたこと、経済力がつくことで円の価値が上昇したこと、空港の建設や航空業界の企業努力、インターネットに代表される通信機器の発展と普及、ホテル業界の海外進出、旅行代理店の企業努力によってパッケージツアー価格が下落してきたことなどさまざまな要素がプラスに働き、海外旅行は一般化していった。

そのプロセスは日本人の出国者数の変遷をみるだけで容易に想像できる。1964年が約22万人、1970年が約93万人、1980年が約390万人、1990年が約1,099万人、2000年が約1,781万人、2010年が約1,664万人、そして2017年が約1,789万人と、日本を出国する日本人数は少なくとも20世紀の間は順調な伸びを示しているのだ。

こうした状況のなかで、バックパッキングという旅の形態も、時代の変化に連動しながら日本社会で普及していったのである。

4 バックパッキング誕生

1300年代にアフリカ、ヨーロッパ、中東、アジアを約30年間旅し続けたイブン・バットゥータや1600年代に俳句を読みながら日本を旅した松尾芭蕉など、冒険的な旅をする人は古くから存在した。だが、現代日本社会におけるバックパッキングという文脈でいうと、放浪の旅の原型は年代をそれほど遡る必要はない。

第13章 冒険としてのバックパッキング

　日本におけるバックパッカーの起源は、戦後、海外旅行がまだ解禁されてない時代に日本国内を放浪していた若者たちだといわれている。彼らは一様に分厚い布でできた巨大なリュックサックを背負い日本国内——特に北海道が人気だった——を旅していた。大きなリュックが邪魔をして、国鉄（現JR）の夜行列車内では狭い通路をまっすぐに歩くことができなかったらしい。ぎこちない横歩きで移動するユーモラスな姿と、背中のリュックがカニの甲羅に似ていたことから、いつしか彼らは「カニ族」とよばれるようになった。駅舎で野宿しながら自由気ままに放浪していた者が多かったという。

　そのいっぽうで、世界に目を向けてみれば1950年代にはじまったベトナム戦争は泥沼化の様相を帯びて、アメリカの軍事介入に反対する世論がアメリカ国内で日に日に強くなっていた。この声を主導していたのは、1960年代にアメリカで誕生した「ヒッピー」とよばれる若者たちだった。彼らは、ベトナム戦線へ送られることになる徴兵を拒否して、「反体制」を掲げ、「愛」と「平和」を信条とし、「自由に生きる」ことをポリシーとしていた。彼らの生き方は単にアメリカ国内に止まらず世界中で巨大なムーヴメントになり、彼らの中から世界を自由に放浪する若者が続々と現れるようになった。

　ヒッピーたちは訪れた現地社会と衝突することも多かった。「自由」や「反体制」などのスローガンは、それらの延長線上にある買春やドラッグというような逸脱的な行為に親和的だったからだ。訪れた現地で逮捕されたり、国外追放される者もあとを絶たず国際問題になることも稀ではなかった。

　こうしたヒッピー・ムーヴメントと日本国内のカニ族の流行がいつしか合流して、冒険的な旅を志向する日本の若者が海外に流出していった。この放浪の旅が現在のバックパッキングへと洗練されていったのである。

　だが、バックパッキングが流行することによって、その背後では冒険の旅の商品化というきわめて皮肉な現象が起こっていた。その一因はバックパッキング専用のガイドブックが登場したことにある。

　1973年に起源をもつ"Lonely Planet"や1979年に創刊された『地球の歩き方』をはじめとする放浪指南書の登場は、旅のルート、スケジュール、移動手段、宿泊場所、アクティヴィティなどを瞬く間に商品化していった。ガイド

ブックには、その町への行き方、町の見どころ、宿泊場所、レストラン、エンターテインメント、近郊の観光地などの情報が詳細に綴られている。ガイドブックに依存する旅人が、ガイドブックで示された観光内容を上書きするように旅を遂行していったのだ。

しかもそれは旅の「ノーマルルート」に限った話ではない。旅における逸脱的な行為さえも商品化されていった。例えば『地球の歩き方　アメリカ・カナダ・メキシコ〈1980年版〉』には「ポルノ情報（最新版）」が掲載されている。ポルノにはソフト・コアとハード・コアの二種類があると説明したのちに「ソフト…はまね事だけだがハード…はつまり…その…実際に…であるからして、同じお金を払うなら絶対ハード・コア・ポルノだ。ＸＸＸ（トリプルエックス）のマークが目印です。映画館は少々値段が高くてもきれいな所に入った方がよろしい。…プッシー・キャット劇場はすいせんできる。」（ダイヤモンド・スチューデント友の会編 1979：101）と記述されている。

また『地球の歩き方　インド・ネパール〈1982～83年版〉』には「マリファナやハシーシの買い方、吸い方」まで掲載されている。「こういった"ドラッグ"をやるのは、酒を飲むのとは違って、キミの『存在への旅』の手がかりになり得るもの、キミが自分の存在とこの世界を、より深く、ありのままに感じ取るのを助けてくれる働きをするものだともいえよう。それなりの心がまえで始めれば、良い効き方をするはずのもの」だと、あたかもドラッグを推奨するような記述が認められる。さらに以下は「①買うときは経験者の話を聞いて。効かないヤツを高く売りつけられることがある。②気のあった人と、落ち着ける場所を選ぶ。セッティングが悪いと、ひどい経験になることがある。また、はじめての人はひとりではやらない方がいい。③量を過ごさないこと。しょっちゅう大量に吸うと、効果も鈍るし、体にもコタえる。ヘロインやオピウム（阿片）は絶対に避けること。④大量に所持したり、移動のとき持ち歩いたりしないこと。警察に見つかると、見逃すかわりに金を要求されたり、最悪の場合投獄される。⑤日本に持ち帰らないこと。日本では、御存知のように、法律で禁じられているし、取り締まりも厳しい。『大麻取締法違反で逮捕』なんて新聞記事になって、キミの帰国が全国に知れ渡ってしまう！」（ダイヤモンド・

スチューデント友の会編 1981：106-108）と続く。

　『地球の歩き方』に依存しながら旅をする者の中で、ポルノやドラッグに興味があり、その行為に足を踏み入れる旅人の多くは、ガイドブックが指南するとおりに行動することだろう。

　さらに現在では、ガイドブックを持たずにスマートフォンを頼りに旅を遂行している者も多い。ガイドブックは紙媒体のために、掲載されている情報にタイムラグが生じる。しかしインターネットではその瞬間の最新の情報を無際限に入手することができるからだ。

　こうして旅のルートから、果てはポルノやドラッグというような逸脱的な経験に関する情報までもがバックパッカー・コミュニティで共有される。いっぽう、彼らを受け入れる現地社会では、経済的な利得を目指して旅人が希求する経験をどんどん商品化していく。そして「いろいろな経験をしたい旅人」と「利得を得たい現地社会」の共犯関係によってあらゆる経験が商品化されて、「日本では味わえない冒険的な経験」というラベルは温存されたまま旅人によって消費されていくのである。

5　冒険的な旅と資本主義

　1989年のベルリンの壁の崩壊は、政治的な対立としての東西の冷戦を終結させたという意味だけではなく、「社会主義の精神」に勝利した「資本主義の精神」が、地球を覆い尽くすことを意味してもいた。そして国境や法律というような障害物をやすやすと乗り越えていく資本主義という経済システムが地球規模で展開される現代の世界状況を瞬く間に生み出していった。

　グローバル資本主義は、徹底的な競争原理によって維持されている。他社よりも安価で高品質の商品をつくることができる企業だけが生き残り、それができない企業はマーケットから退場させられていく。こうした弱肉強食を地でいくトーナメントが衣食住はもちろんのこと、人生のあらゆる場面——例えば受験、就職、昇進、結婚など——でおこなわれているのが、現代社会の大きな特徴だ。競争原理によって劣った商品が駆逐され、消費者に支持された商品だけ

が社会に流通することで良い社会がつくられていくという信念は多くの人びとに共有されているように思える。

このような社会を成立させ維持していくためには、消費者である私たち個々人に自由を付与しておく必要がある。個人の自由な選択によって、あらゆるモノがダーウィンの進化論の原理さながら自然淘汰されていくからだ。

こうした特徴をもつ現代社会を生きるためには、個々人は主体的であらねばならない。また現代社会を生き抜くためには、個々人はタフでなければならない。さらにグローバル資本主義下では、個々人にマルチカルチュラルな素養が求められる。

これら「主体性」と「タフ」と「マルチカルチュラル」という要素からバックパッキングを再度俯瞰してみると、放浪の旅という冒険には「観光」を超えた機能があることに気付く。それはすなわち、グローバル資本主義が日々先鋭化している現代社会に適応する自己を形成するための手段としての冒険である。

本多が先に指摘していたように、冒険とは「主体的におこなう、命の危険をともなう行為」である。そしてバックパッキングは、現在主流の観光形態であるパッケージ・ツアーと比べると、圧倒的に自主・自立の精神が求められ、格段に危険度が高い。

バックパッキングで旅人は、主体的に選択した多様なリスクを冒すことで快感を覚えたり達成感を得たりする。それはまるでテーマパークのジェットコースターに乗客が興奮するのと同じだ。そして小さなリスク・テイキングの成功が、また次の、もう少し大きなリスクへと旅人を誘っていく。こうした経験を、あたかも通過儀礼のごとく積み重ねることで、旅人はタフになっていく自己を実感していくのである。

リスクだけではない。現地文化を隅々まで舐めるように経験していくというバックパッキングの特性によって、彼らはグローバル資本主義下では必須のマルチカルチュラルな素養も身体化していく。こうしたプラスのフィードバックによって、旅人は主体性を磨き、タフネスさを鍛え、マルチカルチュラルな素養を豊かにしていくのである。

いっぽうで、皮肉なことに、バックパッキングがマイナーな旅からメジャー

第 13 章　冒険としてのバックパッキング

化していくプロセスで、冒険的な経験の商品化が進行していることも明らかとなった。旅におけるポルノやドラッグといった冒険的な経験は、そのほとんどが現地社会の手によってすでに商品化されているのだ。商品化された旅における冒険的な経験の実践には、主体性やタフネスさなどは必要ない。ただ敷かれたレールに乗ってさえいれば、安全・安心に冒険的な経験ができるからだ。

　また、このように現代のバックパッキングが、ガイドブックやインターネットというようなメディアから得た情報に依存しているという事実は、放浪の旅がおのずと「誰かの経験」の模倣にならざるを得ないことを意味している。旅人は自分の意のままに世界を冒険しているように感じているかもしれないが、それは単なる錯覚だ。

　だが、バックパッキングへの「商品化された冒険」や「相似化された経験」というような批判的な眼差しは、いったん留保する必要があるだろう。というのも冒険的な旅に足を踏み入れる旅人の立場にたってみれば、それらの批判とは異なった旅の風景が見えてくるからだ。

　それはこういうことだ。たとえその経験が商品化や相似化されていようとも、「私」にとっては初めての経験であり、リスクを冒す決断をしたのは「私」であり、結果責任を負うのも「私」であり、冒険的な経験によってたくましくなったと実感できるのも「私」だからである。さらに旅の途上でドラッグや強盗や交通事故など、リスク・テイキングに失敗して命を落とす旅人が存在しているという事実もある。つまり「私」は自らすすんで命を賭けて危険な行為に身を投じ、リスク・テイキングに見事に成功したのである。

　冒険というと、未知の世界に飛び込んでいくというイメージがあるかもしれないが、バックパッキングの場合はそうではない。現代のバックパッキングはまるで旅の養殖場へとアリーナ化している。だが、たとえそうであったとしても、旅人の立場にたてば、アリーナを遊泳しているのはあくまで「私」の意思によるのであり、他者の関与は100％ないのである。

6　冒険的な旅の社会的意味

　話をまとめよう。冒険的な旅としてのバックパッキングは、現代的な意味でいうと戦後の日本社会が発展していくプロセスで誕生した。現代のバックパッキングの生成には、ベトナム戦争に反対するヒッピーやカニ族の流行、あるいは事実上の海外旅行禁止政策というような社会情勢が大きく関与していた。そしてガイドブックの登場やバックパッカーを受け入れる現地社会の対応、あるいはバックパッカーを送り出す側の社会の変化によって、旅の内実を徐々に変化させていった。「主体的におこなう、生命の危険をともなう行為」である冒険が、すべてがあらかじめお膳立てされたフィクションの冒険へと変化していったのである。

　だが、こうした状況にもかかわらず、依然としてバックパッカーたちはそのような旅に満足し、充実感や達成感を得ている。というのもたとえフィクションかつアトラクションとしての冒険であっても、それを選び実践しているのは他の誰でもない「私」だからだ。その一点において、「私」の主体性は揺るぎない。またアトラクションの危険だったとしても、実際に旅の途中で命を落とす旅人は存在しており、仮に命を落とさなくとも、パッケージ・ツアーに比べると命のリスクが格段に高いことは間違いないからである。つまり、お仕着せの冒険的な経験であったとしても、それを経験する自己にとってはまぎれもなく「ホンモノの冒険」なのである。

　彼らは現代世界において必須の要素である主体性とタフネスさとマルチカルチュラルな素養を身に付け、旅を終えて社会に復帰していく。さらに彼らの成功体験は、新たな旅人を誕生させる契機になる。こうしてバックパッカーは日々再生産されているのである。

　この円環を踏まえれば、旅人は旅に出る前から、旅によって主体的でタフでマルチカルチュラルな自己に変化することをあらかじめ知っている。そして彼らは旅に出て、事前に予想していたとおりの自己変革を遂げて社会復帰する。旅の内実だけではなく、バックパッカーの再生産プロセスそのものまでもが予

第13章 冒険としてのバックパッキング

定調和的だったのである。

現在のバックパッキングの冒険をフェイクでありフィクションだと批判するのは簡単だ。しかしそのような批判的な眼差しだけでは、それでもなおバックパッキングに身を投じて達成感を得ている人びとの熱量を理解することはできない。なぜならば、たとえ予定調和的なバックパッキングだとしても、それを選択したのはまぎれもなく自分自身であるからだ。また旅で味わうスリルは純粋に楽しく、リスクを経験することによって実感する自己変革は、旅人にとってはまぎれもなく真実だからである。

世界最高峰のエベレストでさえ多くの登頂ツアーが催行されている時代である。なにもバックパッキングだけが冒険的な経験の内実を変質させているわけではない。「自己にとってのホンモノの冒険」によって新しい生を切りひらいていくこと、そして「新しい生」によって新しい社会がつくられていくこと、これこそが現代のバックパッキングの存在価値と機能である。

さて最後に、冒頭で示した筆者自身の経験を分析してみよう。筆者がガイドブックをほとんど見ることなく旅をしていたことは先に述べた。自分の意志だけを頼りに旅のルートや宿泊場所などを決めていき、自由気ままに5年間地球と遊んだが、そのあいだに、道端で偶然、世界一周中のサイクリストに5度遭遇した。出会うたびに「珍しいこともあるものだ」と驚いていたのだが、今にして思えば、これらの出会いは、おそらく偶然ではなかった。なぜなら筆者は、道中で知り合った旅人たちから旅に関するさまざまな情報を得ていたからだ。口コミの情報を旅に役立てていたのである。

筆者が出会った5人のサイクリストも同じことをしていたに違いない。旅先で偶然出会った旅人同士が自己の旅の経験を語り合うことでバックパッカー・コミュニティに情報が集積され、巨大な情報のネットワークができあがっていたのだ。たとえガイドブックを持っていなくても、現地で得た情報を利用して旅を実践する限り、旅人の行為は相似形へと収斂せざるを得ない。つまり私たちの偶然の出会いは必然だったのだ。そう、筆者の放浪もフィクションだったのである。

第Ⅳ部　観光とモビリティ

注
1) 例えば次の事件は典型的な事例である。2003年にイラク戦争の終結宣言がなされたものの、事実上まだ戦争状態にあったイラクに2004年10月下旬、バックパッキングをしながら世界を放浪していた日本人青年（当時24歳）が潜入を果たした。だが入国直後に国際的なテロ集団であるアル・カイーダ系の武装組織に拉致され、その後10月末に首を切断された姿で発見された。なぜ青年が戦争状態のイラクに向かったのか、その理由は不明のままだ。当時の日本社会の世論は青年の死を悼むどころか、「自業自得」「日本政府に迷惑をかけた」と青年と青年の家族を激しく非難した。これらの批判に対して青年の父親は遺族を代表して「皆さんにご迷惑をおかけしまして本当に申し訳ありません」と謝罪した。

参考文献
大野哲也「ペダル一人旅　あくどいミサンガ売り」『高知新聞』1998年3月15日。
大野哲也「明日をいっしょに世界の子どもたち　油断ならぬ町・リマ――人を困らせる名人」『高知新聞』1998年11月8日。
大野哲也「ペダル一人旅　男女別々に住む村」『高知新聞』1999年5月23日。
ダイヤモンド・スチューデント友の会編（1979）『地球の歩き方　アメリカ・カナダ・メキシコ〈1980年版〉』ダイヤモンド・ビッグ社。
ダイヤモンド・スチューデント友の会編（1981）『地球の歩き方インド・ネパール〈1982〜1983年版〉』ダイヤモンド・ビッグ社。
本多勝一（1986=1997）「ニセモノの探検や冒険を排す」『冒険と日本人』朝日文庫。

第14章
社会運動のための旅、社会運動としての旅
──サミット・プロテストとプロテスト・ツーリズム──

富永　京子

1　旅は社会を変える？

　災害があれば、遠方からボランティアのために駆け付ける人がいる。都市の貧困や環境問題といった社会問題の存在をより深く認識するために、特定の国や地域に向かう人もいる。世界のどこにでも課題が潜んでおり、そうした課題を解決するための活動は世界のいたるところにあるのだから、その活動に参加するために「旅」を伴うこともある。その旅が政治的な理念や思想をもっておこなわれる以上、活動に従事する人は意図をもって移動する旅人であり、世界地図や日本地図のＡ点からＢ点に向かうような、無機的な移動をする存在ではないのだ。頭の中に想定される数あるルートの中から、彼らのこだわりや資源的制約に鑑みたうえで、最もふさわしいと考えられる旅程が選ばれることになる。例えば、自然の重要さや環境保全、持続可能性を訴えるためのエコ・ツーリズムに参加する人びとは、飛行機に乗る際に二酸化炭素を抑制するオプションを付けるかもしれない。グリーン・ツーリズムに参加する人びとが、現地の食材を用いた料理を食べず、持参したジャンクフードで食事を済ませるとも考え難いだろう。つまり、目的地に向かうだけでなく、そこにいたるプロセスも含めた「旅」それ自体が既に社会運動の始まりなのである。

　政治問題や社会的課題を問題として認知し、解決するための行動は、この世界に数多くある。さらにいえば、そのために移動・滞在するという「旅」の過程を伴うこともしばしばある。では、そのような「政治的な旅」において考慮される要素には、どのようなものがあるのだろうか。旅のさまざまなプロセス

を政治的に彩るために、人は具体的にどのような行為をするのだろうか？　本章では、社会を変革する営みとしての社会運動と、そこに伴う移動と滞在、他者との交流や遊びといった旅の関係性を検討しながら、「社会運動のための旅」と「社会運動としての旅」について考えてみたい。

（1）社会運動家にとっての旅――サミット・プロテスト

　本章では、筆者が体験・調査した、2つの社会運動に関わる「旅」を取り上げたい。1つは「サミット・プロテスト」という、国際的に行われる閣僚会議への抗議行動だ。国際的な経済・貿易政策や関連協定を作成するために、複数国の関連閣僚がG8サミットやG20サミット、WTO（World Trade Organization）閣僚会議といった国際会議を開催することがある。この国際会議は、万国博覧会やオリンピックなどと同じく、開催がアナウンスされると各都市が「開催都市」として名乗りを上げ、会合を誘致する形式をとっている。

　国際的な閣僚会議が開催される際には、開催地で大きな抗議行動が生じる。一口に抗議行動といっても、その目的はさまざまだ。例えば会議で作成される協定の内容について修正・変更を要求するために現地に集まる閣僚たちと交渉の場を設け、オルタナティブな政策を提言する活動がある。また会議自体の開催が政治・経済のグローバル化を押し進め、国家間の不平等な関係を促進しているとして、会場近くでデモや座り込みを行い、中止を求めるものなども存在する。中には、閣僚会議に向かう首脳や閣僚の乗った車を止めるため、投石活動を行うようなものもある。ともあれこの抗議行動には、地元のみならず他国や国内の他地域からも多くの社会運動家（アクティヴィスト）が集まる。多くの参加者は普段から、環境問題や人権・平和といった社会的な課題を解決するために学習会やデモ、政策提言といった社会運動に従事している人びとであり、閣僚会議への抗議行動はそれ自体がグローバルな公正を訴えるために必要な活動であるとともに、普段は会えない遠方の社会運動家たちと交友を深め、情報交換をする場でもあるのだ。

　サミット・プロテストに参加する人びとの多くは、不安定な仕事に従事している場合もあれば途上国から来る場合もあり、国際的な移動を行っているとは

第14章　社会運動のための旅、社会運動としての旅

いえ、それほど金銭的に裕福とは限らない。また、閣僚会議が開催されるような都市の物価は高額であるため、参加者が皆、現地のホテルや旅館に宿泊できるわけではない。そのため、多くの抗議行動では地元の人びとを中心に「キャンプ」を設営することになる。ただ、キャンプは安価な宿舎としての機能にとどまるものではない。実は、キャンプの生活そのものがグローバルな資本主義や不平等に対抗するための手段でもあるのだ。デモや閣僚との交渉といった抗議行動と同じく、キャンプも商業社会や資本主義といった、グローバリズムが作り出す社会構造に抗議するための場なのである。キャンプの中で参加者たちは、たとえ安価であれグローバルなチェーン店の商品を使わない。あるいは、参加者同士で英語のみに依存しないコミュニケーションを行うことにより、特定の国の人びとに発言が集中しないようにする。社会運動家たちはキャンプ内の実践を通じて、彼らの政治的理念を実現しようとする。

　筆者はサミット・プロテストの研究を10年近く続けてきたが、実はサミット・プロテストそのものには参加したことがない。では、なぜこのような社会運動に関心をもったのか。2008年に日本で開催されたＧ８（現在はＧ７）サミットは、北海道洞爺湖町で開催された。しかし、各国の首脳が集まる北海道洞爺湖町は警察によって厳重に警備されているため、サミットに抗議する運動家たちは周辺の市町村でキャンプを敷設し、抗議行動をおこなうことにした。当時筆者の居住していた札幌市もまた、その拠点の１つに選ばれたのだ。

　札幌の大学生からすれば、「Ｇ８サミット」というイベントは良くも悪くもあまりに生活から遠い。これが実際に遊びに行くことの出来る万国博覧会やオリンピックであれば、あるいは同じ国際会議であってもある程度政治的なイッシューが限定的なＣＯＰ（Conference of the Parties to the United Nations Convention on Climate Change、国連気候変動枠組条約締約国会議）などであれば身近に思えたり、関心をもてたりしたのかもしれない。しかし、「Ｇ８サミット」という、とりあえず首脳が来て会合をするイベントは得体の知れないものであったし、その催しに対して抗議行動をすると大学で聞いたときもあまり明確なイメージが浮かばなかった。筆者にとってのＧ８サミット抗議行動は、せいぜい大学内で開催されたいくつかのフォーラムやシンポジウムの立て看板と、

JR札幌駅や地下鉄大通駅に常駐する大勢の警察官の姿からうかがい知るだけとなった。

その数カ月後、大学院入試を受けることになり、サミット・プロテストに限らず政治・経済のグローバル化に反対する運動が当時世界的に興隆していたという経緯もあったため、「地元」で行われたG8サミット抗議行動を研究しようと決めた。ここで初めてG8サミットについて言及された雑誌やインターネットのドキュメント記事を渉猟したのだが、それは遠方から北海道にやって来た運動家たちの「旅」のドキュメントとして——いうなれば音楽フェスへの参加記録やコミケの「参戦記」と同じような文書に近いものとして——非常に面白く感じた。日本中、世界中から運動家が北海道に「わざわざ」抗議するためにやって来るというのだから、これが社会学的に見て不思議でないわけがない。そこから筆者の「旅を伴う社会運動」に対する研究が始まったのだ。

（2）旅をする社会運動家たち——プロテスト・ツーリズム

筆者は、G8サミット抗議行動の報告書やドキュメントを参照しながら、抗議行動に参加した運動家の人びとに連絡を取り、話を聞いた。そこで分かったのは、彼らにとって遠路はるばる社会運動に参加すること、また遠方からやってきた運動家たちを地元の運動家たちがもてなすことはそれほど珍しくない。運動家の旅は、そのように「訪問し合う」「もてなし合う」ホストとゲストの互酬性によって成り立っているようだ。場合によっては泊まり込みでの抗議行動も辞さない彼らだが、常に、喫緊の社会的課題に直面し、解決や周知の必要に迫られて現地に向かうというよりも、移動のプロセスも含め楽しんで現地に向かう「観光」としての側面を享受する部分も十分にある。

筆者が調査を行った運動家の方々は、それまでに参加した遠方での社会運動——例えば、沖縄の基地建設反対運動やドイツのG8サミット抗議行動、成田空港建設反対のために行われた三里塚闘争——について、たくさんの経験を語ってくれた。もちろん、旅を伴う抗議行動は楽しいことばかりではない。「ゲスト」としてやって来る遠方の運動家たちがいれば、いっぽうで彼らを受け入れるためにキャンプを設営し、ホテルを手配し、現地の案内をする「ホス

ト」の役割を担う地元の運動家たちがいる。ホストとゲスト、あるいはゲスト同士は出身地域や普段操る言語も大きく異なり、議論のやり方や優先しようと考える政治的トピックも全く違う。また、宗教や政治的志向によって食べられないものや必要とする設備も異なる。そうしたことがらを1つひとつ話し合いや議論で解決するのも彼らの社会運動の一環であるわけだが、それを通じて互いに理解し合うこともあれば衝突や排除にいたる場合もある。

　社会運動家たちはこの旅の途中で遠方の運動家と出会い、交流を深める。このプロセスが、また異なる形での「社会運動の旅」を生み出すことになる。次なる旅はどのようなものかというと、特定の社会運動に参加するためにではなく、各地に在住し活動する仲間を訪ねるために旅を行うようになる。つまり、社会運動のために旅をするのではなく、旅を社会運動として彩るようになるのだ。ここでは旅としての社会運動をプロテスト・ツーリズムと呼ぶことにしよう。

　このタイプの旅において、旅人である運動家たちは特定の社会運動や抗議行動という目的地をもたない。しかし、それでも彼らは旅を自らの政治理念・思想に沿ってデザインする。例えば交通手段としては、フェリーやＬＣＣ（Low-cost carrier）による飛行機移動といったあまりお金の掛からない方途を好む者が多く、場合によっては電車の運賃を支払わない「キセル」やヒッチハイクといった手段を用いる。その背景には、例えば大資本によって形成された交通システムへの抵抗や、排気ガスなどのエネルギー消費量を節約するためといった理由があり、交通手段1つをとっても政治的な意味を付与しようという意図が垣間見える。そのような意味付けは、食や宿泊、場合によっては衣服に関しても同じようになされる。社会運動家は宿泊を伴う旅をよくするが、その際に選ばれる宿舎も他のタイプの観光では見られない場所である（これは本章にて詳述する点だが、読者の皆様は、彼らがどのような場所に宿泊するか予想しながら本論稿を読み進めていただきたい）。

　こうした旅行では、たびたび、金銭を使わないこと、貧乏に旅をすることへのこだわりや、役に立たない交流や無駄な時間こそを楽しもうとする姿勢がみられるが（松本 2016；杉村・境・村澤 2016）、このような、いうなれば「ムダ」

へのこだわりそのものも、新自由主義によって合理化された世界への抵抗という思想に基づいている。ともあれ、社会運動へと継続的に関与する運動家の人びととは、デモやシンポジウムが行われる地に赴くという意味での「旅」をしているだけでなく、そこでできた友人を訪問するための旅の過程をも「社会運動」としてとらえようとすることがわかるだろう。

以下では、第1にサミット・プロテストという社会運動を事例として「社会運動のための旅」について考える。第2に、社会運動に参加する目的ではないものの、自らが携わる社会運動の理念を反映した行動として旅をする運動家たちの行動を通じて「旅としての社会運動(プロテスト・ツーリズム)」について議論する。この2つのタイプの旅を検討することで、「観光」や「旅」といった行動をいかに政治という視点から読み解くか、また、社会運動や政治におけるライフスタイルや生活といった観点を分析するにあたっていかに観光研究の分析枠組みが有効かを議論していきたい。

2 社会運動の旅と滞在の空間

それが「社会運動のための旅」であれ、「旅としての社会運動」であれ、社会運動に携わる人びとが行う旅には、他の行動と同じく、移動、食事、遊び、他の旅人とのコミュニケーションといった多様な要素を含む。その中でも政治的理念をもって選択されやすく、かつ旅に必須の要素に「宿泊地」がある。たとえ遠く海外からサミット・プロテストに参加しようとしても、宿泊の目処が立たなければ渡航そのものを断念してしまうだろう。それは社会運動に参加する目的をもたない旅でも同様である。もちろん宿泊先を事前に決定せず、野宿をする(実はサミット・プロテストにはこうした、ある意味無鉄砲な旅人も案外多い)、当日空いているホテルやホステルに宿泊することもできるが、事前に計画するか当日決定するかにかかわらず、宿泊地は必ず選択しなくてはならないものであるし、この選択が既に政治的ともいえるのだ。

先述した通り、サミット・プロテストのような「社会運動のための旅」の場合は既存のホテルやゲストハウスに宿泊する場合もあるが、キャンプを通じて

第 14 章　社会運動のための旅、社会運動としての旅

「資本主義に依存しない世界」を作り出すことが非常に重要な意味をもつ。都市の中で誰にでも開かれた空間を作り、そこで既存社会のルールとは異なる社会を形成することが 1 つの社会運動なのである。キャンプにおいて、参加者たちは炊事や衛生管理といったすべての生活インフラを自分たちで作り出し、管理する。そのためには、誰がどのようなやり方で管理するかといったことがらをまさに自分たちで決定し、不満があればとことん議論して集合的に意思決定をする。

　キャンプという「住まい」を作り上げるプロセスにもまた、政治が息づいている。キャンプにおける「住」は、食事、就寝、遊びのためのスペースの確保に加え、トイレや簡易シャワー、炊事施設といったインフラの設営を意味する。例えば、トイレや炊事施設の洗浄に使う洗剤、排水のやり方ひとつをとっても、環境に優しいものとそうでないものがあるように、住まいは実に細かな部分にいたるまで私たちの政治的理念と関連している。

　例えば、一般的な施設の場合、トイレに関しては「男性・女性・障害者」、合宿や宿泊研修の場合「男性・女性」という形で、性によって部屋を分ける例が最もよく見られるやり方だろう。あるいは、身体の小さな子供用や乳児のおむつ替えスペースを作るといったやり方も想像できる。しかし、あるキャンプでは、寝室やトイレを「男」「女」という形で分けてしまったために、トランスジェンダーの参加者がどちらにも入ることができず、何名かの人びとが怒りのあまりキャンプの設備を破壊するという行動を取った。

　いっぽう、性別によって寝室を分けなければ、性暴力に繋がる可能性も十分に想定できる。だからこそ、精神的にも身体的にも落ち着かない思いをしないために、ひいては寝室としての機能を十分に果たすために男女に分ける必要があると一般的には解釈できる。しかし、性暴力は男性同士であっても女性同士であっても起こりうるし、そもそも身体や顔つきが男性であるからといって、その人が女性を性の対象とするとは限らない。このような「性の多様性」に配慮する努力こそが、キャンプに参加するホストにもゲストにも必要だ、と運動家たちは考えるのである。また、性的マイノリティに限らず、性の問題は差別や排除に発展することもある。人によっては過去につらい経験があるため、あ

るいは精神や身体に病を抱えているために、他の参加者からすると普通のコミュニケーションでも強く傷ついてしまうかもしれない。そのような人のために、自治キャンプの中では他者に接触されない空間として「セイファー・スペース」を作る試みが徹底されてきた（富永 2016）。

　しかし、ここにも難しい問題がある。セイファー・スペースのような配慮を必要とする人びとへのケアに関して、同じ運動家とはいえどキャンプの参加者全員から理解が得られるとは限らない。他者に対して警戒心や危機感を抱かざるを得ない人びとのためのセイファー・スペースは、その脅威や危機感を共有できない人びとから「特別扱い」の空間として認識され、不満をもたれることも少なくない。センシティブな人びととそうでない人びととの間にある溝を埋めるため、議論を繰り返すという、傍から見ると面倒きわまりない手続きを繰り返し、運動家たちは宿泊の空間を再編成していく。そこでは、ゲストがホストのための空間を用意するというだけでなく、いつの間にかホストもゲストも関係なく参加者として場を作り上げる仕組みが生まれるのである。

　だが、キャンプのような形での宿舎の設営はあくまで一時的な抗議行動だからこそ可能になると考える人もいるだろう。時間も資源も有限な中で、どこかから人がやってくるたびいちいちキャンプを改めて敷設し、ゲストとホストの話し合いの下、適切な形にインフラを整えるという悠長な作業はなかなかできない。では「社会運動のための旅」に参加しない場合、運動家たちはどのような宿舎を当てにして旅を始めるのだろうか。そこで、次は「旅としての社会運動」における宿舎を見てみよう。

　「旅としての社会運動」をとりまく宿舎の状況は、法的・制度的な要素が関わってくるため、国や地域によって少し異なる。日本国内を旅する運動家の場合、大学の学生寮や、社会運動家が借り上げて住んでいるシェアハウスへの滞在を念頭に置く人が多い。こうした場は、社会運動家同士の口コミを通じて「あの地域には、宿泊可能なシェアハウスがある」「あの大学の学生寮は非居住者の滞在が可能だ」といった形で、旅する社会運動家たちの中で「宿舎」の候補に入れられる。シェアハウスによっては、ＳＮＳやウェブサイトで客人を歓迎する旨を周知している場合もあるため、人づてにそのような情報をキャッチ

第 14 章　社会運動のための旅、社会運動としての旅

図 14-1　EKHの外観

することは運動家たちにとってそれほど難しいことではない。シェアハウスの規模や運営形態は地域や構成員によって多様であり、数名でマンションやアパートの一室をシェアするようなものから、土地や家を買い上げてしまうものまでさまざまである。

　海外で旅をする運動家の場合も、基本的には国内とそれほど大きく変わらない。日本にいてイメージされるようなシェアハウスではなく、スクウォット・プレイスやオキュパイ・ハウスといった施設が旅する運動家を受け入れていることが多い。スクウォットとは、住民がいなくなった空き家や廃屋を占拠して住むタイプの社会運動であり、欧州を中心に豊かな蓄積が見られる。日本では法的にほぼ不可能であるものの、欧州ではアナキズム的な価値観と親和性が高く、どの国の大都市に行っても「ここにはこうしたスクウォット・プレイスがある」と案内されることがある。ただし、これらの場所を運営する人びともSNSなどで情報発信をしている場合が多いため、その点では日本とあまり変わらないといえるかもしれない。

　本章では1つの事例として、著者が訪問した「EKH」というウィーンのスクウォット・プレイスを挙げたい（図14-1）。ここは常時30人から40人前後の人びとが旧共産党労働者会館を借り上げて住むシェアハウスである。音楽フェスやメーデーデモ、といった社会運動のイベントを開催する場合もある。基本

第Ⅳ部　観光とモビリティ

的に来客は歓迎しており、子供についても「キッズ・ウェルカム・ポリシー」を掲げ、子連れの参加を歓迎している。サミット・プロテストの際のキャンプと同じく、スクウォット・プレイスの人びとは性的なマイノリティや社会的弱者と呼ばれる人びとに対して開放的であり、公正な空間を作ろうとする意識が強い。そのためにハラスメントや嫌がらせを行った者は厳しく罰するといったルールも存在している。基本的に内部の撮影は禁止となっており、それも滞在者や居住者のプライバシーに配慮した結果としてのルールといえる。

　EKHには、酒類が提供されるバー・スペースとともにヴィーガン・フードが供されるスペースがあり、環境保護の志向や食の安全に対する意識が共有されているように感じられる。EKHのようなスクウォット・プレイスは欧州に数多く存在するが、ヴィーガン・フードの供給だけではなく、有機野菜の定期的な供給を農家と交渉し、直接スクウォット・ハウスへと調達する運動に従事する者がいたり、社会運動イベントのたびにヴィーガン・フードやハラル・フードのカフェを設営する者もいる。こうした人びとはサミット・プロテストの際のキャンプにも参加しており、同様に少数者に配慮した食事を供給したり、環境に配慮した調理法を意識的に用いるよう心がけている。

　日本のシェアハウスと欧州のスクウォットハウスは、どちらも頻繁にイベントを開催する点で共通している。ゲストたちがそのような場所への宿泊を希望するだけでなく、シェアハウスやスクウォットハウスの側も旅人を歓迎しており、ゲストを迎え出会う場を積極的に作り出そうとしているのだ。日本のシェアハウスであれば、ゲストを招いた勉強会をしたり、鍋や季節の料理を囲むパーティーをすることもある。EKHのようなスクウォットハウスは規模が大きいため、運動家たちがそれぞれ独自に作製したジン（小冊子、ミニコミ誌）を持ち込みブックフェスティバルを運営する、バンドを招聘して音楽フェスを開催するなど、大規模なイベントを多数行っている（図14-2）。

3　分析の枠組

　前節までは、社会運動と旅の関連を「社会運動のための旅」と「旅としての

第 14 章　社会運動のための旅、社会運動としての旅

図 14-2　EKHのフェスティバル・パンフレット

社会運動」に分類し、その過程の中でも宿泊地を1つの手がかりに、社会運動の旅を構成する要素について考えてみた。しかし宿舎以外にも社会運動の旅をとりまく要素は非常にたくさんある。目的地に向かうまでの交通手段、寄り道をするスポット、旅で同行した人との会話のトピックなど、運動家の人びとの旅はいたるところに政治的な要素をもつ。しかし、それをそのまま記述しただけでは研究にならない。では、どのような研究が、「政治」と「旅」の検討をするうえで有用なのだろうか。本節では、観光研究と社会運動研究、それぞれの研究領域から、社会運動の旅を分析する手がかりを考えてみよう。

（1）観光研究──「社会運動の旅」はどう位置付けられる？

観光研究において、社会運動そのものを論じた文献は数多くある。最もよく見られる研究として、旅行者が特定地域を訪ねて社会問題の深刻さを学び、自らの意識を変革することを目的とするようなツーリズムを論じた研究がある。例えば、住民が貧困に苦しむ地域を訪問し、その労働や居住の状況を学ぶための旅は、「スタディ・ツアー」「スラム・ツーリズム」あるいはそうした活動をまとめて「タウンシップ・ツーリズム」（Frenzel 2014）などと呼ばれることもある。旅人が現地の問題を旅を通じて把握するという点では、エコ・ツーリズムやダーク・ツーリズムなどとも強い関連性をもつと考えられる。

293

第Ⅳ部　観光とモビリティ

　タウンシップ・ツーリズムは目的地での活動を主目的とするため、本章の分類としては「社会運動のための旅」に近いだろう。しかし「社会運動のための旅」とタウンシップ・ツーリズムは、その実態において近い性格をもっていても、理論的な共通点が多いとは言えない。タウンシップ・ツーリズムは、基本的には「見るもの」としてのゲストと「見られるもの」としてのホストの間の不平等性に重点を置いている。その２者における相互行為が人びとにもたらす共感や衝撃こそが、タウンシップ・ツーリズムの最も重要な要素ととらえられてきた（Rolfes et al. 2009）。これまでの記述から分かる通り、「社会運動のための旅」を構成するホストとゲストはどちらも社会問題を周知・解決しようとする運動家であり、ホストとゲストの関係性は入れ替わることもあれば、旅の中で区別がつかなくなることもある。

　もう１つ、タウンシップ・ツーリズムと「社会運動のための旅」の違いを述べるなら、タウンシップ・ツーリズムが特定の地域における問題や、そこを訪れる人びとと現地の人びととの相互作用に重点を置いて分析するのに対し、社会運動の旅は「旅人」である運動家が政治的な理念や目的をもちながらさまざまな選択を行うプロセス自体を検討するものだ。こうした旅の過程を分析するにふさわしい研究として、バックパッキング・ツーリズム研究（Cohen 1987）とニッチ・ツーリズム研究（Novelli 2005）がある。順を追って説明しよう。

　政治的な価値観に基づき、宿泊先や目的地、移動手段を決定するタイプのツーリズムとして「バックパッキング・ツーリズム」がある。このツーリズムを支える文化的支柱として1960年代に花開いた「カウンターカルチャー（対抗文化）」がある。航空会社の発行する旅券を持ち、誰もが知っているメジャーな観光地に行き、大資本の提供するホテルに泊まる——このような「マス・ツーリズム」に対して、コーエンは誰にも知られていない場所に行き、現地に埋没し、住民たちとのふれあいを通じて現地の文化を知るという「オルタナティブ・ツーリズム」としてのバックパッキング・ツーリズムを提示した（Cohen 1987）。つまり、「マス（大衆）」の文化がもつ商業主義的な性格や消費社会の反映に対する「カウンター（抵抗）」として、バックパッキング・ツーリズムがあった。本章で示した分類の中では、「社会運動としての旅」に近い

が、「社会運動のための旅」が有する理念とも共通する部分がある。

　しかしいっぽうで、カウンターカルチャーに基づく政治的な活動であったはずのバックパッキング・ツーリズムも、時が経つにつれ大きくその性格を変容させることになる。新しい時代のバックパッカーたちは、資本主義や商業主義、消費社会への対抗といった性格を有するはずのバックパッキング・ツーリズムを、自己変革や自己啓発といった、いわば「自分探し」のための行動として位置付ける。資本主義や商業主義の枠組みでは価値が与えられない場所や地域の魅力を見つけ出し、その世界に埋没するために行っていた旅を、新しいバックパッカーたちは「従来の観光では経験できない、自らのオリジナルな体験」をする機会としてとらえるのだ（Cohen 2003；Ting and Carl 2016）。

　このような観光のあり方を文化的な視点からとらえた観光研究の枠組みにニッチ・ツーリズム研究（Novelli 2005）が存在する。「ニッチ（隙間）」とは、大多数の選好に基づく「マス」から漏れ出た少数派の人びとの嗜好としてある文化をとらえる概念である。ノヴェリによれば、バックパッキング・ツーリズムのほか、例えば目的地でボランティアをするために行う「ボランティア・ツーリズム」などもニッチ・ツーリズムになるという。初期のバックパッキング・ツーリズム研究が、対抗文化に基づきすべてを政治的に彩る旅だととらえるならば、ニッチ・ツーリズムはその政治性自体が、おそらくはスポーツや芸術などと並列に語られるような、世界に数ある嗜好や選好の１つととらえる。

　バックパッキング・ツーリズム研究とニッチ・ツーリズム研究の示唆は、そのまま「社会運動の旅」における運動家たちのモチベーションを分析する視角に対しても大きな示唆を与えるのではないか。彼らを新自由主義や資本主義、消費社会や商業主義に抗議しながら旅をする「対抗の担い手」として認めるか、それともあくまで既存の政治システムに対して抗議することが好きな、ある意味で特殊な趣味をもった集団という「ニッチの担い手」としてとらえるかという違いが、バックパッキング・ツーリズムと、ニッチ・ツーリズムの間にある。

（2）社会運動研究——プロテスト・キャンプの可能性

　社会運動論にもまた、社会運動における旅の過程を対象とする研究がある。

それが、プロテスト・キャンプ研究である。本章で事例として取り上げた、サミット・プロテストの際に設営されたキャンプのような、運動家たちによる時限的・局所的な集住とそこにいたるまでの旅を分析する枠組みとして用いられる。本章の分類で言えば「社会運動のための旅」にかかわる概念だ。

「キャンプ」という言葉を用いるだけあって、プロテスト・キャンプ研究の主眼は、各々の参加者の移動を含めた「旅」の過程というよりも、宿泊地・滞在地内の相互行為に限定されていることは否めない。例えば、フェイゲンバウムらは、ある場所に滞在し、社会的な再生産の行為をその中で行うことによって日々の暮らしそれ自体を社会運動の戦略とすることを「プロテスト・キャンプ」として定義した（Feigenbaum et al. 2013：11）。ここでいう「社会的な再生産」とは何だろうか。基本的には、日々の生活を送るために必要とされる住環境の整備や個々の実践を指し、食事や調理、食材の調達、あるいは本章で取り上げたトイレや寝室といった空間の形成などだ。

時代によって志向に変化がみられたバックパッキング・ツーリズムとは異なり、プロテスト・キャンプは1960年代から現代にかけて、その表面的な性格に大きな違いはない。しかし、その背景にある理論自体は大きく変化している。1960年代のプロテスト・キャンプや、バックパッキング・ツーリズムの背後にある対抗文化を支えていた理論は、「新しい社会運動論」であった。この理論において提示されている新しい社会運動は、それまで主流と言われていた労働運動に対して、オルタナティブな生き方や新しい価値観を求める運動である（Melucci 1985など）。そこでは、寝食をともにしつつ多くの人が場を共有して行う活動は「コミューン」に代表されるような、統一されたライフスタイルや価値観に彩られるものとして論じられてきた。

では、現代のプロテスト・キャンプを支える思想はどのように変わったのだろうか。第1に、新しい社会運動とは異なり、担い手たちの同質性を前提とせず、むしろその多様性を強調している点がある。グローバル化は、性別や民族、職業や出自が多様な人びとが同じ場で社会運動を行う状況を生み出した。そうした状況において、プロテスト・キャンプは、本章で述べたような性や生活習慣の多様性を調停し、参加者同士が衝突しつつもそれぞれの異なる状況を共有

第 14 章　社会運動のための旅、社会運動としての旅

しながら、オルタナティブな社会を形成する場として機能するのである。

4　どのように「政治と旅」をとらえるか？

　本章では、サミット・プロテストを事例とした「社会運動のための旅」と、社会運動のための旅を経験した人びとが、そこでできた友人に会うための旅それ自体を社会運動として楽しむ「社会運動としての旅」を紹介した。そのうえで、「社会運動の旅」に込められた政治性をどのように読み解くかという視点から、観光研究と社会運動研究のアプローチを紹介した。
　どのような分析枠組みを用いるかは、調査者が何を見たいかによるというところが最も大きいが、まず旅の過程すべてに着目するか、あるいは宿泊地・目的地での相互行為や行動に注目するかによって、採用する分析枠組みを選ぶ、または組み合わせる必要がある。プロテスト・キャンプ研究は、基本的には社会運動家同士が場所を作り上げる過程に分析の重点に置くため、「交通手段の選択」や「宿泊地の決定」といった旅すべてのプロセスを研究する場合、観光研究の枠組みを援用する必要が出てくるだろう。
　さらに、研究者が社会運動の旅における政治性をどの程度特権視するかも大きなポイントとなる。本章では、便宜的にではあるが社会運動の旅を行う人びとを「運動家」と呼んだ。この「運動家」の人びとは、単に数あるツーリズムの「隙間」的な役割——例えば「音楽ファン」や「スポーツ愛好家」と並列に語られうる存在なのか、それともそうではない、なにか確固たるシステムや制度に対抗する存在なのだろうか。この視点の違いは、彼らの旅の中における実践を流動的なものとして見るか、固定的なものとして見るかという違いに関わってくる。例えば「趣味集団」として彼らを見なすなら、思想や理念はそれほど実は重要でなく、同じく運動家仲間の顔色を見ながらどの実践が望ましいかを決定しているだけということになる。しかし運動家を確固たる理念や思想をもった人びととしてとらえるなら、その望ましさは個々人によって異なることはあれ、理念・思想と実践の関係については揺らぐことはないだろう。
　社会運動の旅は、旅のプロセスのどこからどこまでを指すのか。彼らの実践

と思想は、どの程度繋がっているのか。そのような点を分析のポイントとしながら、過去から現在に向かうにつれ性格を変えていく運動家たちの旅を見る必要があるだろう。

参考文献

松本哉（2016）『世界マヌケ反乱の手引書——ふざけた場所の作り方』筑摩書房。

杉村昌昭・境毅・村澤真保呂（2016）『既成概念をぶち壊せ！』晃洋書房。

富永京子（2016）『社会運動のサブカルチャー化——Ｇ８サミット抗議行動の経験分析』せりか書房。

Cohen, E. (1987) "'Alternative Tourism': A Critique", *Tourism Recreation Research* 12 (2), pp. 13-18.

Cohen, E. (2003) "Backpacking: Diversity and Change", *Journal of Tourism and Cultural Change* 1 (2), pp. 95-110.

Feigenbaum, A., Frenzel, F., and McCurdy, P. (2013) *Protest Camps*, London: Zed Books.

Frenzel, F. (2014) "Slum Tourism and Urban Regeneration: Touring Inner Johannesburg", *Urban Forum* 25 (4), pp. 431-447.

Melucci, A. (1985) "The Symbolic Challenge of Contemporary Movements", Social Research: An International Quarterly 52 (4), pp. 789-816.

Novelli, M. (2005) *Niche Tourism: Contemporary Issues, Trends and Cases*, Routledge.

Rolfes, M., Steinbrink, M., & Uhl, C. (2009) *Townships as Attraction: An Empirical Study of Township Tourism in Cape Town*, Potsdam: Universitätsverl.

Ting, A. E. and Kahl, C. (2016) "Self Discovery and Backpackers: A conceptual paper about liminal experience", International Journal of Religious Tourism and Pilgrimage 4 (1), pp. 49-58.

第15章
不自由な境域観光（ボーダーツーリズム）
――沖縄台湾間の移動と観光の変化――

越智　郁乃

1　香菜茂る国境の島と、ある老人

　セリ科の一年草である香菜（英語名：コリアンダー）は、中華料理、ベトナム料理、メキシコ料理などに広く用いられる。中国語で「シャンツァイ」と呼ぶより、タイ語で「パクチー」といった方が日本では通りが良いかもしれない。独特な香りから「カメムシ臭い」と嫌厭されていたが、近頃ではパクチーを置くスーパーマーケットも増えた。パクチーを使ったポテトチップス、スープが販売される様子を見ると、添えものの域を超えてきたように感じる。

　筆者は香菜の香りを嗅ぐと、沖縄の西の端、与那国島を思い出す。大学院生の時、旧暦1月16日に行われる死者の正月「一六日（ジュールクニチ）」の参与観察のために与那国島へ行った。沖縄は観光地のイメージが強いかもしれないが、独特の民俗文化を調査するために、明治以来数多くの研究者が訪れている。筆者もその1人であり、死者や祖先をいかに祀るのか、ということをテーマに調査を行っていた。

　筆者は、教育委員会を通じて紹介された島の古老を尋ねた。家の正面にある門から敷地に入り、琉球石灰岩でできた屏風（ヒンプン）（門と家屋の間にある目隠しのための壁）を右手に回って庭に入ると、水栽培の香菜が庭いっぱいに茂っていた。前夜泊まった民宿のおかみさんから、この時期に香菜栽培がピークを迎えるとは聞いていたが、これほど育てているとは思わなかった。与那国では刺身のツマにも香菜を和える。これが与那国で水揚げされたカジキの刺身によく合う。ざく切りした香菜に油を切ったツナ缶、少しの醤油で味付けした和え物も美味

しいと教えられた。しかし、その他の地域の沖縄料理で香菜を使うことはほとんどない。なぜこんなにたくさん栽培しているのだろうか。ふとこんな疑問がわいて古老に質問してみると、意外な答えが返ってきた。

　「シャンツァイ？　ああ、香菜、ね。この辺りでは、よく育てている。うちでは売り物ではなく、自分で食べたり、人にあげたりする。自分は台湾に行ったことがあるが、香菜は台湾にもある。台湾は与那国に近いから食べ物も似ている。」

　筆者は驚いた。与那国が台湾に似ているのではなく、台湾が与那国に似ている、のである。どちらが本家かという争いではなく、自分の島を中心にとらえた地理感覚に興味をもった。それと同時に、自分は「沖縄」というまとまりを想定し、それを外部から眺めているにすぎないことを思い知らされた。与那国は八重山諸島の中心である石垣島より、もちろん沖縄本島より台湾に近い。与那国からは数年に1度、気象条件が重なった時には、台湾島が見える。その大きさたるや、島というより大陸。かつては頻繁に台湾との間に船の往来があったという。聞取調査はどんどん横道にそれていった。古老から聞き取ったライフヒストリーは、そのまま国境域をめぐる近代からの移動史と重なりを見せる。彼は若い頃は小さな木造船で出稼ぎのために台湾に渡り、壮年になる頃には大型フェリーに乗って旅行のために台湾に出かけたという。しかし、現在与那国には国際港も国際空港もない。彼はどうやって台湾へ行ったのだろうか。そして、なぜ今、国際航路はないのだろうか。
　本章では、沖縄、特に八重山と台湾の「境域」における移動に焦点を当てる。境域とは「単に地理的に境を接する場というだけでなく、異なる集団の人びとが関係を持ち続ける相互交渉の場」（植野 2011）を意味する。「周辺」、すなわち単一の地理的、政治的、経済的文化的領域の端としてその領域の「中心」との関係で位置付けるのではなく、相互に隣接する存在があり、それとの接触によって自らの属する領域の「中心」とは異なる有り様が生まれる（上水流 2016：同 2017）。沖縄と台湾という境域で暮らす人びとの移動と観光は、いか

に接触しながら成立し、変化し、現在いかなる問題を抱えているのだろうか。この境域に暮らす人びととの「語り」をはじめとした資料から考えてみたい（本章は越智（2017）での議論を基に執筆した。詳細は越智（2017）を参照してほしい）。

2　沖縄台湾間の移動形態の変遷──戦後から復帰まで

　沖縄本島から約400キロメートル先の八重山諸島にある石垣島や与那国は、長らく沖縄から台湾へ向かう船の「中間地点」だった。1895年に台湾が日本に編入されると、八重山‐台湾間では、中型や小型の船による頻繁な往来が始まった。八重山の住民にとって、台湾は出稼ぎ先であり、先進の日本式の技術を身に付ける場であり、進学先であった。修学旅行先にもなり、通院のために台湾に渡ることさえあった。松田（2008）によると、1920年代から終戦にかけて、台湾で働いた八重山出身者の多くが台北や基隆など都市部に居留した。女性は住み込みの家事使用人、電話交換手、事務員などとして働き、男性は公務員や商店の店員、工場労働者として雇用されることが一般的であったという。

　先に登場した古老も、青年時代は台湾へ散髪業の「修業」に出た。エンジン音が耳を劈く小型の粗末な木造船に乗り込み、与那国から1泊かけて揺れる外洋を渡って台湾にたどり着くと、八重山とは別世界の「日本」があった。当時の台北は都市開発によって東京さながらの「帝都」が築かれ、銀座のような目抜き通りがあり、日本家屋が多く建ち並んだ。戦前の北門駅付近の住宅地図を眺めてみると、銭湯や多くの商店、住宅が密集している。そのいずれにも日本人の苗字が付されている。これらのモダンな街並みや日本式の生活は、八重山の人びとのあこがれの的だった。しかし、戦争が始まると、彼も召集された。いったん与那国に船で戻り、また船で出征した。

　戦中の疎開、戦後の引き揚げ、そして戦後の混乱期に栄えた密貿易でも、船は活躍した。その後、1951年のサンフランシスコ講和条約によって米国の施政権下に入り、日本から切り離された沖縄にとって、台湾は物資を輸入する大切な貿易相手であり、重要な労働力の供給地だった。表15‐1からも分かるように1967年までは八重山‐台湾間の海域には年間3万人を超す人びとを乗せた貨

第Ⅳ部　観光とモビリティ

表15-1　石垣港における外航貨物貨客船輸送状況

年度	船客数			貨物船
	乗客数	降客数	航海数	航海数
昭和41（1966）年	33,784	33,046	5艘216航	7艘121航
昭和42（1967）年	32,333	31,515	4艘238航	7艘185航
昭和43（1968）年	545	1,067	2艘16航	記載なし
昭和44（1967）年	357	304	2艘24航	記載なし
昭和45（1970）年	578	654	2艘29航	記載なし

出典：八重山要覧（沖縄県）から筆者作成。

客船が多数往来していた。貨物船の積み荷の種類を見てみると、沖縄側からは農作物を輸出し、その帰りの船で台湾からセメントや砂を輸入している。また、台湾からは多くの台湾人が、パイナップル栽培の技術導入や季節労働のために八重山に渡ってきた。

こうした貨物船はやがて客を載せる貨客船へと変化した。台湾に向かう船の中には、戦前に台湾で生活した人びとが含まれる。中学時代を台湾で過ごした石垣島生まれのある男性（2009年当時90歳）からは、以下のような話を聞き取った。

　　戦前、台北一中に進学した。那覇の中学と台北の中学が候補に挙がったが、石垣からはほぼ同じ距離だし、たまたま台北の中学の受験日が早かったので、受験してみたら合格した。進学後、しばらく叔父の家に下宿したのち、寮に入り集団生活を送った。たまに外出を許されて街にでると、日本から送られてくる雑誌やキャラメルを買い求めた。中学卒業後は、内地の高校に進学した。石垣に残った家族は戦争末期に台湾に疎開し、戦後は闇船で引き揚げた。

　　戦後、復帰前に台湾に行く機会を得た。戦後台湾がどうなっているか見てみたかった。ロータリークラブを介して旅行手続きを行い、石垣から貨客船に乗り込んだ。船で一晩過ごし、翌日台湾に到着した。当時観光のようなものはなく、到着後は1人で行動した。移動の際には日本語のできる

タクシー運転手を探し、かつて自分が通った台北一中を見に行った。台北一中は建国中学と名前を変えていたが、タクシー運転手によると現在でも優秀な学校であるというので、自分もあそこの卒業生であると自慢したという。

土産には「台湾バナナ」をかご一杯に買って帰った。モノがなかった時代の台湾バナナのおいしさが忘れられないと、氏の娘（聞き取り当時50歳代）は語っている。

その後、彼は沖縄県の要職に就くため、沖縄本島に家族そろって移住した。その後、台湾を訪れることはない。視線は本土やアメリカに移っていった。

植民地台湾での生活経験をもつ者にとって、台湾は戦後も引き続き馴染みがあり、言葉の通じる場所であった。貨客船により移動手段が確保されていたことにより、国境線が引かれていたとはいえ、行きやすい場所だったのだ。

3　沖縄台湾間の移動形態の変遷──復帰から現在まで

（1）本土復帰と観光旅行の始まり

1972年の日本と台湾が国交を断絶し、沖縄が本土復帰することによって、日本と沖縄の物流が盛んになった。それまで主流だった八重山‐台湾間の物流は、当然ながら下火になった。ただ、興味深いのは、それと入れ代わるように、「1番近い外国」になった台湾へ観光旅行に行く人びとが増えた、ということだ。戦後の台湾各地では、植民地期に日本によって行われた観光開発を契機として、戦後も各地の観光地化が進められた（曽山 2003）。それが八重山から台湾への移動を容易にしたと考えられる。

那覇の船会社も本土日本、那覇、石垣を経由して台湾へといたる航路を開設して、大型新造船「飛龍」を投入した。飛龍は観光旅行者をターゲットにした定期船であり、「動く海のホテル」と新聞紙面で表現されている。夜、石垣を出港した船は、一晩かけて台湾に向かい、翌早朝、台湾の東側の港・基隆に着

く。乗客は、そこから台北、台中、台南や高雄へといたる旅行を数日間楽しむ。台北は八重山に住む人にとって相変わらず都会であり、そこでお土産を買いこむと、帰りは夜の基隆港から出航し、翌朝石垣に到着する。年末年始にはチャーター便も増設され、にぎわう石垣港の様子を「お正月は台湾で」という見出しで当時の新聞も報じる。

　先述した古老は、壮年にさしかかる頃、台湾に旅行することになった。彼は、船中での2泊を含む7泊8日の旅行記を詳細に記していた。旅行記はその旅行経緯から始まる。1976年、彼は石垣島の老人クラブ連合会で台湾旅行に行くという話を聞きつけ、夫婦でその団体旅行の一員に加えてもらった。一緒に行った老人クラブのメンバーには、台湾での生活経験者が多かった。また、台湾生まれの「湾生（ワンセー）」と呼ばれる人たちもいる。皆「懐かしい」といって台湾に旅行したという。

　戦前の木造船での台湾への移動と違って与那国から直接台湾に行くことはできず、一度石垣に渡らねばならない。また、日本のパスポートを取得したり予防接種をしたりと、準備には時間がかかる。その分外国へ旅行する気分が高まり、いよいよ真新しい客船に乗り込んだ。一晩船に乗った後に降り立った基隆の港では若い頃の想い出が蘇り、懐かしさでいっぱいになった。

　台湾内ではバスで移動した。車内では、旧・台北帝大出身の現地ガイドから日本語で案内を受けた。戦前のまま残る総督府（現・大統領府）を眺めて昔を懐かしみ、若い頃行くことがなかった北投温泉や台南、台中、日月潭、タロコ渓谷を訪れた。そして、夜はアミ族文化村で中華料理を食べながらアミの踊りを楽しんだ。中華料理は沖縄人の口に合い、残すこともなかったという。

　彼の旅行記で興味深いのは、「懐かしさ」と「異国情緒」が入り混じった旅を楽しんでいることだ。台湾で生活していた経験があるとはいっても、出稼ぎや「修行」のために植民地台湾へ渡航した者の生活世界は狭かった。それゆえに、内地からきた日本人にとってはなじみのある温泉に、沖縄人である彼らが行くことはなかったし、ましてや地方の景勝地へ出かける余裕もかつてはなかった。彼らは国境が引かれた後にやってきた台湾で初めて温泉や地方を観光旅行し、先住民や中華料理に出会ったのだ。

（2）沖縄から台湾への船旅の興隆

　1980年代になると本土日本の好景気の影響を受け、八重山から台湾への旅行形態は多様化する。1981年に飛龍の姉妹船として「飛龍2」が定期船として投入された。当時の新聞には「台湾でのショッピングや観光が一段と便利に」という広告が掲載されている。そして、定期船の航路と異なり、年末に出発して年始に戻る石垣港発着のチャーター船便が就航すると、正月休みを利用した石垣からの旅行客が1回で400人以上渡航した。

　他方、本土日本の国外旅行客はどのような状況だったのだろうか。東京五輪と同じ年、海外旅行が自由化された後に国外へ旅立った日本人は約12万人たらずだったが、1969年には60万人、71年には96万人、73年には228万人、79年には403万人と飛躍的に増加する。その背景にあったのが、1970年のジャンボ・ジェット機の就航だ。ジャンボ・ジェット機は従来のプロペラ機と比べて3倍近い座席数と輸送力を実現し、国境を越える人とモノの流れを飛躍的に加速させた。また、当時欧米で主流となっていた安価なチャーター便がオリンピックを契機に日本に乗り入れ始めた。この便の第1便に乗ってきた客が日帰りするわけはなく、飛行機は高い駐機料金を払って空港に置いておけないのでまた飛ばすことになる。この便を空身で返さないために、同じく安価に日本から人を運ぶフェリー便が「発見」された。そのシステムを利用した安価な航空券が出回ることで、日本人の海外旅行者数は増加した（山口　2010）。

　当時の海外旅行の主流は旅行会社が催行する添乗員付きのパックツアーであったが、その裏側では個人で、特に若い層で海外を旅行する人が確実に増え続けた。欧米中心の1970年代に対して1980年代に入るとアジアに拡大することで、行き先が豊富になった。また、1980年代半ばに登場した旅行情報誌の存在が、旅行のあり方を一変させた。旅行情報誌に格安航空券の広告を掲載することで、これまでのパックツアーを取り扱う大手にはない、添乗員なしの旅行形態ができ上がったのだ。そして、1985年のプラザ合意以降の円高と本格化したバブル経済の影響から、1985年には約495万人だった海外渡航者数は1990年には約1,010万人に上昇した。特に購買力を増した若い女性層の旅行客が増加し、ショッピングやグルメを中心とした都市型消費の情報が旅行情報誌をにぎわす

ようになった（山口 2010）。

　このようにチャーター便利用で安く大量の客を運ぶ点では、八重山でも本土日本人のツーリズムを踏襲している。しかし、八重山では地理的に「近い外国」である台湾に行く場合、航空機ではなく従来から行き来している船を利用することで、本土に行くより安く「海外旅行」に行けた。旅行社社員への聞き取りによると、3、4社の旅行会社が企画するツアーはいつも満席になったという。1984年に「海外脱出」と八重山の新聞紙上で表現された正月旅行の客層は、多くが公務員の夫婦や家族連れのグループである。この傾向は、当時、本土日本からの「脱出組」の行き先1位が台湾であり、石垣に住む本土出身の国家公務員の中に「正月は台湾で過ごす」という家族連れが増えていたためだという。

　同じ新聞を繰ってみると、ツアー参加者募集の広告が目に留まる。そこで本土復帰前後からの八重山の地方紙を調べてみると、1980年代以降にツアー広告が掲載され始めたのが分かった。台湾以外のツアー広告もあるが、他の地域と比較すると、台湾の場合は必ず単独広告が打たれている。1985年に「正月台湾船の旅」という初の新聞広告が登場し、「治安のすぐれた、日本語でたのしめる最も近い海外旅行先」として紹介されている。旅程を見てみると、「3泊4日　①高雄・台中・台北コース　②高雄・花蓮・台北コース」が設定されている。石垣から船で出発した場合、台湾の高雄・基隆の港に到着するため、必ず地方を観光し、台北へといたるコース設定になっているのだ。しかし、数年後には港に到着した後、台北に直行する台北観光のみのコースも登場した。ともに台北ではショーを観ながら食事し、故宮博物館を見学し、土産物店へ向かう。このように本土日本からの海外旅行と同じく最終的に都市での消費行動に重点が置かれ、これが1990年代以降も続いている。

　他方、同時期の八重山では、本土資本による観光開発が進んでいた。沖縄本島より戦災が少なく、「沖縄らしい」街並みと自然を残す「最周縁」の「南国リゾート地」として日本本土からの観光客に注目され始めたのだ（多田 2008）。大量の観光客を迎え入れるためのホテル開発に日本企業の資本が次々と投下され、リゾート開発が進んだ。この「日本」からの観光開発の過程で本土各地と

那覇、石垣を結ぶ航空路線の拡充が進むと、八重山に住む人びとの旅行先も変わり始めた。1980年代後半から1990年の新聞広告を見てみると、「温泉」「雪まつり」「ディズニーランド」さらには「欧州」「東南アジアのリゾート地」が人気の旅行先として掲載されるようになる。八重山、ひいては沖縄にはない観光資源を持ち合わせている本土日本が、日本語が通じながら「異国情緒」を満足させてくれる魅力的な旅行先として認識されるようになったのだ。本土観光客を迎える航空便の就航を通じて八重山の人びとの移動先も拡大し、もはや台湾だけが旅行先として意識される時代ではなくなったのである。

（3）沖縄から台湾への船旅の衰退

1990年代を迎えると、日本国内から沖縄那覇、そして八重山地域へ向かう航空路線が拡充され、移動形態の軸足がますます船舶から航空機へと移った。バブル景気後退後、その影響は沖縄－台湾間を結ぶ船舶にも影響した。1995年、有村産業が新造した豪華クルーズ船は、経営を圧迫していた。石垣港への入国（帰国）者数統計によると、1990年からの10年間で1,000人を超えたのは4年だけで、月平均にすると100人以下、さらに出航回数平均で換算すると、1回に数十人しか乗っていない。実際は、5月の連休、年末年始のチャーター船利用者が多くを占めるため、それ以外の出航日には、ほとんど人が乗っていないということになる。定期船は客室を観光客向けに快適にかつ豪華に改装されたものの、客足は減りつづけた。2008年に船会社の倒産により、八重山－台湾間の船便はついに途絶えた。「近い外国に船で行く」というこの海域特有のツーリズムは、日本側の八重山観光開発の「おまけ」で廃れていった（図15-1）。

定期船廃止後、旅行者はどのようにして八重山から台湾に向かっているのだろうか。2010年から2011年には、石垣空港から花蓮を経て台北松山へ飛ぶ航空チャーター便が運行された。台湾の航空会社が運航するこの便により、石垣側から航空機を使ったツアーが復活した。しかし、台湾側からの便利なフライトスケジュールになっているため石垣側からは利用しにくく、台湾へ行く客の全体数は激減したという。例として旅程と金額をみてみよう。

第Ⅳ部　観光とモビリティ

図 15-1　飛龍21、石垣からの最終出航
出典：松田良孝氏提供。

石垣市の旅行会社による台湾観光旅行の旅程案内（2010年版）
①　台湾に行きたいわん
　　3日間54,000円～69,800円（2人1室）：台北観光
　　4日間77,000円～（2人1室）家族向け：ＭＲＴ（地下鉄新交通システム）を利用した観光、動物園を回るコース
②　台湾的ゴルフでエンジョイ
　　4日間81,800円～101,800円（2人1室）ゴルフ1プレイ付

　定期船時代、石垣基隆間は往復割引21,600円（2等相部屋）で、船内2泊分が含まれていた。朝到着するため、その日1日を有効に利用でき、また夜の船に乗って帰ることを考えると、航空機利用は割高で日程も制限されやすい。
　日本本土において航空運賃とホテル宿泊のみの通称スケルトンツアーは1990年代以降拡大したが、2泊3日や3泊4日という限られた日程で海外旅行を満喫するためには効率性が求められる。したがって、複数の地域移動は避け、一地域、主に都市消費型の旅行形態が広がると、利用者はよりコスト・パフォーマンスを重視するようになった（山口 2010）。これは八重山から台湾への航空機を利用した旅行にも当てはまる。定期船のあった1980年代以降、基隆や高雄

など必ず1つは地方を回っていたコースも、割高で不便なフライトスケジュールの航空機を利用したツアーの場合、観光先はほぼ台北に収斂されてしまう。

次に台湾以外の人気旅行先を挙げてみよう。

石垣市の旅行会社による観光旅行の旅程案内（2010年版）
① 那覇2〜3日間24,000円〜32,000円（ホテル付）
② （那覇発）立山黒部アルペンルート3日間52,800円〜91,800円（1人）
③ （那覇発）上海万博と無錫・蘇州4日間65,000円

台湾以外に旅行する人は、国際線ターミナルがある那覇空港経由で本土日本へ、また国外へと向かう。石垣 - 那覇間の航空便は1日20便以上あり、早期割引を利用すれば往復約14,000円で利用できる。ホテルパックにすればさらに割安になるときもあり、乗り換えついでに那覇で買い物をするという利用者もいる。圧倒的に八重山 - 台湾間の方が近いにもかかわらず、このように値段に差がでないとなると、近くても安くないなら台湾に行く意味がない。八重山において移動手段が航空機に限られた場合、台湾との「距離的な近さ」は、多様になった旅行先の選択において必ずしも優位になるとは限らない。このような状況を、石垣のある旅行者社員は次のように嘆いた。

「復帰から先はだんだん、そして船がなくなってさらに台湾に行かなくなってから、ますます内地にばかり目が向いている。特に若い人たちにとって、こんなに近くに外国があるのに、そっちに目を向けないのはもったいないですよ。」（旅行社社員50歳代男性、2010年聞き取り）。

このような「近くても台湾に行けない状況」は、旅行とは別の形でこの海域を行き来していた、あるいは行き来したい人びとにも影響を及ぼしている。

4 沖縄と台湾の間を生きる人びと

　沖縄には台湾にルーツをもつ人びとである「琉球華僑・華人」が存在している。彼らが作った同郷団体の調べによると、沖縄県には約1万人弱の琉球華僑（中華民国・台湾の国籍を持ちながら国外に居住している者）・華人（本人や父祖が中華民国・台湾出身で、居住国の国籍を取得した者）がいると推定される。無視できないほどの規模であるにもかかわらず、琉球華僑・華人（以下、「華僑」）は地域においてあまり顔の見えない存在であり続けてきた（八尾 2016）。

　最初期の華僑は植民地期台湾から同じ「日本」内であった八重山地域の石垣島に、開拓者として入植してきた。そして「たいわなー」と蔑称されるような差別を経験してきた（星名 2003）。台湾と八重山の間に国境が引かれた戦後、琉球政府は沖縄の産業振興としてパイナップルの生産・加工産業を重視する。その栽培技術の導入、季節労働者という形で、多くの台湾人が沖縄に渡ってきた。パイナップルは、戦後、換金作物としての期待の高まりから栽培が開始され、1953年には本土にも出荷されるようになった。パイナップル栽培地は適した土壌であった石垣島や本島北部に集中した。収穫したパイナップルを加工する工場の人件費削減や労働作業を補うために、1960年代後半から華僑が出稼ぎに来た（本浜 2010）。また、石垣にもサトウキビ収穫の季節労働のために、多くの華僑がやってきた（上水流 2011）。

　定期船時代には、多くの琉球華僑・華人が商用や帰省のために沖縄と台湾との間を行き来していた。農業の衰退を受けて市街地の商業活動に移行した人びとは、中華料理店や商店を開いた。物資全般が安価で質がよい台湾から様々なモノを運んでくる人もいた。中には「担ぎ屋」として生計を立てる人もいた（松田 2004）。

　1980年代から1990年代にかけての定期船の様子について、石垣に暮らすある華僑は次のように語った。

　　小学校の頃（1980年代中頃）は夏休みになると、親に連れられて台湾に

よく行った。石垣にはないおもちゃを親に買ってもらうのが嬉しかった。中学生くらい（1990年前後）になると子供たちだけで船に乗ることもあった。同じく何度も台湾と行き来している華僑の家族連れや担ぎ屋のおばさんたち、慣れない様子の日本人らしき青年。今では個室やグループ用の部屋もあるだろうが、当時の船内では、皆が1つの大きな部屋で寝ていた。そこは、無国籍の雑多な空間であったことを記憶している。1999年から台湾に留学した時も、船で石垣から台湾へ向かった。2等客室に雑魚寝というスタイルは変わらなかったが、同じ部屋になる人がいなくて独り占めというときもあった。その後、定期船は新造を重ねるごとに船内が豪華になったが、かつての雑多な雰囲気は消え、次第に客も減っていった。ほとんど自分一人しか乗っていないということもあった（華僑2世、1979年石垣市生まれ）。

　2008年の定期船の停止により、華僑が台湾から買い付けていた商品の大量輸送が不可能になった。この定期船停止の余波は、農業を営む華僑にも影響している。例えば、石垣市でパイナップル農園を営む男性（1952年石垣市生まれ）は、定期船があった頃には年に2～4回ほど「帰っていた」と語る。彼自身は、石垣生まれの2世だが、妻は台北出身である。そのため、台北に暮らす妻の両親を訪ねるために定期船を利用したという。また、パイナップル収穫時には、台湾から人手を頼んでいた。

　筆者が彼の農場を訪れたとき、台湾のカレンダーを壁にかけてあるのが目に付いた。聞けばこのような生活雑貨から農機具、家具、仏壇にいたるまで定期船で輸送したという。しかし、定期船停止後は、飛行機を利用せざるを得ない。石垣発着のチャーター便がないときは、石垣から那覇を経由して台北に向かうため15万円もかかったという。しかも大型のモノは飛行機の場合、超過料金をとられるので運べない。「今は高くて気軽に何度も帰れない。船があれば台湾にあるいろいろなものも安く運んでこられるのに」と彼は語った。

　八重山において定期船停止の直接的な影響を最も受けたのは、華僑であるといっても過言ではない。彼らは、定期船で台湾との行き来を繰り返しながら、

私的な経済圏を構築・維持していた。また、旅慣れたリピーターのように往復し、かつ長期滞在することを繰り返すことで、その都度台湾の情報を更新していた。しかし、日本国内のツーリズムの影響から船舶の利用が減少し定期船がなくなった現在、行き来すること自体が難しくなった。市場として目の前にある台湾を活用しない・できない状態や、さらに台湾の実情が知られていないことに彼らは不満を持っている。

5　八重山から来た青年——境域における移動と観光をめぐる力学

　他方で、台湾からの観光客は増加している。1979年の台湾における海外渡航の自由化を経て、沖縄への台湾人の渡航が始まると、1980年には早くもそれまで1位であった米国を抜き、それ以降、常に沖縄における入域外国人数のトップを台湾が占めている。1997年には、台湾の旅行ブームを背景に、台湾からのクルーズ船が石垣に寄港し始めた（図15‐2）。飛龍の旅客減少とは正反対の現象である。飛龍同様にホテルの機能を備えた大型客船であるが、クルーズ船であるため沖縄側から新規に旅客を乗せることはない。台湾を発って翌朝石垣島に着くと乗客は下船し、1日観光を楽しむとまた船に乗り、台湾に戻る。

　石垣島では、旅行会社が島内を周遊するガイド付きバスツアーを企画し、石垣島周遊コースや、竹富島へ渡るコースなど複数用意している。しかし、すべてのコースの最後はショッピングモールでの買い物である。モールは、スーパーを中心に100円ショップ、和食中心の定食屋、ドラッグストア、衣料品店、書店が並ぶ、郊外型の中規模商業施設である。普段は人の少ないそのモールに、観光バスに乗った台湾人が押しかけるようになると、石垣の人びとは困惑した。「なぜ観光旅行にきてスーパーで日本の寿司や桃や林檎を買うのか」。寿司のネタは沖縄で捕れるものを使っているが、桃や林檎は沖縄で栽培・出荷していない。同じような現象はもう1つの寄港地・那覇でも起こった。「なぜ観光旅行に来てユニクロやドラッグストアに行くのか」。

　こうした台湾人観光客の行動への違和感の背景には、日本からの観光客に合わせた「沖縄らしい」土産物の開発がある。日本語の沖縄ガイドには、泡盛や

第 15 章　不自由な境域観光

図 15-2　台湾から石垣に寄港したクルーズ船（2011年）

沖縄の民芸をアレンジした小物、菓子やトロピカルフルーツなどの写真が多数掲載され、それらの商品を買うように促している。いっぽう、台湾人観光客にとって、沖縄は日本であり、台湾で知られている日本商品を買いたいのだ。一般に自明視される観光という概念でさえ、こうもすれ違う。このすれ違いの理由には、沖縄 - 台湾間の不均衡な移動形態があるのではないか。

　沖縄 - 台湾間に国境が確定され強化される中で新たに始まった台湾への観光旅行によって、「近い外国に船舶で旅行する」という八重山独自のツーリズムが生み出された。そこには地理的な近接性と植民地期以来の移動形態が影響している。日本語が通じる「懐かしい」場所であり、かつ「異国情緒」を感じることができる台湾への観光旅行は、本土復帰により本土ツーリズムが流入するなか、広告業や旅行業の発達により1980年代にピークを迎えた。しかし同時に本土から沖縄への観光客が増加する中で拡大した日本各地との航空定期路線により、八重山からの旅行先も多様化することで多方向へのつながりができるようにみえて、実は本土日本とのつながりが強化されている。

　このように本土日本のツーリズムが絡み合い、それを八重山の人びとが内面化することで、台湾は唯一の旅行先ではなく選択肢の１つとなった。さらに定期船に代わって唯一の移動手段となった航空便による旅行により観光地が都市部に集約されることで、多様な台湾を知る術が減少している。現在八重山の人

313

びとがゲストとして訪れる機会自体が画一化したり先細ることで、台湾に関する情報を更新する機会が減少している。多様な旅行先が自由に選べるように見えて、本土日本のツーリズムによってこの境域に「不自由さ」がもたらされているのだ。

「旅行なんだから、別に台湾にばかり行かなくてもいいじゃないか」と思う人もいるかもしれない。果たしてそうだろうか。自分たちが暮らす100km圏内、400km圏内の移動が、ある方向に制限されたときに、どんな不自由が生じるだろうか。当たり前のようにある、進学や就職といったライフイベントに不便が生じないだろうか。あるいは自分たちの可能性を狭めはしないだろうか。

最後にこんなエピソードを紹介しよう。八重山から台湾に進学したある青年の話だ。彼は、石垣島に生まれ育って高校を卒業し、台湾の大学に進んだ。

植民地期、石垣から台湾に進学できる人はごくごく限られていたとはいえ、沖縄本島や本土日本よりずっと近い場所だという感覚は確かにあった。しかし、彼が進学した2000年代後半、定期船はなくなり、島の高校の先生からは台湾への大学進学を大反対され、日本本土の大学へ進学することを強く勧められた。幸い両親の理解があり、彼は最終的に台湾の大学に進学した。

石垣の知人からの紹介で、筆者はその青年と台北で会った。若い人向けにアレンジされたおしゃれな中華料理（もちろん香菜が添えられている）を食べて、スターバックス（当時石垣島にはなかった）でコーヒーを飲みながら、留学生活についてあれこれと話を聞いた。本土日本に進学していたら、もっとお金がかかっていたであろうことや、台湾人だけでなく多くの留学生との交流について。また、石垣から見たときに、那覇とさほど変わらない距離にある国外に留学しているという不思議な感覚について。もちろん現在は中国語で講義を受けなければならないにせよ、船で一晩（実際には数時間）、飛行機で1時間の場所に大都会があり、留学先がある。彼は八重山に暮らすことを1つの優位性ととらえて、後に続く人がもっと増えることを望んでいた。筆者もその話に頷きながら思った。八重山と台湾を行き来する人がこうして今もいて、その移動経験がこの人の未来を広げていると。

参考文献

植野弘子（2011）「特集・台湾をめぐる境域」『白山人類学』14号、pp. 1-6。

越智郁乃（2017）「交錯するツーリズム――八重山台湾間の観光をめぐる台湾認識のあり方」上水流久彦・村上和弘・西村一之編『境域の人類学――八重山・対馬にみる「越境」』風響社。

上水流久彦（2011）「『周辺』にみる国民国家の拘束性――台湾人の八重山観光を通じて」『北東アジア研究』第20号、pp. 51-66。

―――（2016）「八重山にみる日本と台湾の二重性――台湾人観光の現場から」小熊誠編『〈境界〉を越える沖縄――人・文化・民俗』森話社。

―――（2017）「はじめに」上水流久彦・村上和弘・西村一之編『境域の人類学――八重山・対馬にみる「越境」』風響社。

曽山毅（2003）『植民地台湾と近代ツーリズム』青弓社。

多田治（2008）『沖縄イメージを旅する――柳田國男から移住ブームまで』中央公論新社。

星名宏修（2003）「『植民地は天国だった』のか」西成彦・原毅彦編『複数の沖縄――ディアスポラから希望へ』人文書院。

松田ヒロ子（2008）「沖縄県八重山地方から植民地下台湾への人の移動」蘭信三編『日本帝国をめぐる人口移動の国際社会学』不二出版。

松田良孝（2004）『八重山の台湾人』南山舎。

―――（2010）『台湾疎開』南山舎。

本浜秀彦（2010）「エキゾチシズムとしてのパイナップル――沖縄からの台湾表象、あるいはコロニアルな性的イメージをめぐって」西川潤・松島泰勝・本浜秀彦編『島嶼沖縄の内発的発展』藤原書店。

八尾祥平（2016）「地域と地域の境界に埋もれた歴史を思い起こす――琉球華僑・華人を中心に」小熊誠編『〈境界〉を越える沖縄――人・文化・民俗』森話社。

山口誠（2010）『ニッポンの海外旅行――若者と観光メディアの五〇年史』ちくま書房。

文 献 案 内

序　章

① シベルブシュ，W.（1982）『鉄道旅行の歴史——19世紀における空間と時間の工業化』加藤二郎訳、法政大学出版局

19世紀にはじまった機械的動力にもとづいた移動の高速化がいかに広範囲な社会的影響を与えたのかを示している。私たちの空間認識や時間感覚の変化、大規模な事故への不安といった側面に焦点を当てて興味深く論じている。

② ブレンドン，P.（1995）『トマス・クック物語——近代ツーリズムの創始者』石井昭夫訳、中央公論社

世界初の旅行会社を設立したトマス・クックの伝記であるが、近代社会において観光がどのような条件の下で大衆化し、それを巡ってどのような社会的言説が交わされて来たのかについて豊富な歴史資料にもとづいて示している。

第1章

① 臼井冬彦・富士通総研（2013）『「観光」を切り口にしたまちおこし——地域ビジネスの進め方』日刊建設工業新聞社

永年シリコン・バレーに身を置き、情報関連産業分野を中心に数々の企業経営に携わったビジネスのプロが、実践的な切り口から観光にアプローチした1冊。マーケティング論を中心に、いかに学術的な理論を観光ビジネスの現場で活用するべきかを具体例を交えて解説している。

② Kotler, P., Bowen, J. T., Makens, J. C., and Baloglu, S. (2017) *Marketing for Hospitality and Tourism,* Seventh Edition, Pearson Education Limited

マーケティング研究の泰斗P・コトラーのホスピタリティ＆ツーリズム・マーケティングシリーズの最新第7版。英語だが初級学修者向けの教科書として構成されており読みやすい。本章で触れた社会指向型マーケティングを含むマーケティング基礎理論への理解を深めつつ、TripAdvisor などの最新のケーススタディで実践的なアプローチも学べる1冊。

③ ハニー，M（2016）『エコツーリズムと持続可能な開発——楽園はだれのもの？』高梨洋一郎・真板昭夫監修、くんぷる

ガラパゴス諸島を初め、世界中のエコツーリズム事例を取り上げ、その意義と課題を

実地調査に基づいて詳細描いた著作。エコツーリズム発祥の地コスタリカの事例やアフリカの事例なども盛り込まれており、観光をめぐるグローバルな潮流を理解する視座を養うための1冊として薦めたい。

第2章

① 岡本亮輔（2015）『聖地巡礼――世界遺産からアニメの舞台まで』中公新書

現代社会で宗教が観光化することで生じた変容を論じた著作。世界遺産登録の過程で宗教や伝統文化がどのように語り直されるか、パワースポット・ブームが寺社観光に与え影響などを論じ、本章で取り上げた新郷村のキリストの墓も詳しく取り上げている。

② 門田岳久・室井康成編（2014）『〈人〉に向きあう民俗学』森話社

生きる人をとらえる視座を導入することで、硬直化した民俗学研究を蘇生させようとする論集。民俗学では十分に扱われてこなかった人権、ジェンダー、政治文化、再帰性などの議論が試みられる。

③ 保苅実（2018）『ラディカル・オーラル・ヒストリー――オーストラリア先住民アボリジニの歴史実践』岩波書店

本章でも取り上げたが、アボリジニを対象として学術以外の場で生まれる歴史の生成を論じた著作。歴史に関わる営為を歴史経験や歴史実践として広くとらえ返す視座は観光研究においても不可欠である。

第3章

① アーリ，J.、ラースン，J.（2014）『観光のまなざし（増補改訂版）』加太宏邦訳、法政大学出版局

国内外の観光研究において1990年代以降最も参照されてきた文献の1つ。観光客の「まなざし」を鍵概念に現代観光を読み解くだけでなく、ラースンとの共著となった第3版では、観光研究の新たな理論的展開にも目配せをしている。

② ブルーナー，E. M.（2007）『観光と文化――旅の民族誌』安村克己他訳、学文社

世界各地でのフィールドワークをもとに構築主義的な観光人類学を観光研究に導入した著者の集大成ともいえる書。真正性や観光経験、世界遺産やナショナリズムなど観光と関連した多岐にわたるテーマを扱っている。

③ マキァーネル，D.（2012）『ザ・ツーリスト――高度近代社会の構造分析』安村克己他訳、学文社

1977年の初版出版以来、人文社会科学的な観光研究において常に参照されてきた古典の邦訳。「演出された真正性」や「観光対象の記号論」など、現代観光を理解するうえで未だ刺激に富んだ議論が展開されている。

第4章

① 西村幸夫・埒正浩（2017）『証言・町並み保存』学芸出版社

観光地としても有名な8つの地域のリーダーに、いかに町並み保存に取り組んできたのかを聞いたインタビュー集。第1世代の語る問題意識や地域への思い、まちづくりの理念は、社会経済などの地域を取り巻く状況が変わった今でも本質的で背中を押される。

② 山村高淑・小林英俊・緒川弘孝・石森秀三編（2010）『コミュニティ・ベースド・ツーリズム事例研究――観光とコミュニティの幸せな関係性の構築に向けて』北海道大学観光学高等研究センター・財団法人日本交通公社

ＣＢＴを成功に導くための秘訣と課題を、中国・貴州省、ブータン王国、ニュージーランド・マオリへの現地調査から明らかにする報告書。各事例の観光活動とバランスを取りながら、地域づくりを行うための理念やアイデアは日本においても参考になる。

③ 長峯晴夫（1985）『第三世界の地域開発――その思想と方法』名古屋大学出版会

本書は、地域開発の理論的系譜を押さええつつ、途上国に長年関わってきた著者の経験をもとに、地域開発の計画や推進に必要な思想と方法について論じたものである。地域社会の問題解決能力の向上の重要性など、観光開発を考えるうえでも抑えておくべき基本的な考え方を学ぶことができる。

第5章

① 青木辰司（2010）『転換するグリーン・ツーリズム――広域連携と自立をめざして』学芸出版社

本章第2節冒頭で触れたように全国のグリーン・ツーリズムは、教育旅行や滞在型に限らず、よりさまざまな形態で実践されているものである。その全体的状況について、豊富な事例とともに学びたい人には、本書が適しているだろう。

② 鈴木涼太郎（2010）『観光という〈商品〉の生産――日本～ベトナム　旅行会社のエスノグラフィー』勉誠出版

文化人類学者が自ら職員となって働きながら、旅行社の日常的実践の中で旅行商品とはどう形成されるものか、を明らかにした本。やや専門的だが、旅行業の役割を考えたい人は、まずは事例部分だけでも一読をお勧めしたい。

③ Botterill, D. and Platenkamp, V.（2015）『観光調査のキーコンセプト――方法論的多様性、理論的背景、歴史的展開』小槻文洋他監訳、同友館

人文学的観光研究のキー概念集。とても専門的で難解だとは思うが、各項目に用意された「あなたの研究との関わり」「観光学への応用」という欄だけでもパラパラと読みこなせば、観光調査の発想力はきっと豊かになるだろう。

第6章

① ホワイト，H.（2017）『実用的な過去』上村忠男監訳、岩波書店

　ホロコーストのような「限界に位置する出来事」の表象可能性に対する思索を深め、「実用的な過去」という概念にたどり着いた歴史学者の論文集。倫理的な関心に対する自身の決断を参照する際に必要とされる「実用的な過去」という概念は、遺産－地域社会－観光の関係性を考えるうえでも示唆に富む。

② 田中英資（2017）『文化遺産はだれのものか』春風社

　本書は、トルコが抱えるアナトリア文明の遺物と、トルコ政府、考古学者、地域住民など遺物に関わる利害関係者との間の関係性を通して、文化遺産への価値の付与過程や遺産そのものの人びとによる扱いを明らかにしている。

③ 周婉窈（2013）『増補版　図説台湾の歴史』平凡社

　本書は、長く続いた戒厳令が解除された後に書かれた台湾の通史である。中国史の一部として描くのではなく、台湾の歴史とは「誰の歴史か？」という問題意識に基づき、先住民の歴史から書き起こし、現代にいたるまで多様な民族によって紡がれた歴史を詳述している。

第7章

① 金成玟（2018）『K-POP——新感覚のメディア』岩波新書

　K-POPをメディアとしてとらえ、そこで媒介される音楽的・産業的・社会的欲望と感覚のメカニズムについて論じている。本章で取り上げたソウルとの関係を含め、韓国社会の再構造化のうえでの歴史的形成過程やグローバルな文化フローとしての展開を、K-POPを構成する各要素を通じて分析している。

② アーリ，J.（2003）『場所を消費する』吉原直樹・大澤善信監訳、法政大学出版局

　「場所」が商品およびサービスの消費の対象になっていく過程を、長い間付与されてきた場所性そのものの変容とともに分析した論文集。場所性がどのように生産され、消費されるのかについて考えたい人におすすめ。

③ コールハース，R.（1999）『錯乱のニューヨーク』鈴木圭介訳、ちくま学芸文庫

　ニューヨーク・マンハッタンの形成過程をつうじて現代建築はもちろん、現代都市に向けられる欲望とまなざしについて歴史的に論じた著作。19世紀から20世紀への転換を生み出した新たな都市性と現代性の創造・変容過程のところどころで登場する観光客の存在が興味深い。

第8章

① 床呂郁哉・河合香吏編（2011）『ものの人類学』京都大学学術出版会

本書は「もの」にも人間と同等の行為能力があることを認め、人や周囲に様々な反応を引き起こす存在であることを、仮面、楽器、道具、布、切り絵など世界各地のフィールドから、日常生活の中で人びとが「もの」と関係し合う様相をエスノグラフィックにとらえた書籍である。

② ゲール, J.（2014）『人間の街——公共空間のデザイン』北原理雄訳、鹿島出版会

本書は建築学の書籍で、歩きやすい街の特徴、自然な目の高さになる建築構造、対話が生まれるベンチなど、公共空間を作る諸条件を解説している。モノを中心に見てきた建築学が人間の感覚や行動という視点を入れたことで、結果的に、人とモノとの関係性で街を読み解くことに成功している。

③ 門田岳久（2013）『巡礼ツーリズムの民族誌——消費される宗教経験』森話社

本書は現代日本でツーリズムと一体化した巡礼を行う人びとを取り上げた民族誌だが、自らの巡礼経験をどのようにとらえて他者に表現するのかという再帰性の問題を、現代民俗学的なナラティブ研究の手法で展開している。

第9章

① スミス, V. L. 編（2018）『ホスト・アンド・ゲスト——観光人類学とはなにか』市野澤潤平・東賢太朗・橋本和也監訳、ミネルヴァ書房

本書は「ホスト・アンド・ゲスト」という現在の観光研究においても重要な枠組みを提示した観光人類学の古典の新訳。移動、余暇、開発、ジェンダー、文化の商品化、帝国主義など幅広い人類学理論との関連から観光現象をとらえる視座が提示される。

② 信田敏宏・白川千尋・宇田川妙子編（2017）『グローバル支援の人類学——変貌するＮＧＯ・市民活動の現場から』昭和堂

本書はＮＧＯ活動をその支援が地域社会を越えグローバルに展開している今日的状況に位置付けたうえで、支援に関わる諸アクターの多様性や多層性、支援の現場で新たに構築される関係性を論じた論集。観光開発を研究するうえでも有用である。

③ スコット, J. C.（2013）『ゾミア——脱国家の世界史』佐藤仁監訳、みすず書房

本書は近代以前の東南アジア山岳地帯の山岳民族たちを対象とし、国家に「統治されない技法」を論じたものである。山岳民族たちが高い移動性を可能にする文化、社会を作り上げることで国民国家に完全には統合されずに自律性をもちえたと論じる本書は、グローバル化の進展する現代社会を考えるうえでも示唆的である。

第10章

① 山中弘編（2012）『宗教とツーリズム——聖なるものの変容と持続』世界思想社

主に宗教研究の立場からツーリズムにアプローチした画期的な論考集。国内外を

フィールドとする著者たちの研究成果が収められており、「宗教と観光」という「聖と俗」が交錯する興味深い事例から、理論的なフレームワークが多角的に学べる。研究書であると同時に、本格的な入門書でもある。

② 村上大輔（2016）『チベット 聖地の路地裏——八年のラサ滞在記』法藏館

中国チベット自治区ラサで書かれたチベットの文化に関するエッセイ集。宗教や民俗、ジェンダーや政治・経済など内容は多岐にわたっており、人類学的な分析が加えられる。滞在記として書かれたが、広く「旅文学」として読まれていることから、本章との関連で読まれたい。日本旅行作家協会・第2回「斎藤茂太賞」審査員特別賞受賞。

第11章

① 橋本和也（2011）『観光経験の人類学——みやげものとガイドの「ものがたり」をめぐって』世界思想社

本稿でも紹介したが、本著では、観光人類学の先行研究を丁寧かつわかりやすくレビューされており、かつ近年の観光人類学研究者が留意すべき問題点も指摘されている。そのため観光人類学の学習者の必読本である。

② 小川さやか（2011）『都市を生き抜くための狡知——タンザニアの零細商人マチンガの民族誌』世界思想社

インフォーマルな商業組織や法制度の網の目を潜りながら展開される商売に関する民族誌は、観光人類学分野では少ないものの文化人類学全体で見れば数多く見られる。本著はそうした視点に基づく代表的な民族誌の1つである。

③ オング, A.（2013）『《アジア》、例外としての新自由主義』加藤敦典・新ヶ江章友・高原幸子訳、作品社

本著は、ジョン・アーリがミシェル・フーコーの権力論を「まなざされた他者の行動を支配し規制するもの」と一義的にとらえたのとは対照的に、「異なる権力や複数の統治が互いに関係しながら共存しグローバル空間の中で配置される」というフーコーの別の見方を取り上げ、アジア諸国の現在の統治のあり方を民族誌的に描いたものである。

第12章

① 東賢太朗・市野澤潤平・木村周平・飯田卓編（2014）『リスクの人類学——不確実な世界を生きる』世界思想社

リスクという視座から人類学的研究蓄積を整理したうえで、現代において人びとが向き合うリスクの多様な相貌を描き出した論集。一様に押し付けられる「リスク社会」に対してオルタナティブなあり方を探求する人類学的リスク研究の可能性を示している。

② 鈴木涼太郎（2010）『観光という〈商品〉の生産——日本〜ベトナム 旅行会社の

エスノグラフィ』勉誠出版

日本の大手旅行社でのフィールドワークから、旅行商品の生産される過程を文化人類学的に考察した民族誌。経済的な利潤追求だけでは説明できないパッケージツアー生産の現場の動態を描写している。

③ 園田茂人・蕭新煌編（2016）『チャイナ・リスクといかに向き合うか——日韓台の企業の挑戦』東京大学出版会

中国に進出した日本、韓国、台湾の企業が、中国の「社会主義市場経済」のもとで、どのようなリスクを感じているのかを比較研究した論集。それぞれに異なるリスクへの認識と対処の特徴が炙り出されている。

第13章

① 角幡唯介（2018）『新・冒険論』インターナショナル新書

本書は、チベット・ツァンポー峡谷の人類未踏部の踏破や、1845年にイギリスを出航して北極探検の旅に出たまま消息を絶ったフランクリン隊の極北での足跡を辿って真相の究明に迫るなど、自身も冒険家である角幡が冒険について考察した書。人跡未踏の地が地球上から消滅し、今や世界最高峰のエベレストでさえも登頂ツアーが催行される状況にある、冒険受難時代における新たな冒険論。

② 植村直己（2008）『青春を山に賭けて』文春文庫

日本人初のエベレスト登頂や、人類史上初となる五大陸最高峰登頂を成し遂げるなど、日本冒険界の第一人者である植村の世界放浪記。「学校を卒業したらひとつの企業で定年まで勤め上げる」という1960年代の日本社会に充満していた価値観を拒否して、船で日本を飛び出して世界を縦横無尽に駆け抜けた植村の青春記。

③ 沢木耕太郎（1994）『深夜特急』新潮文庫

20代の沢木は、ある日仕事を辞めてユーラシア大陸横断の旅に出る。彼の旅の目的は、「インド・デリーからローカルバスを乗り継いでイギリス・ロンドンまで行くことができるか」を確かめることだった。現地の文化にどっぷり浸りながら波乱万丈に移動していく様子を綴った旅行記は、現代日本社会においてバックパッカーの「バイブル」とさえ言われている。

第14章

① スコット，J. C.（2017）『実践　日々のアナキズム——世界に抗う土着の秩序の作り方』清水展・日下渉・中溝和弥訳、岩波書店

政治的理念に基づくライフスタイルを支える思想のひとつに「アナキズム」がある。本書は、著者による日々の実践と思想を丹念に紐解くことで、私たちのライフスタイル

と政治性がどのように関連しているのかを示してくれる。

② 松本哉（2016）『世界マヌケ反乱の手引書——ふざけた場所の作り方』筑摩書房

研究書とは言い難いが、地域に根づきながら生活空間を構築する「ホスト」として、なおかつ東アジアを中心に社会運動の旅を行い、各地の運動家と交流を続けてきた「ゲスト」両者として長年活動をしてきた実践家としての著者のノウハウ集であり、運動家の意味世界を知るうえでも重要な本である。

③ ゼイナップ・トゥフェックチー（2018）『ツイッターと催涙ガス』毛利嘉孝監修、中林敦子訳、ele-king books

近年の「社会運動の旅」における移動や滞在のプロセスを考えるにあたり、メディアとの関係は切っても切れないだろう。本研究は「オキュパイ運動」や「アラブの春」といった大規模な集合行動においてモバイル・メディアとインターネットが果たした役割を、近年の研究から詳細に検討するものだ。

第15章

① 小熊誠編（2016）『〈境界〉を越える沖縄——人・文化・民俗』森話社

日本の最南端に位置し、かつて独立王国を形成した沖縄には、地理的・歴史的にさまざまな「境界」が存在する。変動し、重層する「境界」とそれを越えて移動する人や文化について多様なトピックから描き出した論集。本章に登場した沖縄における台湾人観光や琉球華僑・華人の埋もれた歴史についてさらに知りたい人におすすめ。

② 上水流久彦・村上和弘・西村一之（2017）『境域の人類学——八重山・対馬にみる「越境」』風響社

沖縄県の宮古島以南の島々と台湾、長崎県対馬と韓国釜山という2つの境域で、国家と駆け引きしながら生きる人びとの姿と、国家の力が境域に果たす意味を探る論集。八重山台湾間よりさらに近い対馬と釜山は、一見友好的な日台関係と異なりナショナリズムが先鋭化する場であるとみられがちだ。しかし対馬の韓国人観光客への調査によると、「安さ」「近さ」「家族や知り合いとの旅行」など、実際はナショナリズムとは無縁な自己の物語を生み出す観光客の姿が明らかになる。国家間関係やナショナリズムに還元できない多様な接触について、沖縄と比較しながら読んでほしい。

③ 松田良孝（2010）『台湾疎開』南山舎

植民地期台湾への疎開を経験した八重山の人びとの証言と戦中・戦後史を軸に、疎開者帰還船の運航に尽力した人びとの記録、筆者がかつて疎開先だった台湾各地を訪れて地元の人びとへの聞き取った疎開者にまつわる記憶から構成された著作。植民地期台湾から八重山に渡ってきた台湾人、そしてその子孫である人びととの人生史と歴史の交錯を描いた『八重山の台湾人』（2004年、南山舎）も併せて読んでほしい。

索　引
（＊は人名）

あ行

＊アーリ，J.　1, 75, 153, 165
アクター・ネットワーク理論　195-197
＊アパデュライ，A.　153, 161
イスラーム　182-186, 188-192, 197
＊イーデンサー，T.　76
＊市野澤潤平　250, 258
インティ・ライミ　55
インバウンド　29, 101
インフォーマル・セクター　25, 26, 34, 237
＊ヴァルコネン，J.　196
上からのグローバリゼーション　234-236
裏領域　4-6, 9-11, 14
＊海野金一郎　83
エージェンシー　173, 178, 194-197
エコミュージアム　131
エポケー　116
演技　11, 14, 15, 76, 77, 79
オーバーツーリズム　31-34, 37, 38, 41
表領域と裏領域（表舞台・裏舞台）　4, 5, 10, 14, 54
オリエンタリズム　216

か行

回族　182, 183, 187-191, 193, 197
合掌造り　83, 84, 87, 89-91, 96
カトマンズ　220, 224
＊上水流久産　126
＊川喜田二郎　213
川越　63-67, 69-71, 73-76
観光振興　27-29, 31-34, 37, 38, 40, 41, 43, 48, 54, 69, 86, 88, 93, 95, 99, 102, 116, 154
観光地化　70, 73, 75, 303
感情労働　14-16, 111
＊ギアツ，C.　252, 253
疑似イベント　4, 54, 55, 75
境域　300, 301, 314

教育旅行　103, 105, 106, 108, 110
金瓜石鉱山　121, 122, 124, 125, 127-130, 132-135, 137, 138
グランド・ツアー　2
グリーン・ツーリズム　100-103, 107, 111, 112, 116, 283
＊コーエン，E.　54, 55, 60, 249, 294
国連世界観光機関（UNWTO）　21, 32, 33
＊ゴフマン，E.　4, 76
コミュニティ・ベースド・ツーリズム（CBT）　94, 95

さ行

サグラダ・ファミリア　28, 32, 33
佐渡　132, 162-164, 168, 170, 172, 173
サミット・プロテスト　284-286, 288, 292, 296, 297
＊ジェル，A.　178
シェアハウス　290-292
下からのグローバリゼーション　234-237
実用的な過去　135-138
資本主義　147, 148, 236, 277, 285, 289, 295
社会運動　283-297
集合的なまなざし　10
住宅宿泊事業法　104
巡礼者　4, 49, 208, 210
植民地　25, 126, 272
白川村　83, 87-91, 94-96, 98
真摯さ　59-61, 137
真正　4, 48, 54-57, 59, 61
――性　4, 6, 53-56, 59, 60, 120, 122-124, 137, 210, 211, 223, 236
スクウォットハウス　292
スペクタクル　146, 152
スペシャル・インタレスト・ツーリズム（SIT）　103
＊スミス，V. L.　193, 195, 198, 248, 249
聖性　210

325

聖地　49, 151, 205, 207, 208, 210, 215
世界遺産　21, 25, 28, 55, 84, 86, 88-91, 122, 125, 137, 138

た　行

タウンシップ・ツーリズム　293, 294
＊竹内巨麿　50
　竹富島　92-99, 312
＊ダライ・ラマ　203, 208, 214, 215
　地域振興　38, 87, 88, 91, 99
　地球の歩き方　275, 277
　チチェン・イツァ　21-27, 34, 37-39
　チベット　200-207, 211-217
　中国雲南省昆明市　182
　ディズニーランド　11-15, 55, 72-74, 76, 307
　ディズニー化　71, 72
＊ディズニー, W.　15
　デスティネーション・マネジメント・オーガニゼーション（DMO）　29, 34, 42, 43
　伝建地区（伝統的建造物群保存地区）　67, 84, 85, 92, 97, 169, 170, 172, 177
＊トーマス・クック　272
＊鳥谷幡山　49, 50, 56, 60

な　行・は　行

＊中沢新一　213, 216
　偽物　48, 49, 53, 57, 60, 258
＊パイク, S.　42
　バックパッカー　30, 269, 275, 280, 281, 295
　バックパッキング　262, 274, 275, 278-281
　パッケージツアー　7, 246, 262
　パフォーマンス　11, 13, 14, 16, 76-79, 142, 149, 166
　バルセロナ　27-35, 37-39, 43
　パワースポット　57
　美瑛町　3, 5, 8, 10
＊ブーアスティン, D.　4, 53, 54, 60, 61, 75, 258
　ファスト風土　73
　フィルム・ツーリズム　69
＊ブライマン, A.　71, 72
　ブランド管理　11, 12
　プラントハンター　271, 272
＊ブルーナー, E. M.　214, 215, 257

文化資源　88, 176
文化仲介者　249, 259, 260
文化的景観　135
弊害　5
＊ベック, U.　250
＊保苅実　59, 60, 137
　ポストツーリスト　13
＊ホックシールド, A. R.　14
＊ホワイト, H.　135-137
　本土化　127-129

ま　行

＊前田真三　5
　まがい物　4
＊マキァーネル, D.　2, 4, 54, 60, 61
　まなざし　4, 6, 10, 14, 75, 133, 141, 145, 147, 152, 155, 161, 164-167, 171, 172, 175, 177, 236
　マルチメディア　153
＊三浦展　73
＊宮本常一　170, 172, 175
　民泊　30, 32, 105, 112, 113, 115
　メディア　6, 8, 10, 30, 48, 53, 75, 76, 78, 79, 147, 150, 154, 157, 188, 200, 205
＊モーリス＝スズキ, T.　137
＊森山工　259

や　行・ら　行・わ　行

＊山下晋司　236
＊山中弘　210
　与那国　299-301, 304
　ラディカル・オーラル・ヒストリー　59
＊ラトゥール, B.　177, 195-197
　ランドオペレーター　246-248, 253, 254
　リスク　195, 211, 228-232, 237, 250-252, 254, 255, 258-260, 278-281
　──社会　250
　リゾート開発　93, 94, 306
＊リッツア, G.　71, 72
　ルーラル・ツーリズム　100
＊ルフェーヴル, H.　148
　歴史的な過去　134-138
　労働　1, 6, 9, 11, 12, 15, 16, 73, 236, 272, 293

＊若林幹夫　71, 72

欧　文

Airbnb　105, 112, 113, 115

K-POP　142-145, 147, 149-157
Lonely Planet　275
tourism　1, 2, 53
WeChat　226-232, 234, 235

執筆者紹介（＊は編著者、執筆順）

＊西川克之（にしかわ・かつゆき）　序　章
　　1959年、北海道生まれ。北海道大学文学部卒業。北海道大学大学院文学研究科修了。修士（文学）。現在、北海道大学大学院国際広報メディア・観光学院教授。専門は観光社会文化論、イギリス研究。「余暇と祝祭性――近代イギリスにおける大衆の余暇活動と社会統制」（『観光創造研究』第6巻、2009年）、「イザベラ・バード『日本奥地紀行』の観光社会学的分析の試み」（The Northern Review 38号、2012年）、「イメージの呪縛を解くために――美瑛における「観光のまなざし」の向こう側」（『CATS 叢書』第11巻、2017年）など。

石黒侑介（いしぐろ・ゆうすけ）　第1章
　　1982年、東京都生まれ。メキシコ・イベロ・アメリカーナ大学国際関係学部留学ののち、専修大学経済学部卒業。横浜国立大学大学院国際社会科学研究科修了。修士（国際経済法学）。財団法人日本交通公社（現公益財団法人日本交通公社）を経て、現在、北海道大学観光学高等研究センター准教授、スペイン・バルセロナ大学ホテル観光学院客員教授。専門は観光政策、観光地経営論。『地域の"とがった"に学ぶ インバウンド推進のツボ』（共著、公益財団法人日本交通公社、2011年）、「日本版ＤＭＯの諸相と展望」（『ＣＡＴＳ叢書』第11巻、2017年）など。

＊岡本亮輔（おかもと・りょうすけ）　第2章
　　1979年、東京都生まれ。立命館大学文学部卒業。筑波大学大学院人文社会科学研究科修了。博士（文学）。現在、北海道大学大学院国際広報メディア・観光学院准教授。専門は観光社会学、宗教学。『聖地と祈りの宗教社会学――巡礼ツーリズムが生み出す共同性』（単著、春風社、2012年）、『聖地巡礼――世界遺産からアニメの舞台まで』（単著、中公新書、2015年）、『江戸東京の聖地を歩く』（単著、ちくま新書、2017年）、Pilgrimages in the Secular Age: From El Camino to Anime（単著、出版文化産業振興財団、2019年）、『東アジア観光学――まなざし・場所・集団』（共著編、亜紀書房、2017年）、など。

鈴木涼太郎（すずき・りょうたろう）　第3章
　1975年、新潟県生まれ。筑波大学第一学群人文学類卒業。株式会社日本交通公社（現ＪＴＢ）勤務を経て、立教大学大学院観光学研究科修了。博士（観光学）。相模女子大学学芸学部を経て、現在、獨協大学外国語学部交流文化学科准教授。専門は観光研究、観光文化論、観光人類学。『観光という〈商品〉の生産——日本〜ベトナム 旅行会社のエスノグラフィ』（単著、勉誠出版、2010年）、『観光概論（第10版）』（共著、ＪＴＢ総合研究所、2017年）、『新現代観光総論』（共著、学文社、2015年）、『観光学ガイドブック』（共著、ナカニシヤ出版、2014年）、『観光文化学』（共著、新曜社、2007年）など。

麻生美希（あそう・みき）　第4章
　1982年、福岡県生まれ。九州芸術工科大学環境設計学科卒業。九州大学芸術工学府芸術工学専攻修了。博士（芸術工学）。現在、同志社女子大学生活科学部人間生活学科准教授。専門は都市計画。「福岡市とその近郊における近代海浜リゾートの成立に関する研究」（『都市計画論文集』50巻3号、2015年）、「白川郷の合掌造り集落における景観保全の新たな手法に関する研究——岐阜県大野郡白川村荻町を対象として」（『日本建築学会計画系論文集』79巻700号、2014年）、「美しい景観の保全と観光利用——白川郷、丘のまち美瑛、竹富島から学ぶべきこと」（『ＣＡＴＳ叢書』第11巻、2017年）など。

越智正樹（おち・まさき）　第5章
　1975年、大阪府生まれ。京都大学総合人間学部卒業。京都大学大学院農学研究科修了。博士（農学）。現在、琉球大学国際地域創造学部教授。専門は観光社会学、農村社会学。『せめぎ合う親密と公共——中間圏というアリーナ』（共著、京都大学出版会、2017年）、『持続と変容の沖縄社会——沖縄なるものの現在』（共著、ミネルヴァ書房、2014年）、「観光と公共性の社会学——観光社会学の現代的再定位」（『観光科学』（琉球大学大学院観光科学研究科）第7号、2015年）など。

波多野想（はたの・そう）　第6章
　1973年、東京都生まれ。東京工業大学大学院総合理工学研究科修了。博士（工学）。現在、琉球大学院国際地域創造学部教授。専門は文化遺産学、建築史学。「台湾・金門島における文化的景観のダイナミズム」（『島嶼型ランドスケープ・デザイン——島の風景を考える』沖縄タイムス社、2016年）、「せめぎ合う曖昧領域——日本統治期台湾の金瓜石鉱山と瑞芳鉱山にみる「内」と「外」」（『島嶼地域科学という挑戦』ボーダーインク、2019年）、「金瓜石礦山文化景觀再覽（金瓜石鉱山の文化的景観を再読する）」（『黄金博物館學刊』第7期、2019年）など。

金成玟（きむ・そんみん）　第 7 章

　1976年、韓国ソウル生まれ。ソウル大学作曲科卒業。ソウル大学言論情報学科修士課程修了。東京大学大学院学際情報学府博士課程修了。博士（学際情報学）。現在、北海道大学大学院国際広報メディア・観光学院准教授。専門は、メディア文化研究。『K-POP 新感覚のメディア』（単著、岩波新書、2018年）、『戦後韓国と日本文化——「倭色」禁止から「韓流」まで』（単著、岩波書店、2014年）、『東アジア観光学——まなざし・場所・集団』（共編著、亜紀書房、2017年）、『文化社会学の条件——二〇世紀日本における知識人と大衆』（共著、日本図書センター、2014年）など。

門田岳久（かどた・たけひさ）　第 8 章

　1978年、愛媛県生まれ。東京都立大学人文学部卒業。東京大学大学院総合文化研究科博士課程修了。博士（学術）。現在、立教大学観光学部交流文化学科准教授。専門は文化人類学・民俗学。『巡礼ツーリズムの民族誌——消費される宗教経験』（単著、森話社、2013年）、『〈人〉に向き合う民俗学』（共編著、森話社、2014年）、「『協働』を生み出すフィールド——廃校をめぐる研究・開発・教育のはざまで」（共著、椎野若菜・白石壮一郎編『フィールドに入る』、古今書院、2014年）、「聖地と儀礼の「消費」——沖縄・斎場御嶽をめぐる宗教／ツーリズムの現代民俗学的研究」（『国立歴史民俗博物館研究報告』第205号、2017年）など。

＊奈良雅史（なら・まさし）　第 9 章

　1982年、北海道生まれ。筑波大学第一学群人文学類卒業。筑波大学大学院人文社会科学研究科修了。博士（文学）。現在、北海道大学大学院国際広報メディア・観光学院准教授を経て、現在、国立民族学博物館准教授。専門は文化人類学。『現代中国の〈イスラーム運動〉——生きにくさを生きる回族の民族誌』（単著、風響社、2016年）、『「周縁」を生きる少数民族——現代中国の国民統合をめぐるポリティクス』（共編著、勉誠出版、2015年）。「動きのなかの自律性——現代中国における回族のインフォーマルな宗教活動の事例から」（『文化人類学』第80巻第 3 号、2015年）など。

村上大輔（むらかみ・だいすけ）　第10章

　1969年、東京都生まれ。名古屋大学工学部応用物理学科卒業。英国ロンドン大学東洋アフリカ研究学院・社会人類学博士課程修了。博士（Ph.D.）。「風の旅行社」現地駐在員として中国チベット自治区ラサに長期滞在。2014年帰国。現在、駿河台大学経済経営学部・観光＆国際ビジネスコース准教授。専門は、社会人類学、チベット学。National Imaginings and Ethnic Tourism in Lhasa, Tibet―Postcolonial Identities amongst Contemporary Tibetans―（単著、Vajra Publications. Kathmandu, Nepal、2011年）、『聖地の路地裏――八年のラサ滞在記』（単著、京都・法藏館、2016年）、The Trapchi Lhamo Cult in Lhasa（『Revue d'Etudes Tibétaines』No. 27、2013年）、「『魂』（bla）を呼び戻すチベットの儀軌『ラグツェグ』（bla 'gugs tshe 'gugs）――ニンマ派伝承の祈祷書の訳注と儀軌の記述」（国立民族学博物館研究報告43（3），2019年）など。

渡部瑞希（わたなべ・みずき）　第11章

　1980年、埼玉県生まれ。東京女子大学文理学部卒業。一橋大学大学院社会学研究科修了。博士（社会学）。現在、帝京大学経済学部観光経営学科専任講師。専門は観光人類学、経済人類学、ネパール地域研究。『友情と詐欺の人類学――ネパールの観光市場タメルの宝飾商人の民族誌』（単著、晃洋書房、2018年）、「友人の仮面に促される消費――カトマンズの観光市場、タメルにおける宝飾品取引から」（『文化人類学』83巻1号、2018年）、「観光研究における真正性の再考察――カトマンズの観光市場、タメルで売られる「ヒマラヤ産の宝石」の事例から」（『観光学術評論』5巻1号、論文奨励賞受賞、2017年）など。

田中孝枝（たなか・たかえ）　第12章

　1984年、埼玉県生まれ。お茶の水女子大学生活科学部卒業。東京大学大学院総合文化研究科修了。博士（学術）。現在、多摩大学グローバルスタディーズ学部専任講師。専門は、文化人類学、観光研究。『日中観光ビジネスにおけるリスク管理に関する民族誌的研究――中国広州市・美高旅行社を例として』（単著、博士学位論文、2018年）、「日本の中の多文化社会――訪日外国人の事例から」（『多文化時代の観光学――フィールドワークからのアプローチ』、ミネルヴァ書房、2017年）、「同僚として、調査者として――広州の会社でフィールドワークした『私の経験』」（『フィールドワーク――中国という現場、人類学という実践』、風響社、2017年）など。

大野哲也（おおの・てつや）　第13章

　1961年、徳島県生まれ。大阪体育大学体育学科卒業。京都大学大学院人間・環境学研究科博士課程指導認定退学。博士（人間・環境学）。現在、桃山学院大学社会学部教授。専門は、冒険人類学、スポーツ社会学。『旅を生きる人びと――バックパッカーの人類学』（単著、世界思想社、2012年）、「ボランティア」（『実戦で学ぶ！学生の社会貢献――スポーツとボランティアでつながる』共編著、成文堂、2018年）、「バックパッカーたちのメディア――バックパッキングとその社会的機能の変容」（『観光メディア論』共編著、ナカニシヤ出版、2014年）、など。

富永京子（とみなが・きょうこ）　第14章

　1986年、北海道生まれ。北海道大学経済学部卒業。東京大学大学院人文社会系研究科修了。博士（社会学）現在、立命館大学産業社会学部准教授。専門は社会運動論、国際社会学。『社会運動のサブカルチャー化――Ｇ８サミット抗議行動の経験分析』（単著、せりか書房、2016年）、『社会運動と若者――日常と出来事を往還する政治』（単著、ナカニシヤ出版、2017年）"Social Reproduction and the Limitations of Protest Camps: Openness and Exclusion of Social Movements in Japan"（Social Movement Studies 16号、2017年）など。

越智郁乃（おち・いくの）　第15章

　1978年、愛媛県生まれ。愛媛大学法文学部卒業。広島大学大学院社会科学研究科国際社会論専攻修了。博士（学術）。現在、立教大学観光学部交流文化学科助教。専門は文化人類学・民俗学、沖縄研究。『動く墓――沖縄の都市移住者と祖先祭祀』（単著、森話社、2018年）、『境域の人類学――八重山・対馬にみる「越境」』（共著、風響社、2017年）、『〈境界〉を越える沖縄――人・文化・民俗』（共著、森話社、2016年）、「ゲート前という接触領域――沖縄県那覇市新都心における軍用地の記憶と返還地の開発」（『コンタクト・ゾーン』第7号、2015年）、『生をつなぐ家――親族研究の新たな地平』（共著、風響社、2013年）など。

フィールドから読み解く観光文化学
──「体験」を「研究」にする16章──

2019年5月20日　初版第1刷発行　　〈検印省略〉

定価はカバーに
表示しています

編著者	西川克之 岡本亮輔 奈良雅史
発行者	杉田啓三
印刷者	坂本喜杏

発行所　株式会社　ミネルヴァ書房
607-8494　京都市山科区日ノ岡堤谷町1
電話代表　(075)581-5191
振替口座　01020-0-8076

©西川・岡本・奈良ほか, 2019　　冨山房インターナショナル

ISBN 978-4-623-08585-9

Printed in Japan

高山陽子 編著
多文化時代の観光学
──フィールドワークからのアプローチ
A5判・252頁
本体 2800円

寺本 潔・澤 達大 編著
観光教育への招待
──社会科から地域人材育成まで
A5判・178頁
本体 2000円

安村克己・堀野正人・遠藤英樹・寺岡伸悟 編著
よくわかる観光社会学
B5判・224頁
本体 2600円

谷口知司 編著
観光ビジネス論
A5判・240頁
本体 2800円

北川宗忠 編著
現代の観光事業
A5判・300頁
本体 2800円

北川宗忠 編著
観光・旅行用語辞典
四六判・274頁
本体 2500円

井口 貢・池上 惇 編著
京都・観光文化への招待
A5判・384頁
本体 3500円

遠藤英樹 著
ツーリズム・モビリティーズ
──観光と移動の社会理論
A5判・196頁
本体 2500円

竹内正人・竹内利江・山田浩之 編著
入門 観光学
A5判・304頁
本体 2800円

ヴァレン・L・スミス 編 市野澤潤平ほか 監訳
ホスト・アンド・ゲスト
──観光人類学とはなにか
A5判・468頁
本体 7000円

───── ミネルヴァ書房 ─────
http://www.minervashobo.co.jp/